黑龙江省野生植物

乌裕尔河湿地卷（下）

尚 晨 孔晓蕾／主编

哈尔滨工业大学出版社

内容简介

本书共收载黑龙江省乌裕尔河湿地保护区内的154种野生植物，按照《中国植物志》收录顺序编排。该书拍摄了每种野生植物的全株、根、茎、叶、花、果等不同部位的照片，并标注了中文名、拉丁学名和别名，对每种植物都从植物学特征、生物学特征及其实用价值等方面进行了详细描述，建立了图文并茂的黑龙江省乌裕尔河湿地野生植物种质资源档案，对黑龙江乃至全国野生植物资源的保护开发利用具有重要的学术参考价值。

本书适合植物学、草原学、植物分类学等专业的大中专师生作为野外实习参考用书，也可作为草业、医药、园艺、农林、生态专业研究人士以及广大植物花卉爱好者认知和鉴别野生植物的快捷、直观指引书籍。

图书在版编目（CIP）数据

黑龙江省野生植物. 乌裕尔河湿地卷. 下/尚晨，孔晓蕾主编. —哈尔滨：哈尔滨工业大学出版社，2021.6

ISBN 978-7-5603-9532-6

Ⅰ. ①黑… Ⅱ. ①尚… ②孔… Ⅲ. ①沼泽化地–野生植物–介绍–富裕 Ⅳ. ①Q948.523.5

中国版本图书馆CIP数据核字（2021）第117297号

责任编辑　杨秀华
封面设计　刘长友
出版发行　哈尔滨工业大学出版社
社　　址　哈尔滨市南岗区复华四道街10号　邮编150006
传　　真　0451-86414749
网　　址　http://hitpress.hit.edu.cn
印　　刷　哈尔滨市石桥印务有限公司
开　　本　787mm×1092mm　1/16　印张24.75　字数554千字
版　　次　2021年6月第1版　2021年6月第1次印刷
书　　号　ISBN 978-7-5603-9532-6
定　　价　200.00元

（如因印刷质量问题影响阅读，我社负责调换）

编委会

主　　编：尚　晨　孔晓蕾
副 主 编：李佶恺　张海玲　杨　帆　董继法
特邀编辑：赵利清　张月学
编　　委：张庆利　陈积山　张　强　邸桂丽
　　　　　高　超　康昕彤　刘慧莹　刘杰淋
　　　　　王建丽
主 摄 影：马德义　陶　娟　孔庆山
摄　　影：金芦花女子摄影协会全体会员
参编单位：黑龙江省农业科学院草业研究所
　　　　　黑龙江省富裕县老年大学
　　　　　黑龙江省富裕县职业教育中心学校
　　　　　金芦花女子摄影协会

序

翻开这本精美的图书,一股花香扑鼻而来,一幅幅湿地植物图片,美丽动人,栩栩如生,无不尽情地展示着独一无二的生命奇迹,仿佛置身于乌裕尔河湿地,徜徉在那片生机盎然的土地上。

湿地(Wetland),是生物多样性的摇篮,无数的动植物物种依靠湿地而生存,湿地养育了不同种类的植物和动物(例如:鸟类、哺乳类、爬行类、两栖类、鱼类和无脊椎等动物),它是动植物遗传物质的重要储存地。

湿地生态系统的生产者,是湿地植物;湿地生态系统的消费者,是哺乳类、两栖类和爬行类以及各种水生动物;湿地生态系统的分解者,则是湿地微生物。湿地植物不但是湿地生物系统的重要组成部分,更是湿地得以生成、保持、繁衍、稳定的物质基础之一。湿地中的植物、微生物,通过湿地生物地球化学过程的转换,影响环境中的水文和化学过程,对天然水化学特性的改变,污染物的迁移,都会起到非常重要的作用。

随着人类活动的频繁增多,特别是生产生活对湿地自然生态环境的干扰,不可避免地会造成部分湿地植物种类的减少,一些濒危植物遗憾地遭遇灭绝。考察湿地环境及植物生态,采集湿地植物标本,拍摄湿地植物照片,都是研究、保护、利用湿地植物,科学评价研究湿地自然生态的重要工作,其科学价值毋庸置疑。黑龙江省农业科学院草业研究所走专群结合的道路,对乌裕尔河湿地植物进行实地科学考察,并编辑出版《黑龙江省野生植物乌裕尔河湿地卷》,是一件具有重大科研价值、艺术价值、历史价值的大事,为中国寒地植物"造像"开了先河,更为科研工作者的研究,热爱植物的读者,留下一份宝贵的资料。

地处中国北方高寒地区的乌裕尔河湿地自然保护区,野生植物资源丰富,具有明显的寒地地域特性。《黑龙江省野生植物乌裕尔河湿地卷》一书,搜集、整理了317种野生植物,并对每一种野生植物的原生境植株进行了实地拍摄,对其科、属、种、根、茎、叶、花、果、种子及其生长环境、特征特性和饲、药、观赏等利用价值,进行了详细描述,这对有效保存湿地植物,引起人们对湿地植物保护的重视,普及生物多样性知识,都具有重要意义。其中民间传说故事的编入,对调动读者的阅读兴趣，也起到了积极的作用，为黑龙江省湿地野生植物资源的保护与研究奠定了基础。

在《黑龙江省野生植物乌裕尔河湿地卷》的湿地高等植物中，拍摄和描述了多种濒危植物，有的是渐危或稀有植物，如在第一批和第二批分别被列为国家二级保护植物的野大豆、绥草、黄耆等在本书中都能看到。"据统计，其中有22种植物在《中国植物志》上分布区域没有黑龙江省的记载，有10种植物在《中国植物志》上未收录，有10种植物在《中国植物志》上没有图片，特别是植物根系图片的载入和描述，填补了植物图片根系及其描述的空白，这是具有开创性的收获和贡献。

令我十分高兴的是，黑龙江省农业科学院草业研究所的领导和同行们，认真贯彻落实中央关于科研改革的精神，将北方寒地野生植物研究与"院县合作共建"项目相结合，特别是与金芦花女子摄影协会、富裕县职业教育中心学校合作，考察、采集、拍摄乌裕尔河湿地植物，出版了这本《黑龙江省野生植物乌裕尔河湿地卷》，填补了北方寒地野生湿地植物图书的空白，更是对我国野生植物资源研究的一大贡献。让我由衷赞佩的是，金芦花女子摄影协会的老年朋友，她们人老心不老，人退心不退，满怀对家乡、对湿地的热爱，对科研工作的支持，参与并完成了湿地植物的拍摄任务。富裕县职业技术中心学校的领导和老师们全程参与湿地植物标本的采集和拍摄，并建立湿地植物标本馆，可见他们的敬业精神，并为实用人才培养确立目标和方向。他们的高尚情操、优秀品质、奉献精神是我们学习的榜样。作为科研战线上的一员，我要对他们真诚地说一声，谢谢！

在《黑龙江省野生植物乌裕尔河湿地卷》一书即将付梓之际，编者让我来作序，我感到十分荣幸。我衷心地希望黑龙江省的野生植物研究，在黑龙江省农业科学院草业研究所领导和各位专家的努力下，在合作单位的支持配合下，取得更多更大的成绩；希望乌裕尔河湿地自然保护区，看护好这份大自然馈赠给我们的礼物，黑龙江省农业科学院草业研究所的科研人员继续做好抢救、保护、研究工作，为我们的子孙后代，留下一处宝贵的湿地资源。

2017年8月于呼和浩特

前　言

黑龙江省农业科学院草业研究所，拥有全省最大的植物基因资源保存库。该库建于1986年，曾经是全国10个农作物种质资源保存库之一，库内现存国编号农作物种质资源11 396份，省编号植物资源3万余份(这些资源为黑龙江省农作物及牧草育种做出突出贡献)。2014年草业研究所承建了农业部寒带作物基因资源与种质创制黑龙江科学观测实验站，该站是"农业部作物基因资源与种质创制工程学科群"重点实验室的重要组成部分，也是主要的试验示范与成果转化基地；承担着黑龙江省植物种质资源的收集、保存、评价、利用，植物新种质与材料的创制，植物基因挖掘与利用，以及与物联网和信息共享平台建设等方面的研究工作。同年，草业研究所与富裕县结成"院县共建"单位，在"院县共建"期间，将寒地野生资源考察列为"院县共建"项目之一。在省委组织部下派的科技副县长杨帆的协调下，以乌裕尔河湿地植物为研究对象，同富裕县金芦花女子摄影协会、富裕县职业技术教育中心学校合作，历时三年，深入湿地考察、拍摄、采集80余次，拍摄湿地植物317种。在形成湿地考察报告的同时，大家一致认为，应将这些美丽的湿地植物图片，编辑出版一本具有科研价值、艺术价值、历史价值的《黑龙江省野生植物乌裕尔河湿地卷》图书，奉献给热爱湿地植物的学者、读者、游人、学生和青少年儿童。该书为植物分类专业图书，兼顾科普知识，让读者对常见的湿地植物一目了然，让难得一见的湿地植物露出"庐山真面目"，并了解它们的各种用途，满足不同人群对湿地植物知识的渴求。

在考察和拍摄过程中，黑龙江省农业科学院草业研究所副所长孔晓蕾、寒地种质资源研究中心主任尚晨，带领张海玲、李佶恺、康昕彤、张强等科研人员，与聘请的中国农业科学院草原研究所、内蒙古大学国内知名植物分类专家赵利清教授组成的科研团队，同富裕县金芦花女子摄影协会，富裕县职业技术教育中心学校共同深入湿地进行考察和拍摄，团队成员克服酷热、雨淋、泥泞、蚊虫叮咬(用防蚊香水、地方土办法香油等方法驱蚊都不管用，最后还是利用天然植物苦卖菜自制的防蚊虫药膏效果最好)等困难，完成了对乌裕尔河湿地植物的初步普查。提交给湿地保护区考察报告一份，采集各类植物标本1 000余份，收集整理植物标本500余份，

拍摄植物图片 20 000 余张,并建议乌裕尔河湿地保护区,设立乌裕尔河湿地生态环境展示馆,得到了富裕县政府的肯定与支持,批准湿地保护区设立了乌裕尔河湿地环境展示馆。副县长韩春玲,在湿地植物拍摄启动仪式上,代表县政府高度肯定了项目的科学价值和历史意义,并对参与这项工作的专家、金芦花女子摄影协会的会员、职业技术教育中心学校的师生表示感谢。

在历时三年的植物图片拍摄过程中更令我们感动与骄傲的是,富裕县老年大学副校长、金芦花女子摄影协会顾问孔庆山、摄影班教师马德义、女子摄影协会主席陶娟及金芦花女子摄影协会的众多会员们(她们中间年龄最大的 76 岁,平均年龄 59 岁),为拍摄湿地植物付出了艰辛的劳动,更对湿地植物产生了深厚的感情。夏天的湿地,草浪滚滚,繁花似锦。为了拍到理想的照片,会员们四点钟就到达湿地。跋涉在湿地的泥水里,仔细寻找拍摄的植物。别看遍地都是植物,可要找到未曾拍摄过的植物,的确是相当难的一件事。找到植株、花朵、果穗,并挖出根,力求拍到植物全株。她们不怕苦,不怕累,还自豪地说:"能在花甲之年,用摄影为社会做贡献,将美丽的植物形象留给后人,值得庆幸与骄傲,再苦再累也值了。"她们在讲述拍摄过程时这样描述:"春天,当湿地里还是一片枯黄,扒开荒草仔细寻觅,你就会惊喜地发现,那些'早起'的植物,不但发芽长叶了,还开出了艳丽的花朵。

早春植物大多体型较小，花朵更小。拍摄到的一种植物，株高不过七八厘米，蓝色的小花跟小米粒差不多。然而，小花特别美丽，蓝色的花瓣犹如锦缎般地闪耀着光泽。黄色的金灿灿的花蕊，在阳光的照耀下特别鲜艳。这种早开的、隐藏在荒草中的小花，也许从未有人见过，起码是很少有人见过，真是'养在深闺'人未识啊！"后经专家鉴定，小花名叫"远志 Polygala tenuifolia Willd"，属多年生草本植物，主根粗壮，韧皮部肉质，还具有安神益智、祛痰、消肿等药用功效呢。植物图片的拍摄，既是这些老年人生命价值在晚年的一次精彩绽放，更是"院县共建"又一难得的丰硕"成果"。

富裕县职业技术教育中心学校校长张庆利，派出熟悉植物分类的董继法老师，参与这个项目的拍摄及标本采集，为此学校建立了"乌裕尔河湿地植物标本馆"。这也是"院校共建"取得的一项可喜科研成果。

全书利用1 543张图片，展示了317种植物，其中有22种植物在《中国植物志》上分布区域没有黑龙江省的记载，有10种植物在《中国植物志》上未收录，有10种植物在《中国植物志》上没有图片，特别是植物根系图片的载入与描述，填补了植物图片中根系图片的空白；同时，通过文字描述出学名、别名、植物学特征、生物学特性和利用价值等，是科研部门与群众团体相结合，科研与艺术相结合，摄影

与植物研究相结合的成果。我们将植物的原生状态、花、茎、叶、根等局部细节，用微距摄影技术，表现出植物的局部形态，用文字描述出植物的形态与特征，供研究湿地植物的学者、热爱湿地的游人、中小学生使用。

在本书即将出版之际，特向黑龙江省农业科学院草业研究所、富裕县委县政府及各级职能部门、中国黑龙江乌裕尔河自然保护区、富裕县老年大学、富裕县金芦花女子摄影协会、富裕县职业技术教育中心学校、中国农业科学院草原研究所和内蒙古大学的领导、专家一并表示感谢！

然而，因编者水平有限，书中难免存在疏漏和不足之处，敬请读者批评指正。

作　者

2020 年 5 月

乌裕尔河湿地概况

　　湿地的概念是在 1971 年《拉姆萨尔公约》中形成的，1983—2000 年间，湿地生态旅游作为生态旅游的一种形式才逐步形成，湿地景观和湿地动植物已经成为湿地生态旅游的重要旅游资源。

——乌裕尔河湿地——

　　湿地是指陆地和水域的交汇处，水位接近或处于地表面。湿地与森林、海洋并称全球三大生态系统，其中湿地又被称为"地球之肾"，不仅具有特殊的生态功能，还有良好的旅游发展前景。湿地在世界各地分布广泛。据"世界自然保育监察中心"估计，湿地占全球陆地面积的 6%，总面积约为 5.7 亿公顷（1 公顷 =10 000 平方米），其中 2% 为湖泊、30% 为泥塘、26% 为泥沼、20% 为沼泽、15% 为泛滥平原、其他占 7%。加拿大湿地面积居世界首位，约有 1.27 亿公顷，占全世界湿地面积的 24%；中国湿地面积约 3 848 万公顷，占全世界湿地面积的 6.75%，居世界第四位、亚洲第一位。黑龙江省湿地是全国湿地资源比较丰富的省份之一，拥有天然湿地 556 万公顷，湿地面积居全国第四位，湿地生态系统中生存着大量动植物，很多湿地被列为自然保护区。其中乌裕尔河湿地是在1990年由黑龙江省齐齐哈尔市富裕县政府率先建立了"大克钦县级自然保护区",后经东北林业大学的相关专家对该保护区进行了补充调查,2005年4月黑龙江省林业厅向黑龙江省人民政府提出建立乌裕尔河省级自然保护区的请示。于2006年3月黑龙江省人民政府批准建立了省级自然保护区,定名黑龙江乌裕尔河自然保护区,在富裕县成立了乌裕尔河省级自然保护区的保护管理机构;2010年齐齐哈尔市人民政府向黑龙江省人民政府呈报了《关于将黑龙江乌裕尔河自然保护区晋升为国家级自然保护区的请示》,2013年6月经国务院批准,黑龙江乌裕尔河自然保护区晋升为国家级自然保护区。保护区总面积为51 123公顷。地理坐标为东经124°10′19″~125°02′45″,北纬47°30′00″~47°50′35″。在地貌成因上,该地主要受河流和风力双重影响。由于嫩江和乌裕尔河的冲击作用及北半球流体右偏,嫩江主河道西移在本区留下许多自然阶地和众多沙丘漫岗等风成地貌穿插分布,使本区雕塑堆砌成以波状起伏、丘岗错落、河道溪流纵横、湖泊泡沼密布的低平原区河湖相冲积地貌为主的复杂微地貌类型。乌裕尔河保护区主要土壤是草甸沼泽土,其次是潜育草甸土和碳酸盐草甸土,约占该区面积的60%,分布较为集中成片,风沙土、黑钙土、盐土、碱土的面积不足40%,其分布广而零散。气候为温带湿润大陆性季风气候。乌裕尔河自然保护区年平均降水量为427.4 mm,最少只有284 mm,降水最多一般在7月,该月平均降水量138 mm,最多时达273 mm,最少时只有21 mm。降水最少月份一般在1月,该月平均降水量为1.3 mm,最多近10 mm,最少时降水量为0。该地区年平均气温3.1 ℃,最低气温出现在1月,平均气温 –19.2 ℃,极端最低气温 –39.5 ℃。最高气温出现在7月,平均气温22.8 ℃,平均最高气温27.8 ℃,极端最高气温39.9 ℃。正常年份,初霜在9月下旬,终霜在5月上旬,平均无霜期为130 d左右。初雪在11月上旬,终雪在3月末,降雪期为150 d左右。雪量,平均在20~30 cm,积雪日期为120 d左右,最大可出现50 cm以上积雪。区内冻土一般在11月15日左右开始稳定冻结。冻土日最短年份为182 d,最长年份为216 d。冻土深度,最深在1.8 m,最小深度为1.2 m,年平均深度为1.5 m。乌裕尔河国家级自然保护区湿地,属嫩江水系,地表水体主要是乌裕尔河,平均河水深1.3 m,水流平缓,水资源补给为大气降水。地表水pH值7.0,矿化度1.2 g/L。地下水pH值6.9,矿化度1.1 g/L。乌裕尔河自然保护区,据调查有脊椎动物365种,占黑龙江省脊椎动物总种数的63%;有兽类37种,占黑龙江省兽类总种数的43%;有鸟类265种,占黑龙江省鸟类总种数的74%,其中国家一级保护鸟类7种,二级保护鸟类32种。一级保护鸟类分别是:东方白鹳、黑鹳、金雕、丹顶鹤、白鹤、白头鹤、大鸨,还有灰鹤、白鹭、绿头鸭、豆雁等。鱼类51种,有鲫鱼、葛氏鲈塘鳢、鲶鱼、鲤鱼等。两栖类有中华蟾蜍、东北小鲵、东北雨蛙等。爬行类有鳖。兽类有东方田鼠、东北兔、赤狐、狼等。乌裕尔河国家级自然保护区,植物种类丰富多样，具有北方寒地植物的特性。据不完全统计，有维管束植物500多种。植物种类有87科221属401种。其中，蕨类植物3科6属13种；裸子植物1科2属3种；被子植物有83科213属385种。乌裕尔河国家级自然保护区是乌裕尔河流域重要生态系统，具有涵养水源、保持水土等生态功能。同时为鱼类、两栖类、水鸟提供栖息地和迁徙停歇地。

乌裕尔河自然保护区内的湿地生态系统，是很少受到人类外部干扰的自然生态系统，在规划的核心区内，基本没有居民点和生产点，其内的生态系统一直按照其自身规律演替和发展。

黑龙江乌裕尔河自然保护区湿地是由发源于小兴安岭西侧的乌裕尔河命名的。乌裕尔河位于黑龙江省西部，是嫩江左岸较大的无尾河流，为黑龙江省内最大的内陆河。金代在乌裕尔河流域设置蒲峪路（今克东、克山一带），因而称"蒲峪路河"。元代称"忽兰叶河"。《清一统志》称"呼雨哩""呼裕尔河"，又称"乌雨尔""瑚裕尔""乌羽尔河"等，均为女真语"涝洼地"之意。中华人民共和国成立后在有关资料和图籍中，并用乌裕尔河和呼裕尔河，现统称为乌裕尔河。乌裕尔河全长587千米，流域面积23 110平方千米。乌裕尔河自源地流向西北，至北安城南折转向西南，经北安、克东、克山、拜泉、依安、富裕等6县，于富裕县雅州附近折而南流，尾闾逐渐消失在齐齐哈尔市以东、林甸县西北的大片苇甸、湿地之中，变成潜伏状的广阔沼泽地。它原为流经齐齐哈尔市境内嫩江的一条支流，近一两百年由于河口淤塞，成为一条内陆河，上游属上溪性河流特征，有明显的河床，下游河水排泄不畅，失去河床，河水四溢，形成广阔无垠的沼泽。著名的扎龙自然保护区，就是湿地的一部分。

乌裕尔河还有一个美丽的传说。相传很早很早以前，有一条泥鳅精厌倦了小河沟里的生活，想要变成一条龙，就找到土地老商量，怎样才能成为一条龙。土地老说："你要想成龙，必须到大江大海里去，在这样的小河沟里，永远也不会成龙的。"泥鳅精一听，非常高兴，急忙询问，到大江大海去怎么走。土地老对泥鳅精说："别的江河都太远，嫩江离这里最近，你就到嫩江里去吧。"泥鳅精一听嫩江不远，就说："那就到嫩江去吧。"土地老说："这里到嫩江虽然不远，可是没有河道相通，你必须在一夜之间，拱出一条河来，鸡叫前到达才能成龙。否则，你就会被龙王碎尸万段。"泥鳅精说："那不成问题，从日落到天亮，我肯定能拱到嫩江。"土地老说："好吧，拱到了你就成龙，拱不到你就死定了！"泥鳅精："好。"泥鳅精的力气确实很大，不大一会儿，就拱出去几十里。土地老一看拱得这么快，就想办法捉弄它。拱到二克山附近时，土地老劝说道："咱俩到二克山溜达溜达，看看那里的

风景呗!"泥鳅精也想去看看,可又怕耽误时间,就对土地老说:"我得抓紧时间赶路,你自己去吧,恕我失陪了。"于是,继续朝前拱去。当拱到蒲峪路城附近时,听见城内欢声笑语,鼓乐齐鸣。土地老又劝说泥鳅精,一同进城去看看。这时泥鳅精也累得上气不接下气了,更忍不住好奇心,就停下来一同进了城里。只见扭秧歌的、踩高跷的、划旱船的、耍猴的,还有一伙人,围在一起边喝茶边听大鼓书的,城里非常热闹。不知不觉的夜就深了,人们都回家睡觉去了。这时泥鳅精才想起打赌的事,一看时间这么晚了,就更着急了。心想,要坏了我的大事,便急急忙忙地又朝前拱去。土地老在心里合计,照这样的拱法,天亮前非拱到不可啊。于是,又使出一个计来。对泥鳅精说:"这天也太黑了,我去拿一盏灯来,给你照着前边的路吧。"泥鳅精信以为真,还一个劲地感谢土地老呢。它跟着土地老手里举着的灯,左转弯右转弯的,在草甸子上画起圈来。尽管这样多绕了一些路,多费了一些时间,可快到五更天时,眼瞅着就到江边了。土地老本来是跟泥鳅精开玩笑的,要是泥鳅精真的成了龙,自己是负不起责任的,想到这里,竟被吓出一身冷汗。他眼珠一转,有了。便就近借来一只大公鸡,抱在怀里用手一拍,公鸡"咯儿—咯儿"地便叫了起来。泥鳅精一听,鸡叫了,以为天亮了,想到要被龙王碎尸万段,便慌慌张张地逃跑了。从此,泥鳅精拱过的地方,就形成了一条弯弯曲曲的河,当时就叫泥鳅河。后来,住在这里的满族人,觉得泥鳅河这个名字不太好听,就用满语给起了现在的名字——乌裕尔河。

乌裕尔河是中国第二大(第一大内陆河为新疆的塔里木河)、黑龙江省第一大内陆河。乌裕尔河下游即今塔哈河,因受晚白垩纪开始形成的松嫩凹陷大湖盆继续沉降的吸引,以及嫩江河道西移的影响,河道遂由今富裕县城东南,折而向南注入湖盆而与塔哈河分离,成为独立于嫩江水系的一条内陆河。正常年份,乌裕尔河与嫩江之间有分水高地相隔,无地表水联系。但乌裕尔河出现高水位时,则有部分洪水溢出河床,借塔哈河道进入嫩江;其下游芦苇沼泽地带的洪水,又通过杜尔伯特连环湖流入嫩江,遂形成了乌裕尔河同嫩江藕断丝连的奇妙关系。近一两百年,由于河口淤塞,上游有明显河床,下游河水排泄不畅,经克山、依安进入富裕县境内后,河水脱离河床的束缚,形成数十条细流,演化为湿地地貌,依次形成乌裕尔河湿地、扎龙湿地、大庆湿地。位于富裕县境内的乌裕尔河湿地,辖区面积1 500万亩(1亩≈666.67平方米)。有维管束植物500多种,包括野生大豆、黄芪、甘草、绶草等珍稀野生湿地植物资源;湿地植物作为湿地生态系统的重要组成部分,对全球生态平衡发挥着重要作用。湿地植被具有明显的减缓水流、消减风浪的作用。因为湿地植物的茎和叶可以减缓水流,从而有利于促进泥沙等颗粒物的沉积,最终减少湿地被淹没的程度和洪水发生的频率。湿地植物根系和地下茎的生长,又可以增加沉积物的稳定性,在洪水来临时保持沉积物的稳定并防止其他物质的流失,为土壤有机物质和水生有机物质提供来源。湿地中的植物、微生物和细菌等,通过湿地生物地球化学过程的转换、影响环境的水文和化学过程,对天然水化学特性的改变和污染物的迁移,起到了非常重要的作用。例如,湿地中常见的芦苇对水体污染物的吸收、代谢、分解、积累等,减轻了水体的富营养化,使湿地水体得到净化,进而形成对外界水域污染的过滤屏障,对防止临近水体的富营养化具有重要意义。研究、了解、普及湿地植物知识,对保护湿地,利用湿地,满足不同人群对湿地植物知识的渴求,都具有十分重要的意义。同时,宣传保护好乌裕尔河自然保护区内的湿地生态系统,对保护湿地物种资源,同样具有重要意义。

目　　录

1. 地笋 *Lycopus lucidus* Turcz. ········ 1
2. 华水苏 *Stachys chinensis* Bunge ex Benth. ········ 3
3. 黄芩 *Scutellaria baicalensis* Georgi ········ 5
4. 并头黄芩 *Scutellaria scordifolia* Fisch. ex Schrenk. ········ 8
5. 益母草 *Leonurus japonicus* Houttuyn ········ 10
6. 细叶益母草 *Leonurus sibiricus* L. ········ 13
7. 多裂叶荆芥 *Nepeta multifida* L. ········ 16
8. 香青兰 *Dracocephalum moldavica* L. ········ 18
9. 兴安薄荷 *Mentha dahurica* Fisch. ex Benth. ········ 20
10. 薄荷 *Mentha canadensis* Linnaeus ········ 23
11. 兴安百里香 *Thymus dahuricus* Serg. ········ 26
12. 水棘针 *Amethystea caerulea* L. ········ 28
13. 多花筋骨草 *Ajuga multiflora* Bunge ········ 30
14. 花苜蓿 *Medicago ruthenica* （L.） Trautv. ········ 33
15. 天蓝苜蓿 *Medicago lupulina* L. ········ 36
16. 紫苜蓿 *Medicago sativa* L. ········ 38
17. 野火球 *Trifolium lupinaster* L. ········ 43
18. 苦参 *Sophora flavescens* Alt. ········ 46
19. 白花草木犀 *Melilotus albus* Desr. ········ 48
20. 草木犀 *Melilotus officinalis* （L.） Pall. ········ 51
21. 草木犀状黄耆 *Astragalus melilotoides* Pall. ········ 54
22. 斜茎黄耆 *Astragalus laxmannii* Jacquin ········ 57
23. 背扁膨果豆 *Phyllolobium chinense* Fisch. ex DC. ········ 59
24. 糙叶黄耆 *Astragalus scaberrimus* Bunge ········ 62
25. 达乌里黄耆 *Astragalus dahuricus* （Pall.） DC. ········ 64
26. 华黄耆 *Astragalus chinensis* L. f. ········ 66
27. 山野豌豆 *Vicia amoena* Fisch. ex DC. ········ 69
28. 尖叶铁扫帚 *Lespedeza juncea* （L. f.） Pers. ········ 71
29. 兴安胡枝子 *Lespedeza davurica* （Laxmann） Schindler ········ 73
30. 长萼鸡眼草 *Kummerowia stipulacea* （Maxim.） Makino ········ 75
31. 野大豆 *Glycine soja* Sieb. et Zucc. ········ 78
32. 山泡泡 *Oxytropis leptophylla* （Pall.） DC. ········ 81
33. 多叶棘豆 *Oxytropis myriophylla* （Pall.） DC. ········ 83
34. 少花米口袋 *Gueldenstaedtia verna* （Georgi） Boriss. ········ 85

35. 山黧豆 *Lathyrus quinquenervius* (Miq.) Litv.	87
36. 狸藻 *Utricularia vulgaris* L.	90
37. 山丹 *Lilium pumilum* DC.	92
38. 条叶百合 *Lilium callosum* Sieb. et Zucc.	94
39. 知母 *Anemarrhena asphodeloides* Bunge	97
40. 兴安天门冬 *Asparagus dauricus* Link	100
41. 薤白 *Allium macrostemon* Bunge	102
42. 长梗韭 *Allium neriniflorum* (Herb.) G. Don	104
43. 矮韭 *Allium anisopodium* Ledeb.	106
44. 山韭 *Allium senescens* L.	108
45. 野韭 *Allium ramosum* L.	111
46. 小玉竹 *Polygonatum humile* Fisch. ex Maxim.	113
47. 玉竹 *Polygonatum odoratum* (Mill.) Druce	115
48. 黄精 *Polygonatum sibiricum* Delar. ex Redoute	117
49. 绵枣儿 *Barnardia japonica* (Thunberg) Schultes & J. H. Schultes	120
50. 小黄花菜 *Hemerocallis minor* Mill.	122
51. 亚麻 *Linum usitatissimum* L.	124
52. 垂果亚麻 *Linum nutans* Maxim.	127
53. 千屈菜 *Lythrum salicaria* L.	129
54. 野葵 *Malva verticillata* L.	132
55. 苘麻 *Abutilon theophrasti* Medicus	134
56. 野西瓜苗 *Hibiscus trionum* L.	137
57. 葎草 *Humulus scandens* (Lour.) Merr.	140
58. 大麻 *Cannabis sativa* L.	142
59. 月见草 *Oenothera biennis* L.	144
60. 沼生柳叶菜 *Epilobium palustre* L.	147
61. 绶草 *Spiranthes sinensis* (Pers.) Ames	150
62. 黑水列当 *Orobanche pycnostachya* var. *amurensis* G.Beck	152
63. 车前 *Plantago asiatica* L.	154
64. 平车前 *Plantago depressa* Willd.	157
65. 远志 *Polygala tenuifolia* Willd.	160
66. 水蓼 *Polygonum hydropiper* L.	163
67. 红蓼 *Polygonum orientale* L.	165
68. 酸模叶蓼 *Polygonum lapathifolium* L.	168
69. 两栖蓼 *Polygonum amphibium* L.	170
70. 萹蓄 *Polygonum aviculare* L.	172

71. 叉分蓼 *Polygonum divaricatum* L. ……174
72. 柳叶刺蓼 *Polygonum bungeanum* Turcz. ……177
73. 西伯利亚蓼 *Polygonum sibiricum* Laxm. ……179
74. 春蓼 *Polygonum persicaria* L. ……181
75. 蔓首乌 *Fallopia convolvulus*（Linnaeus）A. Love ……183
76. 狭叶酸模 *Rumex stenophyllus* Ledeb. ……185
77. 小酸模 *Rumex acetosella* L. ……187
78. 皱叶酸模 *Rumex crispus* L. ……189
79. 巴天酸模 *Rumex patientia* L. ……191
80. 刺酸模 *Rumex maritimus* L. ……193
81. 雨久花 *Monochoria korsakowii* Regel et Maack ……195
82. 马齿苋 *Portulaca oleracea* L. ……197
83. 篦齿眼子菜 *Potamogeton pectinatus* Linn. var. pectinatus ……199
84. 狼尾花 *Lysimachia barystachys* Bunge ……201
85. 黄连花 *Lysimachia davurica* Ledeb. ……203
86. 粉报春 *Primula farinosa* L. ……205
87. 海乳草 *Glaux maritima* L. ……207
88. 点地梅 *Androsace umbellata*（Lour.）Merr. ……210
89. 短梗箭头唐松草 *Thalictrum simplex* var. brevipes Hara ……212
90. 展枝唐松草 *Thalictrum squarrosum* Steph. et Willd. ……214
91. 芍药 *Paeonia lactiflora* Pall. ……216
92. 细叶白头翁 *Pulsatilla turczaninovii* Kryl. et Serg. ……220
93. 兴安白头翁 *Pulsatilla dahurica*（Fisch.）Spreng. ……222
94. 三角叶驴蹄草 *Caltha palustris* var. Sibirica Regel ……224
95. 水葫芦苗 *Halerpestes cymbalaria*（Pursh）Green ……226
96. 二歧银莲花 *Anemone dichotoma* L. ……228
97. 蓝堇草 *Leptopyrum fumarioides*（L.）Reichb. ……230
98. 棉团铁线莲 *Clematis hexapetala* Pall. ……232
99. 毛柄水毛茛 *Batrachium trichophyllum*（Chaix）Bossche ……235
100. 茴茴蒜 *Ranunculus chinensis* Bunge. ……237
101. 匍枝毛茛 *Ranunculus repens* L. ……240
102. 路边青 *Geum aleppicum* Jacq. ……242
103. 地蔷薇 *Chamaerhodos erecta*（L.）Bge. ……244
104. 龙芽草 *Agrimonia pilosa* Ldb. ……246
105. 地榆 *Sanguisorba officinalis* L. ……249
106. 翻白蚊子草 *Filipendula intermedia*（Glehn）Juzep. ……251

107. 委陵菜 *Potentilla chinensis* Ser. ··· 253
108. 翻白草 *Potentilla discolor* Bge. ··· 256
109. 朝天委陵菜 *Potentilla supina* L. ·· 259
110. 莓叶委陵菜 *Potentilla fragarioides* L. ·· 261
111. 菊叶委陵菜 *Potentilla tanacetifolia* Willd. ex Schlecht. ······································· 263
112. 轮叶委陵菜 *Potentilla verticillaris* Steph. ex Willd. ··· 266
113. 蕨麻 *Potentilla anserina* L. ·· 269
114. 绢毛匍匐委陵菜 *Potentilla reptans* var. *sericophylla* Franch. ······························ 271
115. 匍枝委陵菜 *Potentilla flagellaris* Willd. ex Schlecht. ·· 274
116. 二裂委陵菜 *Potentilla bifurca* L. ··· 276
117. 蓬子菜 *Galium verum* L. ··· 278
118. 钝叶拉拉藤 *Galium tokyoense* Makino ·· 281
119. 茜草 *Rubia cordifolia* L. ·· 284
120. 细枝柳 *Salix gracilior*（Siuz.）Nakai ··· 287
121. 百蕊草 *Thesium chinense* Turcz. ·· 289
122. 柳穿鱼 *Linaria vulgaris* subsp. *chinensis*（Bunge ex Debeaux）D. Y. Hong ······ 291
123. 细叶穗花 *Pseudolysimachion linariifolium*（Pallas ex Link）Holub ··················· 293
124. 通泉草 *Mazus pumilus*（N. L. Burman）Steenis ··· 295
125. 弹刀子菜 *Mazus stachydifolius*（Turcz.）Maxim. ··· 297
126. 阴行草 *Siphonostegia chinensis* Benth. ·· 299
127. 疗齿草 *Odontites vulgaris* Moench ··· 302
128. 管花腹水草 *Veronicastrum tubiflorum*（Fisch. et Mey.）Hara ···························· 305
129. 达乌里芯芭 *Cymbaria daurica* Linnaeus ··· 307
130. 龙葵 *Solanum nigrum* L. ·· 310
131. 曼陀罗 *Datura stramonium* L. ··· 313
132. 黑三棱 *Sparganium stoloniferum*（Graebn.）Buch.-Ham. ex Juz. ······················ 316
133. 狼毒 *Stellera chamaejasme* L. ·· 319
134. 细果野菱 *Trapa maximowiczii* Korsh. ··· 321
135. 无苞香蒲 *Typha laxmannii* Lepech. ··· 324
136. 宽叶香蒲 *Typha latifolia* L. ·· 326
137. 小香蒲 *Typha minima* Funk ·· 329
138. 蛇床茴芹 *Pimpinella cnidioides* Pearson ex Wolff ··· 332
139. 羊红膻 *Pimpinella thellungiana* Wolff ··· 334
140. 毒芹 *Cicuta virosa* L. ·· 336
141. 防风 *Saposhnikovia divaricata*（Trucz.）Schischk. ··· 338
142. 红柴胡 *Bupleurum scorzonerifolium* Willd. ··· 341

143. 泽芹 *Sium suave* Walt. ·· 344
144. 迷果芹 *Sphallerocarpus gracilis*（Bess.）K.-Pol. ·· 346
145. 狭叶荨麻 *Urtica angustifolia* Fisch. ex Hornem ·· 348
146. 败酱 *Patrinia scabiosaefolia* Fisch. ex Trev. ··· 351
147. 早开堇菜 *Viola prionantha* Bunge ·· 353
148. 紫花地丁 *Viola philippica* Cav. ··· 356
149. 裂叶堇菜 *Viola dissecta* Ledeb. ··· 359
150. 东北堇菜 *Viola mandshurica* W. Beck. ·· 362
151. 白花地丁 *Viola patrinii* DC. ex Ging. ··· 365
152. 蒺藜 *Tribulus terrestris* Linnaeus ·· 367
153. 问荆 *Equisetum arvense* L. ·· 369
154. 槐叶苹 *Salvinia natans*（L.）All. ·· 371
参考文献 ··· 373

地　　笋

学　　名：*Lycopus lucidus* Turcz.

别　　名：提娄（河北）、地参（云南）、地瓜儿苗、蚕蛹子、地藕、泽兰。

采集地点：乌裕尔河中游草甸草原，北纬47°51′，东经124°52′，土壤主要为草甸沼泽土，其次是潜育草甸土和碳酸盐草甸土，气候为温带湿润大陆性季风气候。年平均降水量为427.4 mm，最少只有284 mm，降水最多的月份一般在7月，最少的月份一般在1月。年平均气温3.1 ℃，最低气温出现在1月，平均气温−19.2 ℃，极端最低气温−39.5 ℃。最高气温出现在7月，平均气温22.8 ℃，平均最高气温27.8 ℃，极端最高气温39.9 ℃。平均无霜期为130 d左右，降雪期为150 d左右。雪量平均20～30 cm，积雪日期为120 d左右，最大可出现50 cm以上积雪。冻土日期最短年份为182 d，最长年份为216 d。冻土深度，最大深度为1.8 m，最小深度为1.2 m，年平均深度为1.5 m。

植物学特征：

地笋为被子植物门Angiospermae、双子叶植物纲Dicotyledoneae、合瓣花亚纲Sympetalae、管状花目Tubiflorae、唇形科Labiatae、野芝麻亚科Lamioideae、塔花族SATUREJEAE、薄荷亚族MENTHINAE、地笋属Lycopus。地笋为多年生草本植物，具有以下植物学特征：

根：直根系，根茎横走，具节，节上密生须根，先端肥大呈圆柱形，此时于节上具鳞叶及少数须根，或侧生有肥大的具鳞叶的地下枝。

茎：株高0.6～1.7 m；茎直立，通常不分枝，四棱形，具槽，绿色，常于节上多少带紫红色，无毛，或在节上疏生小硬毛。

叶：叶具极短柄或近无柄，长圆状披针形，多少弧弯，通常长4～8 cm，宽1.2～2.5 cm，先端渐尖，基部渐狭，边缘具锐尖粗牙齿状锯齿，两面或上面具光泽，亮

地笋——全株

地笋——根

地笋——茎

唇形科 Labiatae

绿色，两面均无毛，下面具凹陷的腺点，侧脉6～7对，与中脉在上面不显著下面突出。

花：轮伞花序无梗，轮廓圆球形，花时直径1.2～1.5 cm，多花密集，其下承以小苞片；小苞片卵圆形至披针形，先端刺尖，位于外方者超过花萼，长达5 mm，具3脉，位于内方者，长2～3 mm，短于或等于花萼，具1脉，边缘均具小纤毛。花萼钟形，长3 mm，两面无毛，外面具腺点，萼齿5，披针状三角形，长2 mm，具刺尖头，边缘具小缘毛。花冠白色，长5 mm，外面在冠檐上具腺点，内面在喉部具白色短柔毛，冠筒长约3 mm，冠檐不明显二唇形，上唇近圆形，下唇3裂，中裂片较大。雄蕊仅前对能育，超出于花冠，先端略下弯，花丝丝状，无毛，花药卵圆形，2室，室略叉开，后对雄蕊退化，丝状，先端棍棒状。花柱伸出花冠，先端相等2浅裂，裂片线形，花盘平顶，花期6～9月。

果：小坚果倒卵圆状四边形，基部略狭，长1.6 mm，宽1.2 mm，褐色，边缘加厚，背面平，腹面具棱，有腺点，果期8～11月。

地笋——叶

地笋——花

生物学特征：

产自我国黑龙江、吉林、辽宁、河北、陕西、四川、贵州、云南；生于沼泽地、水边、沟边等潮湿处，海拔320～2 100 m。俄罗斯、日本也有分布。

药用价值：

全草入药，乃本草经著录的泽兰正品，为妇科要药，能通经利尿，对产前产后诸病有效，根通称地笋，可食，又为金疮肿毒良剂，并治风湿关节痛。

华 水 苏

学　　名：*Stachys chinensis* Bunge ex Benth.

采集地点：乌裕尔河中游草甸草原，北纬47°51′，东经124°52′，土壤主要为草甸沼泽土，其次是潜育草甸土和碳酸盐草甸土，气候为温带湿润大陆性季风气候。年平均降水量为427.4 mm，最少只有284 mm，降水最多的月份一般在7月，最少的月份一般在1月。年平均气温3.1 ℃，最低气温出现在1月，平均气温−19.2 ℃，极端最低气温−39.5 ℃。最高气温出现在7月，平均气温22.8 ℃，平均最高气温27.8 ℃，极端最高气温39.9 ℃。平均无霜期为130 d左右，降雪期为150 d左右。雪量平均20～30 cm，积雪日期为120 d左右，最大可出现50 cm以上积雪。冻土日期最短年份为182 d，最长年份为216 d。冻土深度，最大深度为1.8 m，最小深度为1.2 m，年平均深度为1.5 m。

植物学特征：

华水苏为被子植物门Angiospermae、双子叶植物纲Dicotyledoneae、合瓣花亚纲Sympetalae、管状花目Tubiflorae、唇形科Labiatae、野芝麻亚科Lamioideae、野芝麻族Lamieae、野芝麻亚族Subtrib. Lamiinae、水苏属Stachys、水苏组Sect. Stachys、沼生水苏系Ser. Palustres Knorr.。华水苏为多年生草本植物，具有以下植物学特征：

根：直根系，主根粗壮，须根较多，主根呈红褐色。

茎：茎直立，高约60 cm。茎单一，不分枝，或常于基部分枝，四棱形，具槽，在棱

华水苏——全株

华水苏——根

及节上疏被倒向柔毛状刚毛,余部无毛。

叶:茎叶长圆状披针形,长5.5～8.5 cm,宽1～1.5 cm,先端钝,基部近圆形,边缘具锯齿状圆齿,上面绿色,疏被小刚毛或老时脱落,下面灰绿色,无毛或沿脉上疏被小刚毛,叶柄极短,长2～5 mm,或近于无柄;最下部的苞叶与茎叶同形而较小,上部的苞叶渐变小,长于或短于轮伞花序,披针形,近于全缘,边缘具柔毛状刚毛,无柄。

花:轮伞花序,通常6花,远离而组成长穗状花序;小苞片刺状,微小,长约1 mm;花梗极短或近于无。花萼钟形,连齿长约1 cm,外面沿肋上及齿缘被柔毛状刚毛,内面无毛,10脉,肋间次脉不明显,齿5,披针形,等大,长4 mm,先端微急尖,具刺尖头。花冠紫色,长1.5 cm,外面仅于上唇被微柔毛,内面在下唇片基部被微柔毛及冠筒近基部1/3有不明显的疏柔毛毛环,冠筒长8 mm,直伸,近等大,在毛环上方向前稍膨大,喉部张开,冠檐二唇形,上唇直立,长圆形,长4 mm,宽2 mm,下唇平展,轮廓近圆形,长宽约7 mm,3裂,中裂片最大,近圆形,长3 mm,宽约4 mm,先端微缺,侧裂片卵圆形,宽约2 mm。雄蕊4,前对较长,均延伸至上唇片稍下方或与其相等,花丝丝状,中部以下明显被柔毛,花药卵圆形,2室,室极叉开。花柱丝状,伸出于雄蕊之上,先端相等2浅裂,裂片钻形。花盘平顶。子房黑褐色,无毛,花期6～8月。

果:小坚果卵圆状三棱形,褐色,无毛,果期7～9月。

华水苏——叶　　　　华水苏——茎　　　　华水苏——花

生物学特征:
产于我国黑龙江、吉林、辽宁、内蒙古、河北、山西、陕西及甘肃;生于水沟旁及沙地上,海拔至1 000 m。俄罗斯也有分布。

园林价值:
华水苏的花艳丽,可做观赏植物。

黄　芩

学　　名：*Scutellaria baicalensis* Georgi

别　　名：香水水草、黄筋子、山茶根、土金茶根。

采集地点：乌裕尔河中游草甸草原，北纬47°51′，东经124°52′，土壤主要为草甸沼泽土，其次是潜育草甸土和碳酸盐草甸土，气候为温带湿润大陆性季风气候。年平均降水量为427.4 mm，最少只有284 mm，降水最多的月份一般在7月，最少的月份一般在1月。年平均气温3.1 ℃，最低气温出现在1月，平均气温–19.2 ℃，极端最低气温–39.5 ℃。最高气温出现在7月，平均气温22.8 ℃，平均最高气温27.8 ℃，极端最高气温39.9 ℃。平均无霜期为130 d左右，降雪期为150 d左右。雪量平均20～30 cm，积雪日期为120 d左右，最大可出现50 cm以上积雪。冻土日期最短年份为182 d，最长年份为216 d。冻土深度，最大深度为1.8 m，最小深度为1.2 m，年平均深度为1.5 m。

植物学特征：

黄芩属于被子植物门Angiospermae、双子叶植物纲Dicotyledoneae、合瓣花亚纲Sympetalae、管状花目Tubiflorae、唇形科Labiatae、黄芩亚科Scutellarioideae、黄芩属Scutellaria、黄芩亚属Subg. Scutellaria、顶序黄芩组Sect. Stachymacris、狭叶黄芩亚组Subsect. Angustifoliae、黄芩系Ser. Baicalenses。黄芩是多年生草本植物，具有以下植物学特征：

根：直根系，主根在前三年生长正常，其主根长度、粗度、鲜重和干重均逐年增加，

黄芩——全株

黄芩——根　　　　　　　　　黄芩——茎、叶　　　　　　　　黄芩——花

主根中黄芩苷含量较高，根茎肥厚，肉质，径达 2 cm，伸长而分枝。

茎：茎基部伏地，上升，高(15)30～120 cm，基部直径 2.5～3 mm，钝四棱形，具细条纹，近无毛或被上曲至开展的微柔毛，绿色或带紫色，自基部多分枝。

叶：叶坚纸质，披针形至线状披针形，长 1.5～4.5 cm，宽(0.3)0.5～1.2 cm，顶端钝，基部圆形，全缘，上面暗绿色，无毛或疏被贴生至开展的微柔毛，下面色较淡，无毛或沿中脉疏被微柔毛，密被下陷的腺点，侧脉 4 对，与中脉上面下陷下面凸出；叶柄短，长 2 mm，腹凹背凸，被微柔毛。

花：花序在茎及枝上顶生，总状，长 7～15 cm，常再于茎顶聚成圆锥花序；花梗长 3 mm，与序轴均被微柔毛；苞片下部者似叶，上部者远较小，卵圆状披针形至披针形，长 4～11 mm，近于无毛。花萼开花时长 4 mm，盾片高 1.5 mm，外面密被微柔毛，萼缘被疏柔毛，内面无毛，果时花萼长 5 mm，有高 4 mm 的盾片。花冠紫、紫红至蓝色，长 2.3～3 cm，外面密被具腺短柔毛，内面在囊状膨大处被短柔毛；冠筒近基部明显膝曲，中部径 1.5 mm，至喉部宽达 6 mm；冠檐 2 唇形，上唇盔状，先端微缺，下唇中裂片三角状卵圆形，宽 7.5 mm，两侧裂片向上唇靠合。雄蕊 4，稍露出，前对较长，具半药，退化半药不明显，后对较短，具全药，药室裂口具白色髯毛，背部具泡状毛；花丝扁平，中部以下前对在内侧后对在两侧被小疏柔毛。花柱细长，先端锐尖，微裂。花盘环状，高 0.75 mm，前方稍增大，后方延伸成极短子房柄。子房褐色，无毛，花期 7～8 月。

果：小坚果卵球形，高 1.5 mm，直径 1 mm，黑褐色，具瘤，腹面近基部具果脐，果期 8～9 月。

生物学特征：

生于海拔 60～1 300(1 700～2 000) m 向阳草坡地、休荒地、山顶、山坡、林缘、路旁等向阳较干燥的地方。喜温暖,耐严寒,成年植株地下部分在-35 ℃低温下仍能安全越冬,35 ℃高温不致枯死,但不能经受40 ℃以上连续高温天气。耐旱怕涝,地内积水或雨水过多,生长不良,重者烂根死亡。排水不良的土地不宜种植。土壤以壤土和沙质壤土,酸碱度以中性和微碱性为好,忌连作。主要分布于我国内蒙古中东部、东北三省大部、河北承德等几个最具规模的主产区,是我国北方野生中药材之一。

药用价值:

黄芩的根茎为清凉性解热消炎药,对上呼吸道感染、急性胃肠炎等均有功效,少量服用有苦补健胃的作用。据国外近年来研究,黄芩制剂、黄芩酊可治疗植物性神经的动脉硬化性高血压,以及神经系统的机能障碍,可消除高血压的头痛、失眠、心部苦闷等症,外用有抗生作用,如对白喉杆菌、伤寒菌、霍乱、溶血链球菌A型、葡萄球菌均有不同程度的抑制效用(见《东北药用植物志》)。又据载根对防治棉铃虫、梨象鼻虫、天幕毛虫、苹果巢虫均有效(见《中国农药志》)。此外茎秆可提制芳香油,亦可代茶用而称为芩茶。据分析黄芩主要有两种黄芩碱素的衍生物,即汉黄芩素(Woogonin, $C_{16}H_{12}O_5$)及黄芩甙(baicalin, $C_{21}H_{18}O_{11}$)。

植物文化:

李时珍生于明朝嘉靖年间,自幼聪明伶俐,好学上进,小小年纪就立志考取功名,光耀门庭。可是天有不测风云,在李时珍十六岁时,他突患急病,咳嗽不止,并且久治不愈。随着病情加剧,他每日吐痰碗余,烦、渴引饮,骨蒸劳热,六脉浮洪,虽服用柴胡、麦冬、荆芥、竹沥等解表退热、润肺清心、清热化痰之剂却并无效果。方圆百里的名医都束手无策,认为其已无药可救。眼看小时珍生命危在旦夕。

正在李时珍的父母悲伤绝望之际,村子里来了一位从远方云游到此的道士,这位道人白发长髯,颇有一种仙风道骨的味道。闻言道人专治疑难杂症,小时珍的父母急忙把道人请到家中给他看病。道士给小时珍号了脉象后,捋捋长髯说:不妨,不妨,此病只需服用黄芩30 g,加水两盏,煎至一盏,服用半月即可痊愈。时珍的父母半信半疑地按方煎药。奇迹出现了。半月之后,小时珍身热全退,痰多咳嗽的症状也消失了,身体逐渐恢复健康。一味黄芩居然起到了立竿见影的治疗效果。

李时珍深感中国医学的神奇,更对这位身怀绝技的道士钦佩不已,从此,便跟随道人刻苦钻研医学,读遍历代医书,踏遍高山大川。功夫不负有心人,李时珍终于在医学上取得了巨大的成就,成为医林一代宗师。在他编著的《本草纲目》中,李时珍称黄芩为药中肯綮,如鼓应桴,医中之妙,有如此哉!

并头黄芩

学　　名：*Scutellaria scordifolia* Fisch. ex Schrenk.

别　　名：头巾草(内蒙古)、山麻子(山西霍县)。

采集地点：乌裕尔河中游草甸草原，北纬47°51′，东经124°52′，土壤主要为草甸沼泽土，其次是潜育草甸土和碳酸盐草甸土，气候为温带湿润大陆性季风气候。年平均降水量为427.4 mm，最少只有284 mm，降水最多的月份一般在7月，最少的月份一般在1月。年平均气温3.1 ℃，最低气温出现在1月，平均气温-19.2 ℃，极端最低气温-39.5 ℃。最高气温出现在7月，平均气温22.8 ℃，平均最高气温27.8 ℃，极端最高气温39.9 ℃。平均无霜期为130 d左右，降雪期为150 d左右。雪量平均20～30 cm，积雪日期为120 d左右，最大可出现50 cm以上积雪。冻土日期最短年份为182 d，最长年份为216 d。冻土深度，最大深度为1.8 m，最小深度为1.2 m，年平均深度为1.5 m。

植物学特征：

并头黄芩为被子植物门Angiospermae、双子叶植物纲 Dicotyledoneae、合瓣花亚纲Sympetalae、管状花目Tubiflorae、唇形科Labiatae、黄芩亚科Scutellarioideae、黄芩属Scutellaria、黄芩亚属Subg. Scutellaria、盔状黄芩组Sect. Galericularia、并头黄芩系Ser. Scordifoliae。并头黄芩为多年生草本植物，具有以下植物学特征：

根：根茎斜行或近直伸，节上生须根。

茎：茎直立，高12～36 cm，四棱形，基部粗1～2 mm，常带紫色，在棱上疏被上曲的微柔毛，或几无毛，不分枝，或具或多或少或长或短的分枝。

叶：叶具很短的柄或近无柄，柄长1～3 mm，腹凹背凸，被小柔毛；叶片三角状狭

并头黄芩——全株

并头黄芩——根和根茎

卵形，三角状卵形，或披针形，长1.5～3.8 cm，宽0.4～1.4 cm，先端大多钝，稀微尖，基部浅心形，近截形，边缘大多具浅锐牙齿，稀生少数不明显的波状齿，极少近全缘，上面绿色，无毛，下面较淡，沿中脉及侧脉疏被小柔毛，有时几无毛，具多数凹点，有时不具凹点，侧脉约3对，上面凹陷，下面明显凸起。

花：花单生于茎上部的叶腋内，偏向一侧；花梗长2～4 mm，被短柔毛，近基部有一对长约1 mm的针状小苞片。花萼开花时长3～4 mm，被短柔毛及缘毛，盾片高约1 mm，果时花萼长4.5 mm，盾片高2 mm。花冠蓝紫色，长2～2.2 cm，外面被短柔毛，内面无毛；冠筒基部浅囊状膝曲，宽约2 mm，向上渐宽，至喉部宽达6.5 mm；冠檐2唇形，上唇盔状，内凹，先端微缺，下唇中裂片圆状卵圆形，先端微缺，最宽处7 mm，2侧裂片卵圆形，先端微缺，宽2.5 mm。雄蕊4，均内藏，前对较长，具能育半药，退化半药明显，后对较短，具全药，药室裂口具髯毛；花丝扁平，前对内侧后对两侧下部被疏柔毛。花柱细长，先端锐尖，微裂。花盘前方隆起，后方延伸成短子房柄。子房4裂，裂片等大，花期6～8月。

果：小坚果黑色，椭圆形，长1.5 mm，直径1 mm，具瘤状突起，腹面近基部具果脐，果期8～9月。

并头黄芩——叶

并头黄芩——花

生物学特征：

产自我国内蒙古、黑龙江、河北、山西、青海等地；生于草地或湿草甸，海拔2 100 m以下。俄罗斯、蒙古、日本也有分布。

药用价值：

黑龙江、山西五台民间用根茎入药，叶可代茶用。中药治肝炎，疮疡肿毒，肠痈，跌打损伤，虫蛇咬伤，小便不利。蒙药治黄疸，肝热，蛇咬伤。

益 母 草

学　　名：*Leonurus japonicus* Houttuyn

别　　名：益母蒿、坤草(北方各省)，九重楼、野天麻、益母花、童子益母草(江苏)，铁麻干、野芝麻、溪麻、六角天麻(浙江)，野故草、鸡母草、红花艾、云母草、鸭母草(福建)，三角小胡麻、爱母草、红花益母草、臭艾(江西)，益母艾、燕艾(广西)，臭艾花、红花外-丹草、红艾、艾草、地落艾、假青麻草、大样益母草(广东)，红梗玉米膏、黄木草、玉米草(河北)，地母草、灯笼草、野麻(云南)，森蒂(西藏藏语)，益母夏枯(滇南本草)。

采集地点：乌裕尔河中游草甸草原，北纬47°51′，东经124°52′，土壤主要为草甸沼泽土，其次是潜育草甸土和碳酸盐草甸土，气候为温带湿润大陆性季风气候。年平均降水量为427.4 mm，最少只有284 mm，降水最多的月份一般在7月，最少的月份一般在1月。年平均气温3.1 ℃，最低气温出现在1月，平均气温−19.2 ℃，极端最低气温−39.5 ℃。最高气温出现在7月，平均气温22.8 ℃，平均最高气温27.8 ℃，极端最高气温39.9 ℃。平均无霜期为130 d左右，降雪期为150 d左右。雪量平均20～30 cm，积雪日期为120 d左右，最大可出现50 cm以上积雪。冻土日期最短年份为182 d，最长年份为216 d。冻土深度，最大深度为1.8 m，最小深度为1.2 m，年平均深度为1.5 m。

植物学特征：

益母草为被子植物门Angiospermae、双子叶植物纲Dicotyledoneae、合瓣花亚

益母草——全株

益母草——根

益母草——茎

益母草——叶

纲Sympetalae、管状花目 Tubiflorae、唇形科Labiatae、野芝麻亚科Lamioideae、野芝麻族Lamieae、野芝麻亚族Subtrib. Lamiinae、益母草属Leonurus、益母草亚属 Subg. Cardiochilium、益母草系 Ser. Heterophylli C. Y. Wu et H. W. Li。益母草为一年生或两年生草本植物,具有以下植物学特征:

根: 有于其上密生须根的主根。

茎: 茎直立,通常高30～120 cm,钝四棱形,微具槽,有倒向糙伏毛,在节及棱上尤为密集,在基部有时近于无毛,多分枝,或仅于茎中部以上有能育的小枝条。

叶: 叶轮廓变化很大,茎下部叶轮廓为卵形,基部宽楔形,掌状3裂,裂片呈长圆状菱形至卵圆形,通常长2.5～6 cm,宽1.5～4 cm,裂片上再分裂,上面绿色,有糙伏毛,叶脉稍下陷,下面淡绿色,被疏柔毛及腺点,叶脉突出,叶柄纤细,长2～3 cm,由于叶基下延而在上部略具翅,腹面具槽,背面圆形,被糙伏毛;茎中部叶轮廓为菱形,较小,通常分裂成3个或偶有多个长圆状线形的裂片,基部狭楔形,叶柄长0.5～2 cm;花序最上部的苞叶近于无柄,线形或线状披针形,长3～12 cm,宽2～8 mm,全缘或具稀少牙齿。

花: 轮伞花序腋生,具8～15花,轮廓为圆球形,直径2～2.5 cm,多数远离而组成长穗状花序;小苞片刺状,向上伸出,基部略弯曲,比萼筒短,长约5 mm,有贴生的微柔毛;花梗无。花萼管状钟形,长6～8 mm,外面有贴生微柔毛,内面于离基部1/3以上被微柔毛,5脉,显著,齿5,前2齿靠合,长约3 mm,后3齿较短,等长,长约2 mm,齿均宽三角形,先端刺尖。花冠粉红至淡紫红色,长1～1.2 cm,外面于伸出萼筒部分被柔毛,冠筒长约6 mm,等大,内面在离基部1/3处有近水平向的不明显鳞毛毛环,毛环在背面间断,其上部多少有鳞状毛,冠檐二唇形,上唇直伸,内凹,长圆形,长约7 mm,宽4 mm,全缘,内面无毛,边缘具纤毛,下唇略短于上唇,内面在基部疏被鳞状毛,3裂,中裂片倒心形,先端微缺,边缘薄膜质,基部收缩,侧裂片卵圆形,细小。雄蕊4,均延伸至上唇片之下,平行,前对较长,花丝丝状,扁平,疏被鳞状毛,花药卵圆形,二室。花柱丝状，略超出于雄蕊而与上唇片等长，无毛，先端相等2浅裂，裂片钻形。花盘平顶。子房褐色，无毛，花期通常在6～9月。

果：小坚果长圆状三棱形，长2.5 mm，顶端截平而略宽大，基部楔形，淡褐色，光滑，果期9～10月。

益母草——花

生物学特征：

产于我国全国各地为一杂草，生长于多种生境，尤以阳处为多，海拔可高达3 400 m。俄罗斯、朝鲜、日本，热带亚洲、非洲以及美洲各地也有分布。

药用价值：

全草入药，有效成分为益母草素(Leonurin)，内服可使血管扩张而使血压下降，并有颉抗肾上腺素的作用，可治动脉硬化性和神经性的高血压，又能增加子宫运动的频度，为产后促进子宫收缩药，并对长期子宫出血而引起衰弱者有效，故广泛用于治妇女闭经、痛经、月经不调、产后出血过多、恶露不尽、产后子宫收缩不全、胎动不安、子宫脱垂及赤白带下等症。据国内报道近年来益母草用于肾炎水肿、尿血、便血、牙龈肿痛、乳腺炎、丹毒、痈肿疔疮均有效。嫩苗入药称童子益母草，功用同益母草，并有补血作用。花治贫血体弱。子称茺蔚、三角胡麻、小胡麻，尚有利尿、治眼疾之效，亦可用于治肾炎水肿及子宫脱垂。

细叶益母草

学　　名：*Leonurus sibiricus* L.

别　　名：四美草、风葫芦草(内蒙古)，龙串彩、红龙串彩、石麻、益母草(陕西)，风车草(山西)。

采集地点：乌裕尔河中游草甸草原，北纬47°51′，东经124°52′，土壤主要为草甸沼泽土，其次是潜育草甸土和碳酸盐草甸土，气候为温带湿润大陆性季风气候。年平均降水量为427.4 mm，最少只有284 mm，降水最多的月份一般在7月，最少的月份一般在1月。年平均气温3.1 ℃，最低气温出现在1月，平均气温–19.2 ℃，极端最低气温–39.5 ℃。最高气温出现在7月，平均气温22.8 ℃，平均最高气温27.8 ℃，极端最高气温39.9 ℃。平均无霜期为130 d左右，降雪期为150 d左右。雪量平均20~30 cm，积雪日期为120 d左右，最大可出现50 cm以上积雪。冻土日期最短年份为182 d，最长年份为216 d。冻土深度，最大深度为1.8 m，最小深度为1.2 m，年平均深度为1.5 m。

植物学特征：

细叶益母草为被子植物门Angiospermae、双子叶植物纲Dicotyledoneae、合瓣花亚纲Sympetalae、管状花目Tubiflorae、唇形科Labiatae、野芝麻亚科Lamioideae、野芝麻族Lamieae、野芝麻亚族Subtrib. Lamiinae、益母草属Leonurus、益母草亚属Subg. Cardiochilium、益母草系Ser. Heterophylli C. Y. Wu et H. W. Li。细叶益母草为一年生或两年生草本植物，具有以下植物学特征：

根：有圆锥形的主根，须根细而多，呈黄白色。

茎：茎直立，高20~80 cm，钝四棱形，微具槽，有短而贴生的糙伏毛，单一，或多数从植株基部发出，不分枝，或于茎上部稀在下部分枝。

叶：茎最下部的叶早落，中部的叶轮廓为卵形，长5 cm，宽4 cm，基部宽楔形，

细叶益母草——全株

细叶益母草——根

细叶益母草——茎

细叶益母草——叶　　　细叶益母草——花　　　细叶益母草——花

掌状3全裂，裂片呈狭长圆状菱形，其上再羽状分裂成3裂的线状小裂片，小裂片宽1～3 mm，上面绿色，疏被糙伏毛，叶脉下陷，下面淡绿色，被疏糙伏毛及腺点，叶脉明显凸起且呈黄白色，叶柄纤细，长约2 cm，腹面具槽，背面圆形，被糙伏毛。

花：花序最上部的苞叶轮廓近于菱形，3全裂成狭裂片，中裂片通常再3裂，小裂片均为线形，宽约1～2 mm。轮伞花序腋生，多花，花时轮廓为圆球形，直径3～3.5 cm，多数，向顶渐次密集组成长穗状；小苞片刺状，向下反折，比萼筒短，长4～6 mm，被短糙伏毛；花梗无。花萼管状钟形，长8～9 mm，外面在中部密被疏柔毛，余部贴生微柔毛，内面无毛，脉5，显著，齿5，前2齿靠合，稍开张，钻状三角形，具刺尖，长3～4 mm，后3齿较短，三角形，具刺尖，长2～3 mm。花冠粉红至紫红色，长约1.8 cm，冠筒长约0.9 cm，外面无毛，内面近基部1/3有近水平向的鳞毛状的毛环，冠檐二唇形，上唇长圆形，直伸，内凹，长约1 cm，宽约0.5 cm，全缘，外面密被长柔毛，内面无毛，下唇长约0.7 cm，宽约0.5 cm，比上唇短1/4左右，外面疏被长柔毛，内面无毛，3裂，中裂片倒心形，先端微缺，边缘薄膜质，基部收缩，侧裂片卵圆形，细小。雄蕊4，均延伸至上唇片之下，平行，前对较长，花丝丝状，扁平，中部疏被鳞状毛，花药卵圆形，2室。花柱丝状，略超出于雄蕊，先端相等2浅裂，裂片钻形。花盘平顶，花期7～9月。

果：子房褐色，无毛。小坚果长圆状三棱形，长2.5 mm，顶端截平，基部楔形，褐色，果期9月。

生物学特征：

主产于我国内蒙古、河北北部、山西及陕西北部；生于石质及沙质草地上及松林中，海拔可达1 500 m。俄罗斯、蒙古也有分布。

药用价值：

全株可入药，对于很多的妇科病都有很好的治疗作用，它还可以用来治疗产后的腹痛，在民间，它经常被用来制作成我们熟悉的益母膏，如果经常服用，对于女性的健康是非常有好处的。细叶益母草，味辛、苦，性凉。活血，祛瘀，调经，消水。主治月经不调，胎漏难产，胞衣不下，产后血晕，瘀血腹痛，痈肿疮疡。

其他：
　　益母草中含有多种人体需要的微量元素，比如硒和锰等，它可以起到抗氧化的作用，此外还能够抗衰老，它有非常好的美容作用。

植物文化：
　　传说在浙江龙游，有个叫七都的小山村。村中只有十几户人家，小村依山傍水，男耕女织，空闲时也采药、烧炭。一天，一个年轻的村姑，在溪边洗衣服。突然，一只母兔惊惶地逃窜过来。一见村姑，便前爪跪地，眼中含泪，似有求救之意。村姑已有身孕，见是一只即将临产的母兔，母爱之心油然而生，便俯身捧起母兔，放进身边的背篓中。此时，山林中跳出一只豺狗，原来是这家伙追捕母兔。村姑毫不示弱，举起洗衣的棒槌，便与豺狗打斗起来。眼看将要日落西山，村姑心中十分焦急。于是，便朝远处的山村，大喊了几声"顺风叫"。没多会儿，只见自家的两条猎犬，飞速向她奔来。那豺狗见了猎狗，鼻子一掀，哀叫一声，飞身钻进山林。眼看着可怜的母兔，即将临产，村姑决定把它带回家去。经村姑嫩草麦麸的精心调养，母兔顺利产下一窝小兔。待小兔长到欢蹦乱跳时，村姑和丈夫一起，把它们放归山林。临别时，母兔仿佛感恩地向小夫妻点了三下头。

　　却说那村姑，"十月怀胎，一朝分娩"。生了个大胖小子，甭提多高兴了。但是，高兴中也有忧愁。村姑自生下孩子后，经常腹痛难忍，虽然丈夫也是经常进山采药，略通医道之人，但对妻子的"产后病"，却是束手无策。

　　一天，村姑又是腹痛难忍，在床上不停地翻滚，痛得额头上冷汗淋淋。正在全家人手忙脚乱之时，突然，茅屋的竹门打开了，只见那只被放归山林的母兔，领着一群小兔回来了。兔子们依次来到村姑床前，嘴里叼着一束绿草，上面还有粉红色的花朵。它们把嘴里的草，放在村姑的床头，又朝村姑点了点头，然后就离开了。采草药的丈夫，第一个反应过来，莫不是兔子一家送来了治病的草药？想到这里，他便动起手来，先是洗干净草药，然后点火煎药。说来也神奇，真是一幅灵丹妙药，几剂服下去后，村姑的病竟奇迹般地好了，再连着吃了几剂，村姑更是胃口大开，脸色红润，完全恢复了元气。

　　丈夫能辨药识草，他便从山上采来此草，由于能治妇女产后腹痛，便称之为"益母草"。丈夫将此草烘干，研制成粉末，又称之为"产母药"。因为小山村名为七都，从此"七都产母粉""七都益母草"便名扬天下了。近年来，人们将益母草制成膏剂，叫"益母膏"。

多裂叶荆芥

学　　名：*Nepeta multifida* L.
别　　名：裂叶荆芥。
采集地点：乌裕尔河中游草甸草原，北纬47°51′，东经124°52′，土壤主要为草甸沼泽土，其次是潜育草甸土和碳酸盐草甸土，气候为温带湿润大陆性季风气候。年平均降水量为427.4 mm，最少只有284 mm，降水最多的月份一般在7月，最少的月份一般在1月。年平均气温3.1 ℃，最低气温出现在1月，平均气温-19.2 ℃，极端最低气温-39.5 ℃。最高气温出现在7月，平均气温22.8 ℃，平均最高气温27.8 ℃，极端最高气温39.9 ℃。平均无霜期为130 d左右，降雪期为150 d左右。雪量平均20～30 cm，积雪日期为120 d左右，最大可出现50 cm以上积雪。冻土日期最短年份为182 d，最长年份为216 d。冻土深度，最大深度为1.8 m，最小深度为1.2 m，年平均深度为1.5 m。

植物学特征：

多裂叶荆芥为被子植物门Angiospermae、双子叶植物纲 Dicotyledoneae、合瓣花亚纲Sympetalae、管状花目Tubiflorae、唇形科Labiatae、野芝麻亚科Lamioideae、荆芥族Nepeteae、裂叶荆芥属Schizonepeta。多裂叶荆芥为多年生草本植物，具有以下植物学特征：

根：直根系，分枝较少。根茎木质，由其上发出多数萌株。

茎：茎高可达40 cm，半木质化，上部四棱形，基部带圆柱形，被白色长柔毛，侧枝通常极短，极似数枚叶片丛生，有时上部的侧枝发育，并有花序。

叶：叶卵形，羽状深裂或分裂，有时浅裂至近全缘，长2.1～3.4 cm，宽1.5～2.1 cm，先端锐尖，基部截形至心形，裂片线状披针形至卵形，全缘或具疏齿，坚纸质，上面橄榄绿色，被微柔毛，下面白黄色，被白色短硬毛，脉上及边缘被睫毛，有腺点；叶柄通常长约1.5 cm。

花：花序为由多数轮伞花序组成的顶生穗状花序，长6～12 cm，连续，很少间断；

多裂叶荆芥——全株

多裂叶荆芥——茎、叶

多裂叶荆芥——花

多裂叶荆芥——根　　　　　　　　　　　　　多裂叶荆芥——花

苞片叶状，深裂或全缘，下部的较大，长约10 mm，上部的渐变小，卵形，先端骤尖，变紫色，较花长，长约5 mm，小苞片卵状披针形或披针形，带紫色，与花等长或略长。花萼紫色，基部带黄色，长约5 mm，直径2 mm，具15脉，外被稀疏的短柔毛，内面无毛，齿5，三角形，长约1 mm，先端急尖。花冠蓝紫色，干后变淡黄色，长约8 mm，外被交错的柔毛，内面在喉部被极少柔毛，冠筒向喉部渐宽，冠檐二唇形，上唇2裂，下唇3裂，中裂片最大。雄蕊4，前对较上唇短，后对略超出上唇；花药浅紫色。花柱与前对雄蕊等长，先端近相等的2裂，柱头略粗，带紫色，花期7～9月。

果： 小坚果扁长圆形，腹部略具棱，长约1.6 mm，宽0.6 mm，褐色，平滑，基部渐狭，果期在9月以后。

生物学特征：

生于林下、山坡、路旁、干草原或湿草甸子边，海拔1 300～2 000 m。主产于我国内蒙古、河北、山西、陕西、甘肃。

药用价值：

多裂叶荆芥的地上部分入药，具有疏风、解表、透疹之功效，主治感冒、头痛、麻疹不透、荨麻疹、皮肤瘙痒等症。多裂叶荆芥的茎叶和花穗入药叫"荆芥"，根入药叫"荆芥根"。

经济价值：

多裂叶荆芥全株含芳香油，油透明淡黄色，味清香，适于制香皂用。

植物文化：

宋代开封府，乃大宋都城，商贾云集，人口众多，市井繁华，开封的小吃也就格外发达，多裂叶荆芥在当时非常流行。由于此种菜在别处少见，尤其是大盘的凉拌荆芥，唯有在京城开封才能吃到，因此又被冠以"京芥"之名。由于"大盘荆芥"只有在京都才能享受，故而，"吃过大盘荆芥"的人，无疑是见过大世面了，为人推崇理所应当。后来，开封不再是京城，并日渐式微，"京芥"也就慢慢地演变成"荆芥"了。

香 青 兰

学　　名：*Dracocephalum moldavica* L.

别　　名：摩眼子(辽宁)，山薄荷(吉林)，蓝秋花、玉米草、香花子(河北)，臭仙欢、臭蒿、青蓝(山西)，野青兰(陕西)，青兰(甘肃)。

采集地点：乌裕尔河中游草甸草原，北纬47°51′，东经124°52′，土壤主要为草甸沼泽土，其次是潜育草甸土和碳酸盐草甸土，气候为温带湿润大陆性季风气候。年平均降水量为427.4 mm，最少只有284 mm，降水最多的月份一般在7月，最少的月份一般在1月。年平均气温3.1 ℃，最低气温出现在1月，平均气温−19.2 ℃，极端最低气温−39.5 ℃。最高气温出现在7月，平均气温22.8 ℃，平均最高气温27.8 ℃，极端最高气温39.9 ℃。平均无霜期为130 d左右，降雪期为150 d左右。雪量平均20～30 cm，积雪日期为120 d左右，最大可出现50 cm以上积雪。冻土日期最短年份为182 d，最长年份为216 d。冻土深度，最大深度为1.8 m，最小深度为1.2 m，年平均深度为1.5 m。

植物学特征：

香青兰为被子植物门Angiospermae、双子叶植物纲Dicotyledoneae、合瓣花亚纲Sympetalae、管状花目Tubiflorae、唇形科Labiatae、野芝麻亚科Lamioideae、荆芥族Nepeteae、青兰属Dracocephalum、香青兰亚属Subg. Dracocephalum、香青兰组Sect. Dracocephalum、香青兰系Ser. Foetidae。香青兰为一年生草本植物，具有以下植物学特征：

根：直根系，直根圆柱形，直径2～4.5 mm，多根须。

茎：株高(6～)22～40 cm；茎数个，直立或渐升，常在中部以下具分枝，不明显四棱形，被倒向的小毛，常带紫色。

叶：基生叶卵圆状三角形，先端圆钝，基部心形，具疏圆齿，具长柄，很快枯萎；下部茎生叶与基生叶近似，具与叶片等长之柄，中部以上者具短柄，柄为叶片之1/4～1/2以下，叶片披针形至线状披针形，先端钝，基部圆形或宽楔形，长1.4～4 cm，宽0.4～1.2 cm，两面只在脉上疏被小毛及黄色小腺点，边缘通常具不规则至规则的三角形牙齿或疏锯齿，有时基部的牙齿成小裂片状，分裂较深，常具长刺。轮伞花序生

香青兰——全株

香青兰——花

香青兰——根

香青兰——茎

香青兰——叶

于茎或分枝上部5～12节处，占长度3～11 cm，疏松，通常具4花；花梗长3～5 mm，花后平折；苞片长圆形，稍长或短于萼，疏被贴伏的小毛，每侧具2～3小齿，齿具长2.5～3.5 mm的长刺。

花：花萼长8～10 mm，被金黄色腺点及短毛，下部较密，脉常带紫色，2裂近中部，上唇3浅裂至本身1/4～1/3处，3齿近等大，三角状卵形，先端锐尖，下唇2裂近本身基部，裂片披针形。花冠淡蓝紫色，长1.5～2.5(～3)cm，喉部以上宽展，外面被白色短柔毛，冠檐二唇形，上唇短舟形，长约为冠筒的1/4，先端微凹，下唇3裂，中裂片扁，2裂，具深紫色斑点，有短柄，柄上有2突起，侧裂片平截。雄蕊微伸出，花丝无毛，先端尖细，药平叉开。花柱无毛，先端2等裂。

果：小坚果长约2.5 mm，长圆形，顶平截，光滑。

生物学特征：

产自我国黑龙江、吉林、辽宁、内蒙古、河北、山西、河南、陕西、甘肃及青海；生于干燥山地、山谷、河滩多石处，海拔220～1 600 m(青海至2 700 m)。俄罗斯西伯利亚、东欧、中欧，南延至克什米尔地区均有分布。

药用价值：

香青兰有抗心肌缺血、抗冠心病作用；可清胃肝热，止血，愈合伤口；主治胃肝热，胃出血，食物中毒，赫如虎，巴木病等。

经济价值：

香青兰全株含芳香油，据国外报道含油量在0.01%～0.17%，油的主要成分为柠檬醛25%～68%，香叶醇80%，橙花醇7%。香青兰经蒸馏得到的精油具有清爽的甜香气。有清香及花香，宜调配食用和日用香精。工业上可作为制作香料的原料，可以制成香青兰香烟、茶、保健饮料、糖果和化妆品等。

兴安薄荷

学　　名：*Mentha dahurica* Fisch. ex Benth.
别　　名：野薄荷。
采集地点：乌裕尔河中游草甸草原，北纬47°51′，东经124°52′，土壤主要为草甸沼泽土，其次是潜育草甸土和碳酸盐草甸土，气候为温带湿润大陆性季风气候。年平均降水量为427.4 mm，最少只有284 mm，降水最多的月份一般在7月，最少的月份一般在1月。年平均气温3.1 ℃，最低气温出现在1月，平均气温–19.2 ℃，极端最低气温–39.5 ℃。最高气温出现在7月，平均气温22.8 ℃，平均最高气温27.8 ℃，极端最高气温39.9 ℃。平均无霜期为130 d左右，降雪期为150 d左右。雪量平均20～30 cm，积雪日期为120 d左右，最大可出现50 cm以上积雪。冻土日期最短年份为182 d，最长年份为216 d。冻土深度，最大深度为1.8 m，最小深度为1.2 m，年平均深度为1.5 m。

植物学特征：

兴安薄荷为被子植物门Angiospermae、双子叶植物纲Dicotyledoneae、合瓣花亚纲Sympetalae、管状花目Tubiflorae、唇形科Labiatae、野芝麻亚科Lamioideae、塔花族SATUREJEAE、薄荷亚族MENTHINAE、薄荷属Mentha、薄荷组Sect. Mentha、头序薄荷亚组Subsect. Capitatae、兴安薄荷系Ser. Dahuricae。兴安薄荷为多年生草本植物，具有以下植物学特征：

根：根状茎细长，白色或白绿色，根茎横生地下。

茎：株高30～60 cm，茎直立，单一，稀有分枝，向基部无叶，基部各节有纤细须根及细长的地下枝，沿棱上被倒向微柔毛，四棱形，具槽，淡绿色，有时带紫色。

兴安薄荷——全株

兴安薄荷——花

兴安薄荷——根

兴安薄荷——茎、叶

叶：叶片卵形或长圆形，长3 cm，宽1.3 cm，先端锐尖或钝，基部宽楔形至近圆形，边缘在基部以上具浅圆齿状锯齿或近全缘，近膜质，上面绿色，通常沿脉上被微柔毛，余部无毛或疏生微柔毛，下面淡绿色，脉上被微柔毛，余部具腺点；叶柄长7～10 mm，扁平，上面略具槽，被微柔毛。

花：轮伞花序5～13花，具长2～10 mm的梗，通常茎顶2个轮伞花序聚集成头状花序，该花序长超过苞叶，而其下1～2节的轮伞花序稍远隔；小苞片线形，上弯，被微柔毛；花梗长1～3 mm，被微柔毛。花萼管状钟形，长2.5 mm，外面沿脉上被微柔毛，内面无毛，10～13脉，明显，萼齿5，宽三角形，长0.5 mm，具微尖头，果时花萼宽钟形。花冠浅红或粉紫色，长5 mm，外面无毛，内面在喉部被微柔毛，自基部向上逐渐扩大，冠檐4裂，裂片长1 mm，圆形，先端钝，上裂片明显2浅裂。雄蕊4，前对较长，等于或稍伸出花冠，花丝丝状，略被须毛，花药卵圆形，紫色，2室。花柱丝状，长约5 mm，先端扁平，相等2浅裂，裂片钻形。花盘平顶。子房褐色，无毛，花期7～8月。

果：自花授粉一般不能结实，必须靠风或昆虫进行异花传粉方能结实。通常自现蕾至开花约需10～15 d，一朵花自开放至种子成熟约需20 d左右。结实率高低因品种和环境条件而异。一朵花最多能结四粒种子，贮于钟形花萼内。果实为小坚果，长圆状卵形。

种子： 种子很小，淡褐色，万粒重仅1 g左右。

生物学特征：

产于我国黑龙江、吉林、内蒙古东北；生于草甸上，海拔650 m。俄罗斯远东地区、日本北部也有分布。

食用价值：

薄荷鲜食，清爽可口；平常以薄荷代茶，清心明目。

药用价值：

全草入药，驱风解热。头痛，咽喉肿痛，牙痛。含薄荷油、乙酸薄荷酯及其萜烯类化合物。具有疏散风热、清利头目的作用。主治感冒风热、目赤、皮肤瘙痒等。

薄　荷

学　　名：*Mentha canadensis* Linnaeus

别　　名：野薄荷(各地)，南薄荷、夜息香(山东)，野仁丹草、见肿消(江苏)，水薄荷、水益母、接骨草(云南昆明)，水薄荷(云南)，土薄荷、鱼香草、香薷草(四川)。

采集地点：乌裕尔河中游草甸草原，北纬47°51′，东经124°52′，土壤主要为草甸沼泽土，其次是潜育草甸土和碳酸盐草甸土，气候为温带湿润大陆性季风气候。年平均降水量为427.4 mm，最少只有284 mm，降水最多的月份一般在7月，最少的月份一般在1月。年平均气温3.1 ℃，最低气温出现在1月，平均气温-19.2 ℃，极端最低气温-39.5 ℃。最高气温出现在7月，平均气温22.8 ℃，平均最高气温27.8 ℃，极端最高气温39.9 ℃。平均无霜期为130 d左右，降雪期为150 d左右。雪量平均20~30 cm，积雪日期为120 d左右，最大可出现50 cm以上积雪。冻土日期最短年份为182 d，最长年份为216 d。冻土深度，最大深度为1.8 m，最小深度为1.2 m，年平均深度为1.5 m。

植物学特征：

薄荷为被子植物门Angiospermae、双子叶植物纲Dicotyledoneae、合瓣花亚纲Sympetalae、管状花目Tubiflorae、唇形科Labiatae、野芝麻亚科Lamioideae、塔花族SATUREJEAE、薄荷亚族MENTHINAE、薄荷属Mentha、薄荷组Sect. Mentha、薄荷亚组Subsect. Verticillatae Linn.、薄荷系Ser. Sibiricae Boriss.。薄荷为多年生草本植物，

薄荷——全株

薄荷——茎、叶

具有以下植物学特征：

根：直根系，具有根茎。

茎：茎直立，高30～60 cm，下部数节具纤细的须根及水平匍匐根状茎，锐四棱形，具四槽，上部被倒向微柔毛，下部仅沿棱上被微柔毛，多分枝。

叶：叶片长圆状披针形、披针形、椭圆形或卵状披针形、稀长圆形，长3～5(7)cm，宽0.8～3 cm，先端锐尖，基部楔形至近圆形，边缘在基部以上疏生粗大的牙齿状锯齿，侧脉约5～6对，与中肋在上面微凹陷下面显著，上面绿色；沿脉上密生余部疏生微柔毛，或除脉外余部近于无毛，上面淡绿色，通常沿脉上密生微柔毛；叶柄长2～10 mm，腹凹背凸，被微柔毛。

花：轮伞花序腋生，轮廓球形，花时直径约18 mm，具梗或无梗，具梗时梗可长达3 mm，被微柔毛；花梗纤细，长2.5 mm，被微柔毛或近于无毛。花萼管状钟形，长约2.5 mm，外被微柔毛及腺点，内面无毛，10脉，不明显，萼齿5，狭三角状钻形，先端长锐尖，长1 mm。花冠淡紫，长约4 mm，外面略被微柔毛，内面在喉部以下被微柔毛，冠檐4裂，上裂片先端2裂，较大，其余3裂片近等大，长圆形，先端钝。雄蕊4，前对较长，长约5 mm，均伸出于花冠之外，花丝丝状，无毛，花药卵圆形，2室，室平行。花柱略超出雄蕊，先端近相等2浅裂，裂片钻形。花盘平顶，花期7～9月。

果：小坚果卵珠形，黄褐色，具小腺窝，果期10月。

薄荷——根茎和根

薄荷——花

生物学特征：

产于我国南北各地；生于水旁潮湿地，海拔可高达3 500 m。热带亚洲、俄罗斯远东地区、朝鲜、日本及北美洲(南达墨西哥)也有分布。

食用价值：

幼嫩茎尖可作菜食。

药用价值：

全草可入药，治感冒发热、喉痛、头痛、目赤痛、皮肤风疹瘙痒、麻疹不透等症，此外对痈、疽、疥、癣、漆疮亦有效。

其他：

栽培的薄荷各地的品种繁多，如江苏栽培的薄荷通常称苏薄荷或仁丹草，主要品种有龙脑薄荷(花紫色，雄蕊超出花冠，茎粗长，扭曲呈螺旋状)、红叶臭头(花淡紫色，雄蕊短于花冠，茎紫色，较粗，叶较大，先端锐尖)、白叶臭头(花淡紫色，雄蕊超出花冠，茎绿色，叶较大，淡绿色)、大叶青种(花期迟，雄蕊超出花冠，茎绿色，叶大，绿色，植株高大)、小叶黄种(茎紫色，较细短，叶较小，黄绿色，中脉两侧常有紫色斑迹，花深紫，雄蕊内藏)，北京栽培的有平叶留兰香，云南楚雄栽培的有楚薄荷，等等。这些栽培的薄荷萼齿均为长锐尖，无疑应归入薄荷这一种。有的品种主要产脑，有的品种主要产油。新鲜茎叶含油量为0.8%～1.0%，干品含油量为1.3%～2.0%，所产的油称薄荷油或薄荷原油，原油主要用于提取薄荷脑(含量77%～87%)，薄荷脑用于糖果饮料、牙膏、牙粉以及用于皮肤黏膜局部镇痛剂的医药制品(如仁丹、清凉油、一心油)，提取薄荷脑后的油叫薄荷素油，亦大量用于牙膏、牙粉、漱口剂、喷雾香精及医药制品等。晒干的薄荷茎叶亦常用作食品的矫味剂和作清凉食品饮料，有祛风、兴奋、发汗等功效。

植物文化：

薄荷的花语是"愿与你再次相逢"和"再爱我一次"。此外，它还有一种花语是"有德之人"。

兴安百里香

学　　名：Thymus dahuricus Serg.

采集地点：乌裕尔河中游草甸草原，北纬47°51′，东经124°52′，土壤主要为草甸黑钙土，其次是潜育草甸土和碳酸盐草甸土，气候为温带湿润大陆性季风气候，多年平均降水量为427.4 mm，最少只有284 mm，降水最多的月份一般在7月，最少月份一般在1月。年平均气温3.1 ℃，最低气温出现在1月，平均气温–19.2 ℃，极端最低气温–39.5 ℃。最高气温出现在7月，平均气温22.8 ℃，平均最高气温27.8 ℃，极端最高气温39.9 ℃。平均无霜期为130 d左右，降雪期为150 d左右。雪量平均20～30 cm，积雪日期为120 d左右，最大可出现50 cm以上积雪。冻土日期最短年份为182 d，最长年份为216 d。冻土深度，最大深度为1.8 m，最小深度为1.2 m，年平均深度为1.5 m。

植物学特征：

兴安百里香为被子植物门Angiospermae、双子叶植物纲Dicotyledoneae、合瓣花亚纲Sympetalae、管状花目Tubiflorae、唇形科Labiatae、野芝麻亚科Lamioideae、塔花族SATUREJEAE、百里香亚族THYMINAE、百里香属Thymus。兴安百里香为多年生矮小半灌木，具有以下植物学特征：

根：直根系，主根明显，侧根少而短。

茎：茎多数，密生、斜生或匍匐，有疏柔毛；不育枝生自茎基部或末端或直接从根

兴安百里香——全株

兴安百里香——茎、叶

兴安百里香——根

兴安百里香——花

茎生出,近直立或匍匐,四棱,带紫色,有密柔毛,节间两面常交互对生;花枝直立或斜生,高3～10 cm,四棱,淡褐色或带紫色,有密柔毛,在节间两面交互对生,节间短。

叶: 叶线状披针形或线状倒披针形,长9～12 mm,宽1.5～2 mm,先端钝头,基部渐狭成窄楔形,边缘全缘,常有密短缘毛,下部或基部混有疏长缘毛,上面绿色,有疏短柔毛或近无毛,下面淡绿色,无毛,具2～3对不明显隆起侧脉,两面有淡绿色腺点,近无柄。

花: 轮伞花序紧密排成头状,苞片与叶同形,花炳短,花期稍伸长,长仅1～2 mm,有密生白柔毛;花萼管状钟形,长4.5～5.5 mm,带紫色,有黄色腺点及明显隆起的脉,上部近无毛,下部有长柔毛,内面有疏长柔毛,两面有疏黄色腺点;花期7～8月。

果: 小坚果近球形,暗褐色,光滑,果期8～9月。

生物学特征:
主要分布于黑龙江省呼玛、漠河、塔河等市县,辽宁省彰武、阜新、建平等市县。生于沙质坡地或沙质草地。蒙古和俄罗斯也有分布。

药用价值:
全草入药,可治疗百日咳及小儿咳嗽。

饲用价值:
嫩茎、叶可做饲料。

经济价值:
茎、叶含芳香油,可提取方樟醇和龙脑香等香料,也是很好的蜜源植物。

园林价值:
兴安百里香是绿化、美化庭院优选的观花地被植物,同时还具有杀菌、驱虫、净化空气的作用。

水 棘 针

学　　名：*Amethystea caerulea* L.
别　　名：土荆芥(云南昭通)、细叶山紫苏(吉林抚松)。
采集地点：乌裕尔河中游草甸草原，北纬47°51′，东经124°52′，土壤主要为草甸沼泽土，其次是潜育草甸土和碳酸盐草甸土，气候为温带湿润大陆性季风气候。年平均降水量为427.4 mm，最少只有284 mm，降水最多的月份一般在7月，最少的月份一般在1月。年平均气温3.1 ℃，最低气温出现在1月，平均气温-19.2 ℃，极端最低气温-39.5 ℃。最高气温出现在7月，平均气温22.8 ℃，平均最高气温27.8 ℃，极端最高气温39.9 ℃。平均无霜期为130 d左右，降雪期为150 d左右。雪量平均20～30 cm，积雪日期为120 d左右，最大可出现50 cm以上积雪。冻土日期最短年份为182 d，最长年份为216 d。冻土深度，最大深度为1.8 m，最小深度为1.2 m，年平均深度为1.5 m。

植物学特征：

水棘针为被子植物门Angiospermae、双子叶植物纲Dicotyledoneae、合瓣花亚纲Sympetalae、管状花目Tubiflorae、唇形科Labiatae、筋骨草亚科Ajugoideae、水棘针属Amethystea。水棘针为一年生草本植物，具有以下植物学特征：

根：根繁茂，主根不明显，多分枝和须根。

茎：基部有时木质化，高0.3～1 m，呈金字塔形分枝。茎四棱形，紫色、灰紫黑色或紫绿色，被疏柔毛或微柔毛，以节上较多。

叶：叶柄长0.7～2 cm，紫色或紫绿色，有沟，具狭翅，被疏长硬毛；叶片纸质或近膜质，三角形或近卵形，3深裂，稀不裂或5裂，裂片披针形，边缘具粗锯齿或重锯

水棘针——全株

水棘针——根

水棘针——茎、叶

水棘针——花

齿，中间的裂片长 2.5～4.7 cm，宽 0.8～1.5 cm，无柄，两侧的裂片长 2～3.5 cm，宽 0.7～1.2 cm，无柄或几无柄，基部不对称，下延，叶片上面绿色或紫绿色，被疏微柔毛或几无毛，下面略淡，无毛，中肋隆起，明显。

花：花序为由松散具长梗的聚伞花序所组成的圆锥花序；苞叶与茎叶同形，变小；小苞片微小，线形，长约 1 mm，具缘毛；花梗短，长 1～2.5 mm，与总梗被疏腺毛。花萼钟形，长约 2 mm，外面被乳头状突起及腺毛，内面无毛，具 10 脉，其中 5 肋明显隆起，中间脉不明显，萼齿 5，近整齐，三角形，渐尖，长约 1 mm 或略短，边缘具缘毛；果时花萼增大。花冠蓝色或紫蓝色，冠筒内藏或略长于花萼，外面无毛，冠檐二唇形，外面被腺毛，上唇 2 裂，长圆状卵形或卵形，下唇略大，3 裂，中裂片近圆形，侧裂片与上唇裂片近同形。雄蕊 4，前对能育，着生于下唇基部，花芽时内卷，花时向后伸长，自上唇裂片间伸出，花丝细弱，无毛，伸出雄蕊约 1/2，花药 2 室，室叉开，纵裂，成熟后贯通为 1 室，后对为退化雄蕊，着生于上唇基部，线形或几无。花柱细弱，略超出雄蕊，先端不相等 2 浅裂，前裂片细尖，后裂片短或不明显。花盘环状，具相等浅裂片，花期 8～9 月。

果：小坚果倒卵状三棱形，背面具网状皱纹，腹面具棱，两侧平滑，合生面大，高达果长 1/2 以上，果期 9～10 月。

生物学特征：

产于我国的吉林、辽宁、内蒙古、河北、河南、山东、山西、陕西、甘肃、新疆、安徽、湖北、四川及云南；伊朗、俄罗斯、蒙古、朝鲜、日本也有分布。生于田边旷野、河岸沙地、开阔路边及溪旁，海拔 200～3 400 m。

药用价值：

水棘针在昭通地区药用，作荆芥代用品。疏风解表，宣肺平喘。主治感冒、咳嗽气喘。

经济价值：

含有芳香油可作为开发利用的野生香料植物资源。

多花筋骨草

学　　名：*Ajuga multiflora* Bunge

采集地点：乌裕尔河中游草甸草原，北纬47°51′，东经124°52′，土壤主要为草甸沼泽土，其次是潜育草甸土和碳酸盐草甸土，气候为温带湿润大陆性季风气候。年平均降水量为427.4 mm，最少只有284 mm，降水最多的月份一般在7月，最少的月份一般在1月。年平均气温3.1 ℃，最低气温出现在1月，平均气温-19.2 ℃，极端最低气温-39.5 ℃。最高气温出现在7月，平均气温22.8 ℃，平均最高气温27.8 ℃，极端最高气温39.9 ℃。平均无霜期为130 d左右，降雪期为150 d左右。雪量平均20～30 cm，积雪日期为120 d左右，最大可出现50 cm以上积雪。冻土日期最短年份为182 d，最长年份为216 d。冻土深度，最大深度为1.8 m，最小深度为1.2 m，年平均深度为1.5 m。

植物学特征：

多花筋骨草为被子植物门Angiospermae、双子叶植物纲Dicotyledoneae、合瓣花亚纲Sympetalae、管状花目Tubiflorae、唇形科Labiatae、筋骨草亚科Ajugoideae、筋骨草属Ajuga、筋骨草组Sect. Ajuga、筋骨草亚组Subsect. Genevenses、筋骨草系Ser. Genevenses。多花筋骨草为多年生草本植物，具有以下植物学特征：

根：主根不明显，多分枝，有少量侧根，呈淡黄色。

茎：茎直立，不分枝，高6～20 cm，四棱形，密被灰白色绵毛状长柔毛，幼嫩部分尤密。

叶：基生叶具柄，柄长0.7～2 cm，茎上部叶无柄；叶片均纸质，椭圆状长圆形或椭圆状卵圆形，长1.5～4 cm，宽1～1.5 cm，先端钝或微急尖，基部楔状下延，抱茎，边缘有不甚明显的波状齿或波状圆齿，具长柔毛状缘毛，上面密被下面疏被柔毛状糙伏毛，脉3或5出，两面突起。

多花筋骨草——全株

多花筋骨草——根

多花筋骨草——茎

花：轮伞花序自茎中部向上渐靠近，至顶端呈一密集的穗状聚伞花序；苞叶大，下部者与茎叶同形，向上渐小，呈披针形或卵形，渐变为全缘；花梗极短，被柔毛。花萼宽钟形，长5～7 mm，外面被绵毛状长柔毛，以萼齿上毛最密，内面无毛，萼齿5，整齐，钻状三角形，长为花萼的2/3，先端锐尖，具柔毛状缘毛。花冠蓝紫色或蓝色，筒状，长1～1.2 cm，内外两面被微柔毛，内面近基部有毛环，冠檐二唇形，上唇短，直立，先端2裂，裂片圆形，下唇伸长，宽大，3裂，中裂片扇形，侧裂片长圆形。雄蕊4，2强，伸出，微弯，花丝粗壮，具长柔毛。花柱细长，微弯，超出雄蕊，上部被疏柔毛，先端2浅裂，裂片细尖。花盘环状，裂片不明显，前面呈指状膨大。子房顶端被微柔毛，花期4～5月。

多花筋骨草——叶

多花筋骨草——花

多花筋骨草——花

果：小坚果倒卵状三棱形，背部具网状皱纹，腹部中间隆起，具1大果脐，其长度占腹面2/3，边缘被微柔毛，果期5～6月。

生物学特征：

产于我国内蒙古、黑龙江、辽宁、河北、江苏、安徽；俄罗斯远东地区、朝鲜也有分布。生的山坡疏草丛或河边草地或灌丛中。多花筋骨草性喜半阴、湿润气候。在酸性、中性土壤中生长良好，耐涝、耐旱、耐阴，也耐曝晒，抗逆力强，长势强健。

药用价值：

朝鲜用全草入药，作利尿药，名为花夏枯草。

园林价值：

多花筋骨草可用于花坛、花径，也可成片栽于林下、湿地，达到黄土不露天的效果。2002年杭州西湖南线绿化改造工程中大量引用该品种，取得很好的效果。

花苜蓿

学　　名：*Medicago ruthenica* (L.) Trautv.
别　　名：扁蓿豆、奇尔克、扁豆子、苜蓿草、野苜蓿。
采集地点：乌裕尔河中游草甸草原,北纬47°51′,东经124°52′,土壤主要为草甸沼泽土,其次是潜育草甸土和碳酸盐草甸土,气候为温带湿润大陆性季风气候。年平均降水量为427.4 mm,最少只有284 mm,降水最多的月份一般在7月,最少的月份一般在1月。年平均气温3.1 ℃,最低气温出现在1月,平均气温-19.2 ℃,极端最低气温-39.5 ℃。最高气温出现在7月,平均气温22.8 ℃,平均最高气温27.8 ℃,极端最高气温39.9 ℃。平均无霜期为130 d左右,降雪期为150 d左右。雪量平均20~30 cm,积雪日期为120 d左右,最大可出现50 cm以上积雪。冻土日期最短年份为182 d,最长年份为216 d。冻土深度,最大深度为1.8 m,最小深度为1.2 m,年平均深度为1.5 m。

植物学特征：

花苜蓿为被子植物门Angiospermae、双子叶植物纲Dicotyledoneae、原始花被亚纲Archichlamydeae、蔷薇目Rosales、蔷薇亚目Rosineae、豆科Leguminosae、蝶形花亚科Papilionoideae、车轴草族Trib. Trifolieae、苜蓿属Medicago、阔荚苜蓿组Sect. Platycarpae。花苜蓿为多年生草本植物,具有以下植物学特征：

根：直根系,主根深入土中,根系发达。

茎：茎直立或上升,四棱形,基部分枝,丛生,株高20~70(~100) cm。

叶：羽状三出复叶；托叶披针形,锥尖,先端稍上弯,基部阔圆,耳状,具1~3枚

花苜蓿——全株

花苜蓿——根　　　花苜蓿——茎
花苜蓿——叶　　　花苜蓿——花

浅齿，脉纹清晰；叶柄比小叶短，长2～7（～12）mm，被柔毛；小叶形状变化很大，长圆状倒披针形、楔形、线形以至卵状长圆形，长（6）10～15（～25）mm，宽（1.5）3～7（～12）mm，先端截平、钝圆或微凹，中央具细尖，基部楔形、阔楔形至钝圆，边缘在基部四分之一处以上具尖齿，或仅在上部具不整齐尖锯齿，上面近无毛，下面被贴伏柔毛，侧脉8～18对，分叉并伸出叶边成尖齿，两面均隆起；顶生小叶稍大，小叶柄长2～6 mm，侧生小叶柄甚短，被毛。

花：花序伞形，有时长达2 cm，具花（4）6～9（～15）朵；总花梗腋生，通常比叶长，挺直，有时也纤细并比叶短；苞片刺毛状，长1～2 mm；花长（5）6～9 mm；花梗长1.5～4 mm，被柔毛；萼钟形，长2～4 mm，宽1.5～2 mm，被柔毛，萼齿披针状锥尖，与萼筒等长或短；花冠黄褐色，中央深红色至紫色条纹，旗瓣倒卵状长圆形、倒心形至匙形，先端凹头，翼瓣稍短，长圆形，龙骨瓣明显短，卵形，均具长瓣柄；子房线形，无毛，花柱短，胚珠4～8粒；花期6～9月。

果：荚果长圆形或卵状长圆形，扁平，长8～15（～20）mm，宽3.5～5（～7）mm，先端钝急尖，具短喙，基部狭尖并稍弯曲，具短颈，脉纹横向倾斜，分叉，腹缝有时具流苏状的狭翅，熟后变黑；有种子2～6粒。种子椭圆状卵形，长2 mm，宽1.5 mm，棕色，平滑，种脐偏于一端；胚根发达，果期8～10月。

生物学特征：

主产于我国东北、华北各地及甘肃、山东、四川。生于草原、沙地、河岸及沙砾质土壤的山坡旷野。蒙古、俄罗斯(西伯利亚、远东地区)也有分布。属豆科温带植物，种子在5～6 ℃即发芽，生长最适温度是日平均气温15～21 ℃，耐寒能力较强，停止生长的温度为3 ℃左右。花苜蓿一般喜中性或微碱性土壤，不喜酸性土壤，pH为6以下时，影响根瘤的形成及生长。

饲用价值：

花苜蓿是世界上最著名的优良牧草之一，它不仅产草量高、草质优良，而且富含粗蛋白质、维生素和无机盐，为畜、禽及草食性鱼类所喜食，饲用价值很高。花苜蓿有许多有益的营养成分，是其他牧草所不能代替的，它是奶牛的优质饲料。

药用价值：

花苜蓿可用于预防和治疗关节炎、痛风、肝炎、胆囊炎、肾结石、糖尿病、心脑血管等病症；将花苜蓿的种子研碎外敷，还可以用于治疗烫伤与蚊虫叮伤，此外，用花苜蓿治疗妇女绝经前综合征、贫血、水肿及消化不良症等疾病同样具有令人满意的效果。

天蓝苜蓿

学　　名：*Medicago lupulina* L.
别　　名：天蓝(《苏州府志》)、接筋草(昆明)、杂花苜蓿。
采集地点：乌裕尔河中游草甸草原,北纬47°51′,东经124°52′,土壤主要为草甸沼泽土,其次是潜育草甸土和碳酸盐草甸土,气候为温带湿润大陆性季风气候。年平均降水量为427.4 mm,最少只有284 mm,降水最多的月份一般在7月,最少的月份一般在1月。年平均气温3.1 ℃,最低气温出现在1月,平均气温-19.2 ℃,极端最低气温-39.5 ℃。最高气温出现在7月,平均气温22.8 ℃,平均最高气温27.8 ℃,极端最高气温39.9 ℃。平均无霜期为130 d左右,降雪期为150 d左右。雪量平均20～30 cm,积雪日期为120 d左右,最大可出现50 cm以上积雪。冻土日期最短年份为182 d,最长年份为216 d。冻土深度,最大深度为1.8 m,最小深度为1.2 m,年平均深度为1.5 m。

植物学特征：

天蓝苜蓿为被子植物门 Angiospermae、双子叶植物纲 Dicotyledoneae、原始花被亚纲 Archichlamydeae、蔷薇目 Rosales、蔷薇亚目 Rosineae、豆科 Leguminosae、蝶形花亚科 Papilionoideae、车轴草族 Trib. Trifolieae、苜蓿属 Medicago、天蓝苜蓿组 Sect. Lupularia。天蓝苜蓿为一、两年生或多年生草本植物,具有以下植物学特征:

根：直根系,主根浅,须根发达。

茎：茎平卧或上升,多分枝,叶茂盛,高15～60 cm。

叶：羽状三出复叶；托叶卵状披针形,长可达1 cm,先端渐尖,基部圆或戟状,常齿裂；下部叶柄较长,长1～2 cm,上部叶柄比小叶短；小叶倒卵形、阔倒卵形或倒心形,长5～20 mm,宽4～16 mm,纸质,先端多少截平或微凹,具细尖,基部楔形,边缘在上半部具不明显尖齿,两面均被毛,侧脉近10对,平行达叶边,几不分叉,上下均平坦；顶生小叶较大,小叶柄长2～6 mm,侧生小叶柄甚短。

花：花序小头状,具花10～20朵；总花梗细,挺直,比叶长,密被贴伏柔毛；苞片刺毛状,甚小；花长2～2.2 mm；花梗短,长不到1 mm；萼钟形,长约2 mm,密被毛,萼齿线状披针形,稍不等长,比萼筒略长或等长；花冠黄色,旗瓣近圆形,顶端微凹,冀瓣和

天蓝苜蓿——全株

天蓝苜蓿——花

天蓝苜蓿——茎

天蓝苜蓿——叶

龙骨瓣近等长；均比旗瓣短；花黄色，子房阔卵形，被毛；花柱弯曲，胚珠1粒；花期7～9月。

果： 荚果肾形，长3 mm，宽2 mm，表面具同心弧形脉纹，被稀疏毛，熟时变黑；有种子1粒，果期8～10月。

种子： 种子卵形，褐色，平滑。

生物学特征：

分布于我国南北各地，以及青藏高原。适于凉爽气候及水分良好土壤，但在各种条件下都有野生，常见于河岸、路边、田野及林缘。欧亚大陆广布，世界各地都有归化种。天蓝苜蓿对于温度的适应性较广，耐寒性较苜蓿及红三叶强，干旱时，虽生长不良，但具强耐性。一般土壤都能生长结籽，耐瘠薄，较耐酸性土壤。耐荫蔽，在荫蔽环境下，茎较细弱、分枝少、趋于直立、植株较高、结实性差。在开阔地，茎多平卧、结实性好。

药用价值：

全草入药，清热利湿，凉血止血，舒筋活络。用于黄疸型肝炎，便血，痔疮出血，白血病，坐骨神经痛，风湿骨痛，腰肌劳损。外用治蛇咬伤。

饲用价值：

产草量不高，但草质优良，适口性好，营养丰富。具有粗蛋白含量高、粗纤维含量低的特点，是牲畜的优质饲草。

园林价值：

天蓝苜蓿不但是一种优良的豆科牧草，也是一种良好的冬绿草坪和绿肥植物。天蓝苜蓿具有作为草坪草的一些优良特点：匍匐生长，地表侵占能力强，生长量小，盖度大，不需刈割，省时省力，具有作为草坪观赏植物的特征；其次，它具有野生种顽强的生存能力和完善的自我恢复机制，只要建植起来能长期繁衍生息。

紫苜蓿

学　　名：*Medicago sativa* L.
别　　名：苜蓿（《植物名实图考》）。
采集地点：乌裕尔河中游草甸草原，北纬47°51′，东经124°52′，土壤主要为草甸沼泽土，其次是潜育草甸土和碳酸盐草甸土，气候为温带湿润大陆性季风气候。年平均降水量为427.4 mm，最少只有284 mm，降水最多的月份一般在7月，最少的月份一般在1月。年平均气温3.1 ℃，最低气温出现在1月，平均气温-19.2 ℃，极端最低气温-39.5 ℃。最高气温出现在7月，平均气温22.8 ℃，平均最高气温27.8 ℃，极端最高气温39.9 ℃。平均无霜期为130 d左右，降雪期为150 d左右。雪量平均20～30 cm，积雪日期为120 d左右，最大可出现50 cm以上积雪。冻土日期最短年份为182 d，最长年份为216 d。冻土深度，最大深度为1.8 m，最小深度为1.2 m，年平均深度为1.5 m。

植物学特征：

紫苜蓿为被子植物门Angiospermae、双子叶植物纲Dicotyledoneae、原始花被亚纲Archichlamydeae、蔷薇目Rosales、蔷薇亚目Rosineae、豆科Leguminosae、蝶形花亚科Papilionoideae、车轴草族Trib. Trifolieae、苜蓿属Medicago、紫苜蓿组Sect. Medicago。紫苜蓿为多年生草本植物，具有以下植物学特征：

根：直根系，根粗壮，深入土层，根茎发达。

茎：高30～100 cm。茎直立、丛生以至平卧，四棱形，无毛或微被柔毛，枝叶茂盛。

叶：羽状三出复叶；托叶大，卵状披针形，先端锐尖，基部全缘或具1～2齿裂，脉纹清晰；叶柄比小叶短；小叶长卵形、倒长卵形至线状卵形，等大，或顶生小叶稍大，长

紫苜蓿——全株

紫苜蓿——叶

紫苜蓿——根　　　　　　紫苜蓿——茎、叶

(5) 10～25（～40）mm，宽3～10 mm，纸质，先端钝圆，具由中脉伸出的长齿尖，基部狭窄，楔形，边缘三分之一以上具锯齿，上面无毛，深绿色，下面被贴伏柔毛，侧脉8～10对，与中脉成锐角，在近叶边处略有分叉；顶生小叶柄比侧生小叶柄略长。

花：花序总状或头状，长1～2.5 cm，具花5～30朵；总花梗挺直，比叶长；苞片线状锥形，比花梗长或等长；花长6～12 mm；花梗短，长约2 mm；萼钟形，长3～5 mm，萼齿线状锥形，比萼筒长，被贴伏柔毛；花冠各色：淡黄、深蓝至暗紫色，花瓣均具长瓣柄，旗瓣长圆形，先端微凹，明显较翼瓣和龙骨瓣长，翼瓣较龙骨瓣稍长；子房线形，具柔毛；花柱短阔，上端细尖，柱头点状，胚珠多数；花期5～7月。

果：荚果螺旋状紧卷2～4（～6）圈，中央无孔或近无孔，直径5～9 mm，被柔毛或渐脱落，脉纹细，不清晰，熟时棕色，有种子10～20粒，果期6～8月。

种子：种子卵形，长1～2.5 mm，平滑，黄色或棕色。

生物学特征：

在全国各地都有栽培或呈半野生状态。生于田边、路旁、旷野、草原、河岸及沟谷等地。

药用价值：

苜蓿中的有效成分：

苜蓿皂苷：苜蓿皂苷是从苜蓿中提取的具有独特生物活性物质，由糖羟基或非糖类化合物的羟基以缩醛链(苷链)脱水缩合而成的环状缩醛物。苜蓿属植物含皂苷类成分近60种，均为齐墩果烷型五环三萜。苜蓿中皂苷的含量受品种、部位、生长期等的影响而不同。虽然花和种子中总皂苷含量比例较高，但是两者产量小，产率低，且苜蓿叶中的总皂苷含量与种子中的比例相差不多，所以叶是提取苜蓿皂苷的较好材料。苜蓿皂苷的含量在嫩芽期最高，枯黄期最低。随着生长周期的延长，有逐渐降低的趋势。

黄酮、异黄酮物质：苜蓿属含有80多种黄酮类化合物，类型有黄酮及其苷类、黄酮醇及其苷类、异黄酮类、异黄烷、查耳酮、二氢黄酮、二氢异黄酮和紫檀烷类等。我国学者从苜蓿植物氯仿和正丁醇萃取部分，分离出7个化合物，其结构分别鉴定为：芹菜素-7-O-β-D-葡萄糖苷、木犀草素-7-O-β-D-葡萄糖苷、脲嘧啶核苷、β-甲基-吡喃葡萄糖苷、芹菜素、苜蓿素、7,4′-二羟基黄酮。

香豆素：苜蓿中含有紫苜蓿酚、苜蓿内酯、苜蓿拟雌内酯、紫花苜蓿醇等香豆素。另外，苜蓿中还含有促生长因子、植物蛋白等对人体有益的物质。

苜蓿对人体的作用：

降低胆固醇和血脂含量：苜蓿饮食能防止实验动物的高胆固醇血症形成，也能降低实验动物的高胆固醇血症。苜蓿的这种作用被认为主要是由其中的苜蓿皂苷所引起。研究表明，苜蓿皂苷能显著降低高胆固醇血症大鼠的血清胆固醇，明显促进非受体途径（单核巨噬细胞系统）对低密度脂蛋白（LDL）的清除，为寻找治疗家族性高胆固醇血症（FH）的有效药物，提示了较有意义的途径。实验证实，苜蓿皂苷可使大鼠肝脏胆固醇大量转变为胆汁酸。喂食苜蓿皂苷的鼠，粪便中总固醇和酸性固醇净排出量较对照组显著增加，说明苜蓿皂苷具有阻断胆汁酸肠肝循环的作用，从而促进胆固醇自体内排出。皂苷可降低动物及人类器官、血浆胆固醇水平。用苜蓿种子中的皂苷在临床上降低人血液中的胆固醇和甘油三酯，还能通过改善冠状血管的血液循环而减轻冠心病人心绞痛。

消退动脉粥样硬化斑块：苜蓿皂苷能促进动脉粥样硬化斑块。已知NO在维持血管稳态上具有关键作用，其能够通过抑制白细胞的活化和黏附、防止血小板黏附聚集、抑制平滑肌细胞的增殖和防止泡沫细胞的形成等途径，抑制动脉粥样硬化的形成。苜蓿皂苷可通过促进内皮细胞释放NO，而阻止动脉粥样硬化形成的作用，从而在一定程度上证明了苜蓿皂苷促进动脉粥样硬化斑块消退的机制。

紫苜蓿——花

紫苜蓿——花

调节免疫、抗氧化、防衰老功能：黄酮能明显提高小鼠单核巨噬细胞对碳粒廓清功能。异黄酮提取物均能抑制胸腺指数下降，提高单核巨噬细胞吞噬功能。异黄酮可剂量依赖性的增强体外ConA诱导的淋巴细胞增殖和NK细胞活性，从而发挥免疫调节作用。苜蓿中的黄酮、异黄酮物质在抗氧化反应中既能消除链引发阶段的自由基，也能直接捕获自由基反应链中的自由基，通过酚羟基阻断自由基链反应。常年食用苜蓿食品可补充黄酮类物质，能防癌，预防骨质增生、前列腺炎，降低心血管疾病发生率，减轻妇女更年期不适等功能。黄酮、异黄酮物质有较强的抗氧化功能，可以清除人体内活性氧，保护人体内脂质、蛋白质、染色体免受活性氧攻击，防止细胞病变，增强免疫力，延缓衰老。

饲用价值：

在欧亚大陆和世界各国广泛种植为饲料与牧草。紫苜蓿茎叶柔嫩鲜美，不论青饲、青贮、调制青干草、加工草粉、用于配合饲料或混合饲料，各类畜禽都最喜食，也是奶牛、猪及禽业等首选青饲料。

苜蓿的粗蛋白质：苜蓿以粗蛋白质含量高而著称。苜蓿的粗蛋白质中氨基酸种类齐全、组成合理，含有20种以上的氨基酸，包括人和动物的全部必需氨基酸，以及一些稀有氨基酸如瓜氨酸、刀豆氨酸等。苜蓿的蛋白质及氨基酸比例均衡，与动物体内的蛋白质及氨基酸组成比例相似，转化效价较高。

苜蓿的碳水化合物：苜蓿中的碳水化合物主要以糖类、淀粉、纤维素、半纤维素、木质素为主，是一类重要的能量营养素，在动物日粮中占有相当大的比例。苜蓿碳水化合物不仅能作为反刍动物和一些非反刍动物日粮中主要的能源物质，而且给动物饲喂一定量的苜蓿，可以维持动物肠胃正常蠕动，刺激动物胃肠道的发育和消化液的分泌，降低肠内容物的pH，改变病原微生物生长发育的胃肠道环境，抑制大肠杆菌等病原菌的生长繁殖，显著提高动物胃肠道内消化酶的生物活性。

苜蓿的维生素和矿物质元素：苜蓿草中的维生素种类多、品种齐全，特别是叶酸、叶绿素、VK、生物素、VE、VB_2、叶黄素、胡萝卜素含量较高，苜蓿草中还含有钙、磷、铁、镁、钾、铜、锰等多种矿物质元素。苜蓿中含有大量的类胡萝卜素和叶黄素，能够改善鱼类及畜禽产品的色泽，提高其商品性能。在南美白对虾饲料中添加苜蓿提取物改善其体色，苜蓿提取物在着色效果上优于合成色素。在饲粮中苜蓿草粉能明显提高蛋的品质和蛋黄的着色度。苜蓿中的矿物质元素能够促进动物的生长、改善动物产品品质、提高动物的免疫机能等。

苜蓿在牛羊中的应用效果：添加苜蓿干草对奶牛产奶量、乳蛋白和非脂固形物都有极显著提高，牛奶品质得到明显改善，但乳脂率有所降低，从奶牛养殖经济效益方面分析，日粮中添加苜蓿干草能显著提高奶牛养殖业的整体效益。苜蓿可以替代奶牛日粮中部分精料，也可以作为优质的粗饲料，优化日粮组成，且能在不同程度上提高奶牛的产奶量和经济效益。

苜蓿在猪中的应用效果：在育肥猪日粮中用苜蓿粉代替豆粕饲喂肥猪，能提高猪的采食量和胴体瘦肉率，降低饲养成本，显著增加养殖效益。在猪的基础日粮中添加一定量的苜蓿草粉不仅能够降低饲养成本,增加养殖经济效益,而且还能促进育肥猪的生长发育,提高母猪的繁殖性能。

食用价值:

苜蓿含有丰富的蛋白质、膳食纤维、矿物质和维生素等营养成分。苜蓿在不同的生长时期或植株的部位不同,养分含量均有所不同。苜蓿蛋白含量随生育期的推移而下降的趋势不受品种的影响;酸性氨基酸,如天门冬氨酸和谷氨酸含量随苜蓿成熟度的增加而减少;灰分含量随生育期的推移而下降;粗纤维含量随生育期的推移而上升。1958年,美国农业局牧草委员会(Committee on Feed Composition of Agriculture Board)对大量的谷物和牧草的化学成分进行了测定,结果表明苜蓿具有很高的蛋白质含量、丰富的矿物质和维生素等营养成分。

生态价值:

紫苜蓿枝繁叶茂,大面积栽种时能很快覆盖地面,特别是紫苜蓿具有密而小且易浸湿的叶子,持水量较大,从而可有效地截留降水,减少地表径流。不仅如此,紫苜蓿的根系也非常发达。根系固氮,能提高土壤有机质的含量。大量的侧支根纵横交错形成强大的根系网络及其固氮作用,不仅有利于土壤团粒结构的形成,而且能改善土壤的理化性质,增强土壤的持水性和透水性,从而起到保持水土的作用。另外,紫苜蓿适应性强,可栽种范围广;生长期间多次收割或受破坏后仍能旺盛生长,再生能力强,实为山区优良的水土保持植物。

野 火 球

学　　名：*Trifolium lupinaster* L.
别　　名：野火荻、红五叶、白花野火球。
采集地点：乌裕尔河中游草甸草原，北纬47°51′，东经124°52′，土壤主要为草甸沼泽土，其次是潜育草甸土和碳酸盐草甸土，气候为温带湿润大陆性季风气候。年平均降水量为427.4 mm，最少只有284 mm，降水最多的月份一般在7月，最少的月份一般在1月。年平均气温3.1 ℃，最低气温出现在1月，平均气温-19.2 ℃，极端最低气温-39.5 ℃。最高气温出现在7月，平均气温22.8 ℃，平均最高气温27.8 ℃，极端最高气温39.9 ℃。平均无霜期为130 d左右，降雪期为150 d左右。雪量平均20～30 cm，积雪日期为120 d左右，最大可出现50 cm以上积雪。冻土日期最短年份为182 d，最长年份为216 d。冻土深度，最大深度为1.8 m，最小深度为1.2 m，年平均深度为1.5 m。

植物学特征：

野火球为被子植物门Angiospermae、双子叶植物纲Dicotyledoneae、原始花被亚纲Archichlamydeae、蔷薇目Rosales、蔷薇亚目Rosineae、豆科Leguminosae、蝶形花亚科Papilionoideae、车轴草族Trib. Trifolieae、车轴草属Trifolium、野火球组Sect. Lupinaster。野火球为多年生草本植物，具有以下植物学特征：

根：直根系，根粗壮，发达，有较多短侧根。
茎：株高30～60 cm。茎直立，单生，基部无叶，秃净，上部具分枝，被柔毛。
叶：叶互生，线形或线状披针形，长1～4 cm，宽1～3 mm，先端渐尖，基部渐窄，全缘，无柄或近无柄。

野火球——全株

野火球——根

野火球——茎

野火球——叶　　　　　　　　　　　野火球——花

花：头状花序着生顶端和上部叶腋，具花20～35朵；总花梗长1.3（～5）cm，被柔毛；花序下端具1早落的膜质总苞；花长(10)12～17 mm，萼钟形，长6～10 mm，被长柔毛，脉纹10条，萼齿丝状锥尖，比萼筒长2倍；花冠淡红色至紫红色，旗瓣椭圆形，先端钝圆，基部稍窄，几无瓣柄，翼瓣长圆形，下方有一钩状耳，龙骨瓣长圆形，比翼瓣短，先端具小尖喙，基部具长瓣柄；子房狭椭圆形，无毛，具柄，花柱丝状，上部弯成钩状；胚珠5～8粒。

果：荚果长圆形，长6 mm（不包括宿存花柱），宽2.5 mm，膜质，棕灰色；有种子(2)3～6粒，花果期6～10月。

种子：种子阔卵形，直径1.5 mm，橄榄绿色，平滑。

生物学特征：

生于低湿草地、林缘和山坡。主要产于我国东北、内蒙古、河北、山西、新疆；朝鲜、日本、蒙古和俄罗斯均有分布。5月初播种，当年只能在8月下旬开花，但种子不能成熟，第二年4月下旬开始返青，晚于其他豆科牧草，7月中旬开花，8月花初期刈割，草高可达50 cm余。刈割后再生力较弱，长势缓慢。野火球喜生于草甸草原、山地灌丛及沼泽化草甸中，以肥沃的黑钙土和黑土上居多，喜湿润、肥沃的土壤，耐寒力极强，在东北地区-26 ℃也能安全越冬。在微酸性的黑土上，pH6.5～7.0的范围，生长茂盛。耐旱性差，在干旱具轻碱性的栗钙土草原上生长细弱。野火球发芽对温度要求比较严格，春播遇到干旱、气温低时，发芽日数长达47～68 d。

饲用价值：

各种家畜均喜食，尤其牛特别爱食。草质较硬，茎叶粗糙，质地中等。人工栽培两年以上的草地，亩产干草200 kg左右，产草量偏低，但整个植株都可利用。在干草中，钙的含量是磷的10倍左右，故为家畜的钙质牧草。在耐牧性和耐刈割性方面较差，不适于作为放牧草地。

药用价值：
全草可入药，主要功效有止咳、镇痛、散结，主治咳喘、淋巴结核、痔疮、体癣。
园林价值：
野火球花期较长，花色鲜艳，还可作为观赏植物和蜜源植物。

苦　参

　　学　　名：*Sophora flavescens* Alt.
　　别　　名：野槐、山槐、白茎地骨、地槐、牛参、好汉拔。
　　采集地点：乌裕尔河中游草甸草原，北纬47°51′，东经124°52′，土壤主要为草甸沼泽土，其次是潜育草甸土和碳酸盐草甸土，气候为温带湿润大陆性季风气候。年平均降水量为427.4 mm，最少只有284 mm，降水最多的月份一般在7月，最少的月份一般在1月。年平均气温3.1 ℃，最低气温出现在1月，平均气温–19.2 ℃，极端最低气温–39.5 ℃。最高气温出现在7月，平均气温22.8 ℃，平均最高气温27.8 ℃，极端最高气温39.9 ℃。平均无霜期为130 d左右，降雪期为150 d左右。雪量平均20～30 cm，积雪日期为120 d左右，最大可出现50 cm以上积雪。冻土日期最短年份为182 d，最长年份为216 d。冻土深度，最大深度为1.8 m，最小深度为1.2 m，年平均深度为1.5 m。
　　植物学特征：
　　苦参为被子植物门Angiospermae、双子叶植物纲Dicotyledoneae、原始花被亚纲Archichlamydeae、蔷薇目Rosales、蔷薇亚目Rosineae、豆科Leguminosae、蝶形花亚科Papilionoideae、槐族Trib. Sophoreae、槐属Sophora、裂果亚属Subgen. Sophora、四裂果组Sect. Sophora。苦参为多年生草本或亚灌木植物，稀呈灌木状，具有以下植物学特征：

苦参——全株

苦参——根

根：直根系，根长而粗壮，圆柱形，褐色。

茎：通常株高1 m左右，稀达2 m。羽状复叶长达25 cm；托叶披针状线形，渐尖，长约6～8 mm；小叶6～12对，互生或近对生，纸质，形状多变，椭圆形、卵形、披针形至披针状线形，长3～4（～6）cm，宽(0.5～)1.2～2 cm，先端钝或急尖，基部宽楔开或浅心形，上面无毛，下面疏被灰白色短柔毛或近无毛。中脉下面隆起。

叶：叶互生，线形或线状披针形，长1～4 cm，宽1～3 mm，先端渐尖，基部渐窄，全缘，无柄或近无柄。

花：总状花序顶生，长15～25 cm；花多数，疏或稍密；花梗纤细，长约7 mm；苞片线形，长约2.5 mm；花萼钟状，明显歪斜，具不明显波状齿，完全发育后近截平，长约5 mm，宽约6 mm，疏被短柔毛；花冠比花萼长1倍，白色或淡黄白色，旗瓣倒卵状匙形，长14～15 mm，宽6～7 mm，先端圆形或微缺，基部渐狭成柄，柄宽3 mm，翼瓣单侧生，强烈皱褶几达瓣片的顶部，柄与瓣片近等长，长约13 mm，龙骨瓣与翼瓣相似，稍宽，宽约4 mm，雄蕊10，分离或近基部稍连合；子房近无柄，被淡黄白色柔毛，花柱稍弯曲，胚珠多数；花期6～8月。

果：荚果长5～10 cm，种子间稍缢缩，呈不明显串珠状，稍四棱形，疏被短柔毛或近无毛，成熟后开裂成4瓣，有种子1～5粒。

种子：种子长卵形，稍压扁，深红褐色或紫褐色，果期7～10月。

苦参——叶　　　苦参——花　　　苦参——果

生物学特征：

产于我国南北各省区，印度、日本、朝鲜、俄罗斯西伯利亚地区也有分布。野生于山坡草地、平原、丘陵、路旁、沙质地和红壤地的向阳处，海拔1 500 m以下。

药用价值：

苦参的根含苦参碱(matrine)和金雀花碱(cytisine)等可入药，入药有清热利湿，抗菌消炎，健胃驱虫之效，常用作治疗皮肤瘙痒，神经衰弱，消化不良及便秘等症。

经济价值：

苦参种子可作农药；苦参茎皮纤维可织麻袋；苦参的根和种子有毒。

白花草木犀

学　　名：*Melilotus albus* Desr.
别　　名：白花草木樨。
采集地点：乌裕尔河中游草甸草原，北纬47°51′，东经124°52′，土壤主要为草甸沼泽土，其次是潜育草甸土和碳酸盐草甸土，气候为温带湿润大陆性季风气候。年平均降水量为427.4 mm，最少只有284 mm，降水最多的月份一般在7月，最少的月份一般在1月。年平均气温3.1 ℃，最低气温出现在1月，平均气温-19.2 ℃，极端最低气温-39.5 ℃。最高气温出现在7月，平均气温22.8 ℃，平均最高气温27.8 ℃，极端最高气温39.9 ℃。平均无霜期为130 d左右，降雪期为150 d左右。雪量平均20～30 cm，积雪日期为120 d左右，最大可出现50 cm以上积雪。冻土日期最短年份为182 d，最长年份为216 d。冻土深度，最大深度为1.8 m，最小深度为1.2 m，年平均深度为1.5 m。

植物学特征：

白花草木犀为被子植物门Angiospermae、双子叶植物纲 Dicotyledoneae、原始花被亚纲Archichlamydeae、蔷薇目Rosales、蔷薇亚目Rosineae、豆科Leguminosae、蝶形花亚科 Papilionoideae、车轴草族Trib. Trifolieae、草木犀属Melilotus。白花草木犀为一年

白花草木犀——全株

白花草木犀——根

或两年生草本植物，具有以下植物学特征：

根： 主根粗壮发达，属直根系，入土深60～200 cm，根瘤众多；主根上部发育成肉质根，是越冬的重要器官，侧根多而长，根系发达。

茎： 株高70～200 cm。茎直立，圆柱形，中空，多分枝，几无毛。

叶： 羽状三出复叶；托叶尖刺状锥形，长6～10 mm，全缘；叶柄比小叶短，纤细；小叶长圆形或倒披针状长圆形，长15～30 cm，宽(4)6～12 mm，先端钝圆，基部楔形，边缘疏生浅锯齿，上面无毛，下面被细柔毛，侧脉12～15对，平行直达叶缘齿尖，两面均不隆起，顶生小叶稍大，具较长小叶柄，侧小叶柄短。

花： 总状花序长9～20 cm，腋生，具花40～100朵，排列疏松；苞片线形，长1.5～2 mm；花长4～5 mm；花梗短，长约1～1.5 mm；萼钟形，长约2.5 mm，微被柔毛，萼齿三角状披针形，短于萼筒；花冠白色，旗瓣椭圆形，稍长于翼瓣，龙骨瓣与翼瓣等长或稍短；子房卵状披针形，上部渐窄至花柱，无毛，胚珠3～4粒；花期5～7月。

果： 荚果椭圆形至长圆形，长3～3.5 mm，先端锐尖，具尖喙表面脉纹细，网状，棕褐色，老熟后变黑褐色；有种子1～2粒，果期7～9月。

种子： 种子卵形，棕色，表面具细瘤点。

白花草木犀——茎

白花草木犀——叶

白花草木犀——花

生物学特征：

主要产于我国东北、华北、西北及西南各地。欧洲地中海沿岸、中东、西南亚、中亚及西伯利亚均有分布。生于田边、路旁荒地及湿润的沙地。抗旱耐寒、耐盐碱、耐瘠薄，对环境的适应能力极强，在苜蓿难以生存的地方，仍能良好生长。最适宜温润气候，在年降水量400～500 mm、年平均气温6～8 ℃的地区生长最好。对土壤要求不严，从重黏土到瘠薄土及沙砾土都能适应，而以富含钙质的土壤最为适应，但不能适应酸性土壤。在排水不良时，比苜蓿和红三叶生长良好，但在长期积水的地方易死亡；

土壤含盐量0.2%~0.3%,甚至0.59%时都能生长,因此,白花草木犀能改良盐碱地,适应土壤pH值为7.0~9.0。

饲用价值:

白花草木犀适应北方气候,生长旺盛,是优良的饲料植物与绿肥,已有许多栽培品系。其蛋白质含量高,含有很多胡萝卜素,是家畜的优质饲料。但由于草木犀含有香豆素($C_6H_6O_2$)带苦味,适口性较差,同时单一饲喂过多或霉变后产生双香豆素饲用,易引起家畜出血性败血症,因此,同其他草类混合饲喂最好。

药用价值:

全草入药。性味:辛、苦、凉。清热解毒,化湿杀虫,截疟,止痢。用于暑热胸闷、疟疾、痢疾、淋症、皮肤疮疡。

生态价值:

白花草木犀有保持水土、防止土壤冲刷的作用。在干旱地区造林时,与树苗混种,可遮挡日光,供给必要养料利于树苗成活生长,在西北造林中,白花草木犀是最好的先锋植物。

经济价值:

白花草木犀花期长达1.5~2个月,是很好的蜜源植物,平均每亩产蜜量10 kg,高者可达13 kg以上

草 木 犀

学　　名：*Melilotus officinalis* (L.) Pall.

别　　名：辟汗草（《植物名实图考》）、黄香草木犀（《江苏植物名录》）、白香草木犀、黄花草木樨、黄香草木樨。

采集地点：乌裕尔河中游草甸草原，北纬47°51′，东经124°52′，土壤主要为草甸沼泽土，其次是潜育草甸土和碳酸盐草甸土，气候为温带湿润大陆性季风气候。年平均降水量为427.4 mm，最少只有284 mm，降水最多的月份一般在7月，最少的月份一般在1月。年平均气温3.1 ℃，最低气温出现在1月，平均气温-19.2 ℃，极端最低气温-39.5 ℃。最高气温出现在7月，平均气温22.8 ℃，平均最高气温27.8 ℃，极端最高气温39.9 ℃。平均无霜期为130 d左右，降雪期为150 d左右。雪量平均20～30 cm，积雪日期为120 d左右，最大可出现50 cm以上积雪。冻土日期最短年份为182 d，最长年份为216 d。冻土深度，最大深度为1.8 m，最小深度为1.2 m，年平均深度为1.5 m。

植物学特征：

草木犀为被子植物门Angiospermae、双子叶植物纲Dicotyledoneae、原始花被亚纲Archichlamydeae、蔷薇目Rosales、蔷薇亚目Rosineae、豆科Leguminosae、蝶形花亚科Papilionoideae、车轴草族Trib. Trifolieae、草木犀属Melilotus。草木犀为两年生草本植物，具有以下植物学特征：

根：直根系，主根发达，深达2 m以下。

茎：草木犀的茎直立，粗壮，多分枝，具纵棱，微被柔毛。

叶：羽状三出复叶；托叶镰状线形，长3～5（～7）mm，中央有1条脉纹，全缘或基部有1尖齿；叶柄细长；小叶倒卵形、阔卵形、倒披针形至线形，长15～25（～30）mm，宽5～15 mm，先端钝圆或截形，基部阔楔形，边缘具不整齐疏浅齿，上面无毛，粗糙，

草木犀——全株

草木犀——根

草木犀——花

草木樨——茎、叶

下面散生短柔毛,侧脉8～12对,平行直达齿尖,两面均不隆起,顶生小叶稍大,具较长的小叶柄,侧小叶的小叶柄短。

花: 总状花序长6～15(～20)cm,腋生,具花30～70朵,初时稠密,花开后渐疏松,花序轴在花期中显著伸展;苞片刺毛状,长约1 mm;花长3.5～7 mm;花梗与苞片等长或稍长;萼钟形,长约2 mm,脉纹5条,甚清晰,萼齿三角状披针形,稍不等长,比萼筒短;花冠黄色,旗瓣倒卵形,与翼瓣近等长,龙骨瓣稍短或三者均近等长;雄蕊筒在花后常宿存包于果外;子房卵状披针形,胚珠(4)6～8粒,花柱长于子房;花期5～9月。

果: 荚果卵形,长3～5 mm,宽约2 mm,先端具宿存花柱,表面具凹凸不平的横向细网纹,棕黑色,果期6～10月。

种子: 种子卵形,长2.5 mm,黄褐色,平滑,1～2粒。

生物学特征:

分布于我国东北、华南、西南各地。其余各省常见栽培。生于山坡、河岸、路旁、沙质草地及林缘。欧洲地中海东岸、中东、中亚、东亚均有分布。草木樨喜欢生长于温暖而湿润的沙地、山坡、草原、滩涂及农区的田埂、路旁和弃耕地上。一年生的草木樨,当年即可开花结实,完成其生命周期,但两年生的,当年仅能处于营养期,翌年才能开花结实,完成其生命周期。就两年生来说,其返青期在温带地区,一般为4月中旬至5月中旬;在亚热带地区,一般为3月底至4月初返青。返青时的日均温一般为5～10 ℃。开花期,在温带地区,一般为6月初至7月初;亚热带地区,一般为5月中旬至7月底。结实期,在温带,一般是7月中旬至8月底,生育期为98～118 d;亚热带,一般为8月初至9月中旬,生育期长达183～230 d。草木樨为直根系草本植物,其颈部芽点不多,分枝能力有限,而大量的芽点分布于茎枝叶腋;所以,放牧或刈割,留茬不宜太低,如果要增加利用次数,只有适当增加留茬高度,一般留茬以15 cm左右为好,每年可刈割2~3次。草木犀主要靠种子繁殖。在野生条件下，其产种量较高，自然繁殖能力是比较强的，其细小的种子（或荚果），主要靠自播和风力传播，其50%左右的硬实，主要通过将种子寄存于土壤中越冬，腐烂种皮后，翌年萌芽出土。如果进行人工播种，播种前必须采取措施擦破种皮，以提高其发芽率和出苗效果，或模拟其天然情况下克服硬实的方式，采取冬季播种，以使翌年春季出苗整齐一致。草木犀的生态幅度很广，从寒温带到南亚热带，从海滨贫瘠的沙滩，到海拔3 700 m的高寒草原，都有分布。它适应的降水范围为300~1 700 mm；对土壤的要求不严，从沙土到黏性土，从碱性土到酸性土，都能很好地适应，所适应的pH值为4.5~9；在冬季绝对最低温-40 ℃和夏季最高温41 ℃的情况下，都能顺利地度过，因此，它的耐寒、耐旱、耐高温、耐酸碱和耐土壤贫瘠的性能都是很强的，从野生情况来看，它比白花草木犀、黄香草木犀、细齿草木犀和印度草木犀的适应性都强。

饲用价值：

草木犀开花前，茎叶幼嫩柔软，马、牛、羊、兔均喜食。切碎打浆喂猪效果也很好。它既可青饲、青贮，又可晒制干草，制成草粉。只是开花后，植株渐变粗老，且含有0.5%~1.5%的"香豆素（$C_9H_6O_2$）"，带苦味，适口性降低，但经过加工，调制成干草或青贮，可使香豆素气味减少，各种家畜一经习惯还是喜食的。从草木犀所含的营养成分看，它含的粗蛋白质、粗脂肪、粗纤维和无氮浸出物等均比白花草木犀、黄香草木犀和印度草木犀的营养成分含量都高。尤其籽实的粗蛋白质含量竟高达31.2%。可见草木犀不仅是一种良好的饲草，而且也是一种良好的蛋白质饲料。从草木犀的营养成分看，无论在饲料中，或是干物质中，含的总能、消化能、代谢能和可消化蛋白，在豆科牧草中也都是比较高的。可看出，草木犀的营养价值是相当高的。草木犀含有多种矿质营养元素和微量元素，对于增加牲畜的营养和土壤肥力，都是非常重要的。草木犀还含有挥发油。它含的香豆素（0.5%~1.5%）比白花草木犀和黄香草木犀含量低，比细齿草木犀含量高。这说明，它的适口性优于前两种，而较后者为差。草木犀在天然草地，一般以伴生种的地位出现于多类草本群落，一般株高为50~120 cm，在黑龙江发现有高达250 cm的。这说明，它在优越的水热条件下，如果人工予以栽培驯化，是能够生产出较高产量的鲜草和籽实的。尤其是它分布广，适应性强，营养价值较高，而含的香豆素又比较低。

药用价值：

具有清热解毒、杀虫化湿。主治暑热胸闷、胃病、疟疾、痢疾、淋病、皮肤疮疡、口臭和头痛等。它的根叫"臭苜蓿根"，能清热解毒，主治淋巴结核。

其他：

在欧洲为野生杂草，在我国古时用以夹于书中辟称芸香。花期比其他种早半个多月，耐碱性土壤，为常见的牧草。

草木犀状黄耆

学　　名：*Astragalus melilotoides* Pall.

采集地点：乌裕尔河中游草甸草原，北纬47°51′，东经124°52′，土壤主要为草甸沼泽土，其次是潜育草甸土和碳酸盐草甸土，气候为温带湿润大陆性季风气候。年平均降水量为427.4 mm，最少只有284 mm，降水最多的月份一般在7月，最少的月份一般在1月。年平均气温3.1 ℃，最低气温出现在1月，平均气温-19.2 ℃，极端最低气温-39.5 ℃。最高气温出现在7月，平均气温22.8 ℃，平均最高气温27.8 ℃，极端最高气温39.9 ℃。平均无霜期为130 d左右，降雪期为150 d左右。雪量平均20～30 cm，积雪日期为120 d左右，最大可出现50 cm以上积雪。冻土日期最短年份为182 d，最长年份为216 d。冻土深度，最大深度为1.8 m，最小深度为1.2 m，年平均深度为1.5 m。

植物学特征：

草木犀状黄耆为被子植物门Angiospermae、双子叶植物纲Dicotyledoneae、原始花被亚纲Archichlamydeae、蔷薇目Rosales、蔷薇亚目Rosineae、豆科Leguminosae、蝶形花亚科Papilionoideae、山羊豆族TRIB. Galegeae、黄耆亚族SUBTRIB. Astragalinae、黄耆属Astragalu、黄耆亚属Subgen. PHaca、假草木樨组Sect. Melilotopsis。草木犀状黄耆为多年生草本植物，具有以下植物学特征：

根：直根系，主根粗壮，少分枝和绒毛。

茎：茎直立或斜生，高30～50 cm，多分枝，具条棱，被白色短柔毛或近无毛。

叶：羽状复叶有5～7片小叶，长1～3 cm；叶柄与叶轴近等长；托叶离生，三角形或披针形，长1～1.5 mm；小叶长圆状楔形或线状长圆形，长7～20 mm，宽1.5～3 mm，先端截形或微凹，基部渐狭，具极短的柄，两面均被白色细伏贴柔毛。

草木犀状黄耆——全株

草木犀状黄耆——根

草木犀状黄耆——茎

草木犀状黄耆——叶

草木犀状黄耆——花

花：总状花序生多数花，稀疏；总花梗远较叶长；花小；苞片小，披针形，长约1 mm；花梗长1～2 mm，连同花序轴均被白色短伏贴柔毛；花萼短钟状，长约1.5 mm，被白色短伏贴柔毛，萼齿三角形，较萼筒短；花冠白色或带粉红色，旗瓣近圆形或宽椭圆形，长约5 mm，先端微凹，基部具短瓣柄，翼瓣较旗瓣稍短，先端有不等的2裂或微凹，基部具短耳，瓣柄长约1 mm，龙骨瓣较翼瓣短，瓣片半月形，先端带紫色，瓣柄长为瓣片的1/2；子房近无柄，无毛；花期7～8月。

果：荚果宽倒卵状球形或椭圆形，先端微凹，具短喙，长2.5～3.5 mm，假2室，背部具稍深的沟，有横纹，果期8～9月。

种子：种子4～5颗，肾形，暗褐色，长约1 mm。

生物学特征：

草木犀状黄耆为中旱生植物，适应性强，具有耐寒、抗旱、耐贫瘠、耐盐、抗风沙的能力。草木犀状黄耆是典型草原、草甸草原的常见伴生植物，在个别地段可形成建群群落。多见于碎石质、砾质轻沙或沙壤质的山坡、山麓、丘陵坡地及河谷冲积平原盐渍化的沙质土上或固定、半固定沙丘间的低地上。产长江以北各省区，俄罗斯、蒙古亦有分布。

饲用价值：

草木犀状黄耆为中上等豆科牧草。春季幼嫩时，为马、牛喜食；山羊、绵羊喜食其茎上部和叶子。开花后茎秆粗老，适口性降低。骆驼四季均喜食，为抓膘牧草。缺点是叶量较少，产草不高。广泛收集草木犀状黄耆的资源，通过引种驯化，可发挥其植株高大，根深耐旱，容易采种的优点，改善其茎叶比例，培育为适应半干旱地区的优良牧草。

生态价值：

可作为沙区及黄土丘陵地区水土保持草种，茎秆可做扫帚。

斜茎黄耆

学　　名：*Astragalus laxmannii* Jacquin
别　　名：沙打旺、直立黄芪、地丁、马拌肠、斜茎黄芪、直立黄耆、漠北黄耆。
采集地点：乌裕尔河中游草甸草原，北纬47°51′，东经124°52′，土壤主要为草甸沼泽土，其次是潜育草甸土和碳酸盐草甸土，气候为温带湿润大陆性季风气候。年平均降水量为427.4 mm，最少只有284 mm，降水最多的月份一般在7月，最少的月份一般在1月。年平均气温3.1 ℃，最低气温出现在1月，平均气温–19.2 ℃，极端最低气温–39.5 ℃。最高气温出现在7月，平均气温22.8 ℃，平均最高气温27.8 ℃，极端最高气温39.9 ℃。平均无霜期为130 d左右，降雪期为150 d左右。雪量平均20～30 cm，积雪日期为120 d左右，最大可出现50 cm以上积雪。冻土日期最短年份为182 d，最长年份为216 d。冻土深度，最大深度为1.8 m，最小深度为1.2 m，年平均深度为1.5 m。

植物学特征：

斜茎黄耆属于被子植物门Angiospermae、双子叶植物纲Dicotyledoneae、原始花被亚纲Archichlamydeae、蔷薇目Rosales、蔷薇亚目Rosineae、豆科Leguminosae、蝶形花亚科Papilionoideae、山羊豆族TRIB. Galegeae、黄耆亚族SUBTRIB. Astragalinae、黄耆属Astragalus、裂萼亚属Subgen. Cercidothrix、驴豆组Sect. Onobrychium。斜茎黄耆为多年生草本植物，具有以下植物学特征：

根：直根系，根较粗壮，暗褐色，有分枝。
茎：株高20～100 cm。茎多数或数个丛生，直立或斜上，有毛或近无毛。
叶：羽状复叶有9～25片小叶，叶柄较叶轴短；托叶三角形，渐尖，基部稍合生

斜茎黄耆——全株

或有时分离，长3～7 mm；小叶长圆形、近椭圆形或狭长圆形，长10～25(35)mm，宽2～8 mm，基部圆形或近圆形，有时稍尖，上面疏被伏贴毛，下面较密。

花：总状花序长圆柱状、穗状、稀近头状，生多数花，排列密集，有时较稀疏；总花梗生于茎的上部，较叶长或与其等长；花梗极短；苞片狭披针形至三角形，先端尖；花萼管状钟形，长5～6 mm，被黑褐色或白色毛，或有时被黑白混生毛，萼齿狭披针形，长为萼筒的1/3；花冠近蓝色或红紫色，旗瓣长11～15 mm，倒卵圆形，先端微凹，基部渐狭，翼瓣较旗瓣短，瓣片长圆形，与瓣柄等长，龙骨瓣长7～10 mm，瓣片较瓣柄稍短；子房被密毛，有极短的柄；花期6～8月。

果：荚果长圆形，长7～18 mm，两侧稍扁，背缝凹入成沟槽，顶端具下弯的短喙，被黑色、褐色或和白色混生毛，假2室，果期8～10月。

斜茎黄耆——根

斜茎黄耆——叶

斜茎黄耆——花

生物学特征：

产自我国东北、华北、西北、西南地区。生于向阳山坡灌丛及林缘地带。俄罗斯、蒙古、日本、朝鲜和北美温带地区都有分布。斜茎黄耆对环境适应性强，可作保土植物。

饲用价值：

斜茎黄耆为优良牧草。

药用价值：

斜茎黄耆的种子入药，为强壮剂，治神经衰弱。

背扁膨果豆

学　　名：*Phyllolobium chinense* Fisch. ex DC.

别　　名：背扁黄耆(《植物研究》)、沙苑或藜(《本草纲目》)、蔓黄耆(《中国高等植物图鉴》)、夏黄耆(东北植物检索表)、潼蒺藜(《中药志》)、沙苑子(陕西)。

采集地点：乌裕尔河中游草甸草原,北纬47°51′,东经124°52′,土壤主要为草甸沼泽土,其次是潜育草甸土和碳酸盐草甸土,气候为温带湿润大陆性季风气候。年平均降水量为427.4 mm,最少只有284 mm,降水最多的月份一般在7月,最少的月份一般在1月。年平均气温3.1 ℃,最低气温出现在1月,平均气温-19.2 ℃,极端最低气温-39.5 ℃。最高气温出现在7月,平均气温22.8 ℃,平均最高气温27.8 ℃,极端最高气温39.9 ℃。平均无霜期为130 d左右,降雪期为150 d左右。雪量平均20~30 cm,积雪日期为120 d左右,最大可出现50 cm以上积雪。冻土日期最短年份为182 d,最长年份为216 d。冻土深度,最大深度为1.8 m,最小深度为1.2 m,年平均深度为1.5 m。

植物学特征：

背扁膨果豆为被子植物门Angiospermae、双子叶植物纲Dicotyledoneae、原始花被亚纲Archichlamydeae、蔷薇目Rosales、蔷薇亚目Rosineae、豆科Leguminosae、蝶形花亚科Papilionoideae、山羊豆族TRIB. Galegeae、黄耆亚族SUBTRIB. Astragalinae、黄耆属Astragalus、簇毛亚属Subgen. Pogonophace、背扁组Sect. PHyllolobium。背扁膨果豆是多年生草本植物,具有以下植物学特征:

根：主根为圆柱状,长达1 m。

茎：茎平卧,单1至多数,长20~100 cm,有棱,无毛或疏被粗短硬毛,分枝。

叶：叶为羽状复叶具9~25片小叶;托叶离生,披针形,长3 mm;小叶椭圆形或倒卵状长圆形,长5~18 mm,宽3~7 mm,先端钝或微缺,基部圆形,上面无毛,下

背扁膨果豆——全株

背扁膨果豆——根

背扁膨果豆——茎　　　背扁膨果豆——叶　　　背扁膨果豆——果

面疏被粗伏毛，小叶柄短。

花：总状花序生3～7花，较叶长；总花梗长1.5～6 cm，疏被粗伏毛；苞片钻形，长1～2 mm；花梗短；小苞片长0.5～1 mm；花萼钟状，被灰白色或白色短毛，萼筒长2.5～3 mm，萼齿披针形，与萼筒近等长；花冠乳白色或带紫红色，旗瓣长10～11 mm，宽8～9 mm，瓣片近圆形，长7.5～8 mm，先端微缺，基部突然收狭，瓣柄长2.7～3 mm，翼瓣长8～9 mm，瓣片长圆形，长6～7 mm，宽2～2.5 mm，先端圆形，瓣柄长约2.8 mm，龙骨瓣长9.5～10 mm，瓣片近

背扁膨果豆——花

倒卵形，长7～7.5 mm，宽2.8～3 mm，瓣柄长约3 mm；子房有柄，密被白色粗伏毛，柄长1.2～1.5 mm，柱头被簇毛；花期7～9月。

果：荚果略膨胀，狭长圆形，长达35 mm，宽5～7 mm，两端尖，背腹压扁，微被褐色短粗伏毛，有网纹，果颈不露出宿萼外。

种子：种子淡棕色，肾形，长1.5～2 mm，宽2.8～3 mm，平滑，果期8～10月。

生物学特征：

背扁膨果豆耐寒、耐旱，根系发达，在年均温7～15 ℃，年雨量400～1 000 mm，对土壤要求不严，从粗沙到轻黏土及轻的盐碱土上均能生长，但以沙质壤土为最好，忌潮湿多雨、忌土壤积水，在雨水较多地区对其生长、开花、结实不利，生于海拔1 000～1 700 m的路边、沟岸、草坡及干草场。主要分布于我国东北、华北及河南、陕西、宁夏、甘肃、江苏、四川。

食用价值：

背扁膨果豆别名沙苑子，沙苑子补肝益肾、明目固精，以补益见长。民间有把沙苑子当作保健茶饮的习惯。北京第六制药厂以沙苑子为主要原料生产的补肾养肝茶，销售香港等地，很受欢迎。西安市糖果厂等单位研制的沙苑子奶糖，对小儿尿床、眩晕等有辅助治疗效果。此外，还有沙苑子酒、饮料等产品。

饲用价值：

背扁膨果豆生长繁茂、产草量高、营养丰富、适口性好，猪、兔、牛、羊均爱吃；打收种子后的茎叶，也可作饲料。

药用价值：

种子入药称沙苑子和潼蒺藜，味苦，性温。有补肾固精、清肝明目之效，主治肝肾不足、腰膝酸痛、遗精早泄、遗尿、尿频、白带、神经衰弱及视力减退、糖尿病等症。

生态价值：

背扁膨果豆根系发达，第一年就能生长大量根瘤，可以改良土壤，在背扁膨果豆地里套种小麦和玉米均能增产。背扁膨果豆抗逆性强，根深耐旱，常自然生长沙地或沙丘边缘，可以作防风固沙植物加以发展。

糙叶黄耆

学　　名：*Astragalus scaberrimus* Bunge

别　　名：粗糙紫云英(渭河流域杂草)、春黄耆(东北植物检索表)、糙叶黄芪、春黄芪。

采集地点：乌裕尔河中游草甸草原，北纬47°51′，东经124°52′，土壤主要为草甸沼泽土，其次是潜育草甸土和碳酸盐草甸土，气候为温带湿润大陆性季风气候。年平均降水量为427.4 mm，最少只有284 mm，降水最多的月份一般在7月，最少的月份一般在1月。年平均气温3.1 ℃，最低气温出现在1月，平均气温-19.2 ℃，极端最低气温-39.5 ℃。最高气温出现在7月，平均气温22.8 ℃，平均最高气温27.8 ℃，极端最高气温39.9 ℃。平均无霜期为130 d左右，降雪期为150 d左右。雪量平均20～30 cm，积雪日期为120 d左右，最大可出现50 cm以上积雪。冻土日期最短年份为182 d，最长年份为216 d。冻土深度，最大深度为1.8 m，最小深度为1.2 m，年平均深度为1.5 m。

植物学特征：

糙叶黄耆为被子植物门Angiospermae、双子叶植物纲Dicotyledoneae、原始花被亚纲Archichlamydeae、蔷薇目Rosales、蔷薇亚目Rosineae、豆科Leguminosae、蝶形花亚科Papilionoideae、山羊豆族TRIB. Galegeae、黄耆亚族SUBTRIB. Astragalinae、黄耆属Astragalus、裂萼亚属Subgen. Cercidothrix、糙叶组Sect. Trachycercis。糙叶黄耆为多年生草本植物，具有以下植物学特征：

根：直根系，密被白色伏贴毛。

茎：根状茎短缩，多分枝，木质化；地上茎不明显或极短，有时伸长而匍匐。

叶：羽状复叶有7～15片小叶，长5～17 cm；叶柄与叶轴等长或稍长；托叶下部与叶柄贴生，长4～7 mm，上部呈三角形至披针形；小叶椭圆形或近圆形，有时披针形，长7～20 mm，宽3～8 mm，先端锐尖、渐尖，有时稍钝，基部宽楔形或近圆形，两面密被伏贴毛。

花：总状花序生3～5花，排列紧密或稍稀疏；总花梗极短或长达数厘米，腋生；花梗极短，苞片披针形，较花梗长；花萼管状，长7～9 mm，被细伏贴毛，萼齿线状披针形，

糙叶黄耆——全株

糙叶黄耆——根

糙叶黄耆——叶　　　　　糙叶黄耆——花

与萼筒等长或稍短；花冠淡黄色或白色，旗瓣倒卵状椭圆形，先端微凹，中部稍缢缩，下部稍狭成不明显的瓣柄，翼瓣较旗瓣短，瓣片长圆形，先端微凹，较瓣柄长，龙骨瓣较翼瓣短，瓣片半长圆形，与瓣柄等长或稍短；子房有短毛；花期4～8月。

果：荚果披针状长圆形，微弯，长8～13 mm，宽2～4 mm，具短喙，背缝线凹入，革质，密被白色伏贴毛，假2室，果期5～9月。

生物学特征：

产于我国东北、华北、西北各省区。生于山坡石砾质草地、草原、沙丘及沿河流两岸的沙地。西伯利亚、蒙古也有分布。糙叶黄耆耐旱，耐土壤瘠薄，为广幅旱生植物。适宜在沙质、沙砾质和砾石质性的栗钙土上生长，是针茅草原、其他草原和冷蒿草原群落中的常见伴生种，也可进入荒漠草原边缘砾石质残丘坡地。亦可见于山地林缘。糙叶黄耆一般在4月末至5月初返青，5月中、下旬孕蕾开花，花期较长，最长者可延续至8月，7月结实，8月下旬种子成熟，最晚者可至9月初。

饲用价值：

春季开花时绵羊、山羊喜欢采食其花和嫩叶，可食率达80%左右。夏秋季节家畜对它的果实也喜食，往往出牧后的绵羊和山羊在草群中首先采食荚果，但对其叶丛则避而不食。由于植株低矮，只适宜小牲畜利用。据分析，糙叶黄芪在开花期的粗蛋白质含量很高，是春季小牲畜增补蛋白质的良好豆科饲料。

药用价值：

味微苦，性平，可健脾利水。用于水肿、胀满，也用于抗肿瘤。可作抗癌药物。

生态价值：

可作保持水土植物。

达乌里黄耆

学　　名：*Astragalus dahuricus* (Pall.) DC.
别　　名：兴安黄耆(东北植物检索表)。
采集地点：乌裕尔河中游草甸草原，北纬47°51′，东经124°52′，土壤主要为草甸沼泽土，其次是潜育草甸土和碳酸盐草甸土，气候为温带湿润大陆性季风气候。年平均降水量为427.4 mm，最少只有284 mm，降水最多的月份一般在7月，最少的月份一般在1月。年平均气温3.1 ℃，最低气温出现在1月，平均气温-19.2 ℃，极端最低气温-39.5 ℃。最高气温出现在7月，平均气温22.8 ℃，平均最高气温27.8 ℃，极端最高气温39.9 ℃。平均无霜期为130 d左右，降雪期为150 d左右。雪量平均20～30 cm，积雪日期为120 d左右，最大可出现50 cm以上积雪。冻土日期最短年份为182 d，最长年份为216 d。冻土深度，最大深度为1.8 m，最小深度为1.2 m，年平均深度为1.5 m。

植物学特征：

达乌里黄耆为被子植物门Angiospermae、双子叶植物纲Dicotyledoneae、原始花被亚纲Archichlamydeae、蔷薇目Rosales、蔷薇亚目Rosineae、豆科Leguminosae、蝶形花亚科Papilionoideae、山羊豆族TRIB. Galegeae、黄耆亚族SUBTRIB. Astragalinae、黄耆属Astragalus、一年生亚属Subgen. Trimeniaeus、异齿组Sect. Heterodontus。达乌里黄耆为一年生或两年生草本植物，具有以下植物学特征：

根：直根系，主根圆锥形，多分枝。

达乌里黄耆——全株

达乌里黄耆——叶

达乌里黄耆——根　　　　达乌里黄耆——茎　　　　达乌里黄耆——花

茎：茎直立，高达80 cm，分枝，有细棱。

叶：羽状复叶有11～19(23)片小叶，长4～8 cm；叶柄长不及1 cm；托叶分离，狭披针形或钻形，长4～8 mm；小叶长圆形、倒卵状长圆形或长圆状椭圆形，长5～20 mm，宽2～6 mm，先端圆或略尖，基部钝或近楔形，小叶柄长不及1 mm。

花：总状花序较密，生10～20花，长3.5～10 cm；总花梗长2～5 cm；苞片线形或刚毛状，长3～4.5 mm。花梗长1～1.5 mm；花萼斜钟状，长5～5.5 mm，萼筒长1.5～2 mm，萼齿线形或刚毛状，上边2齿较萼部短，下边3齿较长(长达4 mm)；花冠紫色，旗瓣近倒卵形，长12～14 mm，宽6～8 mm，先端微缺，基部宽楔形，翼瓣长约10 mm，瓣片弯长圆形，长约7 mm，宽1～1.4 mm，先端钝，基部耳向外伸，瓣柄长约3 mm，龙骨瓣长约13 mm，瓣片近倒卵形，长8～9 mm，宽2～2.5 mm，瓣柄长约4.5 mm；子房有柄，被毛，柄长约1.5 mm；花期7～9月。

果：荚果线形，长1.5～2.5 cm，宽2～2.5 mm，先端凸尖喙状，直立，内弯，具横脉，假2室，含20～30颗种子，果颈短，长1.5～2 mm，果期8～10月。

种子：种子淡褐色或褐色，肾形，长约1 mm，宽约1.5 mm，有斑点，平滑。

生物学特征：

产自我国东北、华北、西北及山东、河南、四川北部。生于海拔400～2 500 m的山坡和河滩草地。俄罗斯、蒙古、朝鲜也有分布。

饲用价值：

全株可作饲料，大牲畜特别喜食，故有驴干粮之称。

华 黄 耆

学　　名：*Astragalus chinensis* L. f.
别　　名：地黄耆。
采集地点：乌裕尔河中游草甸草原，北纬47°51′，东经124°52′，土壤主要为草甸沼泽土，其次是潜育草甸土和碳酸盐草甸土，气候为温带湿润大陆性季风气候。年平均降水量为427.4 mm，最少只有284 mm，降水最多的月份一般在7月，最少的月份一般在1月。年平均气温3.1 ℃，最低气温出现在1月，平均气温–19.2 ℃，极端最低气温–39.5 ℃。最高气温出现在7月，平均气温22.8 ℃，平均最高气温27.8 ℃，极端最高气温39.9 ℃。平均无霜期为130 d左右，降雪期为150 d左右。雪量平均20~30 cm，积雪日期为120 d左右，最大可出现50 cm以上积雪。冻土日期最短年份为182 d，最长年份为216 d。冻土深度，最大深度为1.8 m，最小深度为1.2 m，年平均深度为1.5 m。

植物学特征：

华黄耆为被子植物门Angiospermae、双子叶植物纲Dicotyledoneae、原始花被亚纲Archichlamydeae、蔷薇目Rosales、蔷薇亚目Rosineae、豆科Leguminosae、蝶形花亚科Papilionoideae、山羊豆族TRIB. Galegeae、黄耆亚族SUBTRIB. Astragalinae、黄耆属

华黄耆——全株

华黄耆——根

华黄耆——茎

华黄耆——叶

华黄耆——花

华黄耆——果

Astragalus、华黄耆亚属Subgen. Astragalus、绿穗组Sect. Chlorostachys。华黄耆为多年生草本植物，具有以下植物学特征：

根：直根系，主根上有分枝和根须。

茎：株高30～90 cm。茎直立，通常单一，无毛，具深沟槽。

叶：奇数羽状复叶，具17～25片小叶，长5～12 cm；叶柄长1～2 cm；托叶离生，基部与叶柄稍贴生，披针形，长7～11 mm，无毛或下面有白色短柔毛；小叶椭圆形至长圆形，长1.5～2.5 cm，宽4～9 mm，先端钝圆，具小尖头，基部宽楔形或近圆形，上面无毛,下面疏被白色伏毛,稀近无毛。

花:总状花序生多数花,稍密集;总花梗上部腋生,较叶短;苞片披针形,膜质,长2～3 mm;花梗长4～5 mm,连同花序轴散生白色柔毛;花萼管状钟形,长6～7 mm,外面疏被白色伏毛,萼齿三角状披针形,长约2 mm,内面被伏贴的白色短柔毛;小苞片披针形;花冠黄色,旗瓣宽椭圆形或近圆形,长12～16 mm,先端微凹,基部渐狭成瓣柄,翼瓣小,长9～12 mm,瓣片长圆形,宽约2 mm,先端钝尖,基部具短耳,瓣柄长4～5 mm,龙骨瓣与旗瓣近等长,瓣片半卵形,瓣柄长约为瓣片的1/2;子房无毛,具长柄;花期6～7月。

果:荚果椭圆形,长10～15 mm,宽5～6 mm,膨胀,先端具长约1 mm的弯喙,无毛,密布模皱纹,果瓣坚厚,假2室,果颈长6～9 mm,果期7～8月。

种子:种子肾形,长2.5～3 mm,褐色。

生物学特征:

产自我国辽宁、吉林、黑龙江(依兰、佳木斯)、内蒙古(通辽、乌兰浩特)、河北、山西。生于向阳山坡、路旁沙地和草地上。

山野豌豆

学　　名：*Vicia amoena* Fisch. ex DC.
别　　名：豆豌豌、落豆秧、白花山野豌豆、狭叶山野豌豆、绢毛山野豌豆。
采集地点：乌裕尔河中游草甸草原，北纬47°51′，东经124°52′，土壤主要为草甸沼泽土，其次是潜育草甸土和碳酸盐草甸土，气候为温带湿润大陆性季风气候。年平均降水量为427.4 mm，最少只有284 mm，降水最多的月份一般在7月，最少的月份一般在1月。年平均气温3.1 ℃，最低气温出现在1月，平均气温-19.2 ℃，极端最低气温-39.5 ℃。最高气温出现在7月，平均气温22.8 ℃，平均最高气温27.8 ℃，极端最高气温39.9 ℃。平均无霜期为130 d左右，降雪期为150 d左右。雪量平均20～30 cm，积雪日期为120 d左右，最大可出现50 cm以上积雪。冻土日期最短年份为182 d，最长年份为216 d。冻土深度，最大深度为1.8 m，最小深度为1.2 m，年平均深度为1.5 m。

植物学特征：

山野豌豆为被子植物门Angiospermae、双子叶植物纲Dicotyledoneae、原始花被亚纲Archichlamydeae、蔷薇目Rosales、蔷薇亚目Rosineae、豆科Leguminosae sp.、蝶形花亚科Faboideae、野豌豆族Trib.Vicieae Bronn.、野豌豆属Vicia、大叶野豌豆组Sect. Cassubicae。山野豌豆为多年生草本植物，具有以下植物学特征：

根：直根系，主根粗壮，须根发达。

茎：株高30～100 cm，植株被疏柔毛，稀近无毛。茎具棱，多分枝，细软，斜升或攀援。

叶：偶数羽状复叶，长5～12 cm，几无柄，顶端卷须有2～3分支；托叶半箭头形，长0.8～2 cm，边缘有3～4裂齿；小叶4～7对，互生或近对生，椭圆形至卵披针形，长

山野豌豆——全株

山野豌豆——根

山野豌豆——茎、叶

1.3~4 cm，宽0.5~1.8 cm；先端圆，微凹，基部近圆形，上面被贴伏长柔毛，下面粉白色；沿中脉毛被较密，侧脉扇状展开直达叶缘。

花：总状花序通常长于叶；花10~20(~30)密集着生于花序轴上部；花冠红紫色、蓝紫色或蓝色花期颜色多变；花萼斜钟状，萼齿近三角形，上萼齿长0.3~0.4 cm，明显短于下萼齿；旗瓣倒卵圆形，长1~1.6 cm，宽0.5~0.6 cm，先端微凹，瓣柄较宽，翼瓣与旗瓣近等长，瓣片斜倒卵形，瓣柄长0.4~0.5 cm，龙骨瓣短于翼瓣，长1.1~1.2 cm；子房无毛，胚珠6，花柱上部四周被毛，子房柄长约0.4 cm；花期4~6月。

果：荚果长圆形，长1.8~2.8 cm，宽0.4~0.6 cm；两端渐尖，无毛；果期7~10月。

种子：种子1~6，圆形，直径0.35~0.4 cm；种皮革质，深褐色，具花斑；种脐内凹，黄褐色，长相当于种子周长的1/3。

山野豌豆——花蕾

山野豌豆——花

山野豌豆——果

生物学特征：

产于我国东北、华北、陕西、甘肃、宁夏、河南、湖北、山东、江苏、安徽等地。生于海拔80~7 500 m草甸、山坡、灌丛或杂木林中。俄罗斯西伯利亚及远东、朝鲜、日本、蒙古亦有分布。

饲用价值：

山野豌豆为优良牧草，蛋白质可达10.2%，牲畜喜食。

药用价值：

山野豌豆在民间药用称透骨草，有祛湿、清热解毒之效，为疮洗剂。

生态价值：

本种繁殖迅速，再生力强，是防风、固沙、水土保持及绿肥作物之一。其花期长，色彩艳丽亦可作绿篱、荒山、园林绿化，建立人工草场和早春蜜源植物。

尖叶铁扫帚

学　　名：*Lespedeza juncea* (L. f.) Pers.
别　　名：夜关门、扁座、野鸡花、尖叶胡枝子。
采集地点：乌裕尔河中游草甸草原，北纬47°51′，东经124°52′，土壤主要为草甸沼泽土，其次是潜育草甸土和碳酸盐草甸土，气候为温带湿润大陆性季风气候。年平均降水量为427.4 mm，最少只有284 mm，降水最多的月份一般在7月，最少的月份一般在1月。年平均气温3.1 ℃，最低气温出现在1月，平均气温-19.2 ℃，极端最低气温-39.5 ℃。最高气温出现在7月，平均气温22.8 ℃，平均最高气温27.8 ℃，极端最高气温39.9 ℃。平均无霜期为130 d左右，降雪期为150 d左右。雪量平均20～30 cm，积雪日期为120 d左右，最大可出现50 cm以上积雪。冻土日期最短年份为182 d，最长年份为216 d。冻土深度，最大深度为1.8 m，最小深度为1.2 m，年平均深度为1.5 m。

植物学特征：

尖叶铁扫帚为被子植物门Angiospermae、双子叶植物纲Dicotyledoneae、原始花被亚纲Archichlamydeae、蔷薇目 Rosales、蔷薇亚目Rosineae、豆科Leguminosae、蝶形花亚科 Papilionoideae、山蚂蝗族Trib. Desmodieae、胡枝子亚族Subtrib. Lespedezinae、胡枝子属Lespedeza、胡枝子组Sect. Lespedeza。尖叶铁扫帚为多年生小灌木，具有以下植物学特征：

根：根系发达，具有向下生长的木质化主根，并产生大量的侧根、细根和须根。

茎：全株被伏毛，分枝或上部分枝呈扫帚状。

叶：托叶线形，长约2 mm；叶柄长0.5～1 cm；羽状复叶具3小叶，小叶倒披针形、线状长圆形或狭长圆形，长1.5～3.5 cm，宽(2～)3～7 mm，先端稍尖或钝圆，有小刺尖，基部渐狭，边缘稍反卷，上面近无毛，下面密被伏毛。

花：总状花序腋生，稍超出叶，有3～7朵排列较密集的花，近似伞形花序；总花梗长；苞片及小苞片卵状披针形或狭披针形，长约1 mm；花萼狭钟状，长3～4 mm，5深

尖叶铁扫帚——全株

尖叶铁扫帚——根

尖叶铁扫帚——茎

尖叶铁扫帚——叶

尖叶铁扫帚——花

裂,裂片披针形,先端锐尖,外面被白色状毛,花开后具明显3脉;花冠白色或淡黄色,旗瓣基部带紫斑,花期不反卷或稀反卷,龙骨瓣先端带紫色,旗瓣、翼瓣与龙骨瓣近等长,有时旗瓣较短;闭锁花簇生于叶腋,近无梗;花期7~9月。

果: 荚果宽卵形,两面被白色伏毛,稍超出宿存萼,果期9~10月。

种子: 新收获的种子硬实率较高,达50%~60%,种子的硬实率随其储藏时间的延长而降低。

生物学特征:

主产于我国黑龙江、吉林、辽宁、内蒙古、河北、山西、甘肃及山东等省区。朝鲜、日本、蒙古、俄罗斯(西伯利亚)也有分布。尖叶铁扫帚为中旱生植物,气候适应范围广、常见于草甸草原带的丘陵坡地、沙质地上、也出现在栎林边缘的干山坡上。

药用价值:

全草药用,有补肝肾、益肺阴、散瘀消肿、治遗精、遗尿、白浊、白带、哮喘、胃痛、劳伤、小儿疳积、泻痢、跌打损伤、视力减退、目赤、乳痈的功效。

饲用价值:

现蕾前期,叶和上部嫩枝的适口性较好,羊喜食,尖叶铁扫帚属耐旱、耐贫瘠生境的牧草。

生态价值:

抗逆性和适应性强,是保持水土、改良草地和建植人工草地的优良豆科牧草。增加尖叶铁扫帚的种植面积可改善当地植物的蒸腾作用,增加空气湿度,改善气候环境。

经济价值:

富含黄酮类,可开发,如保健茶、食品添加剂及药品添加剂等。

兴安胡枝子

学　　名：*Lespedeza davurica* (Laxmann) Schindler
别　　名：毛果胡枝子、达呼尔胡枝子、达呼里胡枝子。

采集地点：乌裕尔河中游草甸草原，北纬47°51′，东经124°52′，土壤主要为草甸沼泽土，其次是潜育草甸土和碳酸盐草甸土，气候为温带湿润大陆性季风气候。年平均降水量为427.4 mm，最少只有284 mm，降水最多的月份一般在7月，最少的月份一般在1月。年平均气温3.1 ℃，最低气温出现在1月，平均气温–19.2 ℃，极端最低气温–39.5 ℃。最高气温出现在7月，平均气温22.8 ℃，平均最高气温27.8 ℃，极端最高气温39.9 ℃。平均无霜期为130 d左右，降雪期为150 d左右。雪量平均20～30 cm，积雪日期为120 d左右，最大可出现50 cm以上积雪。冻土日期最短年份为182 d，最长年份为216 d。冻土深度，最大深度为1.8 m，最小深度为1.2 m，年平均深度为1.5 m。

植物学特征：

兴安胡枝子为被子植物门Angiospermae、双子叶植物纲 Dicotyledoneae、原始花被亚纲Archichlamydeae、蔷薇目Rosales、蔷薇亚目Rosineae、豆科Leguminosae、蝶形花亚科 Papilionoideae、山蚂蝗族Trib. Desmodieae、胡枝子亚族Subtrib. Lespedezinae、胡枝子属Lespedeza、胡枝子组Sect. Lespedeza。兴安胡枝子是多年生小灌木，高达1 m，具有以下植物学特征：

根：直根系，主根圆柱形，有侧根，长度与主根基本相同，根的顶端颜色呈黄褐色，末端为黄白色。

茎：茎通常稍斜升，单一或数个簇生；老枝黄褐色或赤褐色，被短柔毛或无毛，幼枝绿褐色，有细棱，被白色短柔毛。

叶：羽状复叶具3小叶；托叶线形，长2～4 mm；叶柄长1～2 cm；小叶长圆形或狭

兴安胡枝子——全株

兴安胡枝子——根

兴安胡枝子——茎

兴安胡枝子——叶　　　　　　　兴安胡枝子——花

长圆形，长2～5 cm，宽5～16 mm，先端圆形或微凹，有小刺尖，基部圆形，上面无毛，下面被贴伏的短柔毛；顶生小叶较大。

花：总状花序腋生，较叶短或与叶等长；总花梗密生短柔毛；小苞片披针状线形，有毛；花萼5深裂，外面被白毛，萼裂片披针形，先端长渐尖，成刺芒状，与花冠近等长；花冠白色或黄白色，旗瓣长圆形，长约1 cm，中央稍带紫色，具瓣柄，翼瓣长圆形，先端钝，较短，龙骨瓣比翼瓣长，先端圆形；闭锁花生于叶腋，结实；花期7～8月。

果：荚果小，倒卵形或长倒卵形，长3～4 mm，宽2～3 mm，先端有刺，基部稍狭，两面凸起，有毛，包于宿存花萼内，果期9～10月。

生物学特征：

生于海拔150～1 000 m的山坡、林缘、路旁、灌丛及杂木林间。兴安胡枝子为中生性落叶灌木，耐阴、耐寒、耐干旱、耐瘠薄。产于我国东北、华北经秦岭淮河以北至西南各省。朝鲜、日本、俄罗斯(西伯利亚)也有分布。

饲用价值：

兴安胡枝子为优良饲用植物，幼嫩枝条各种家畜均喜食。

生态价值：

兴安胡枝子亦可作绿肥和生态保护品种。

长萼鸡眼草

学　　名：*Kummerowia stipulacea*(Maxim.) Makino

别　　名：长萼鸡眼草、掐不齐、野苜蓿草、圆叶鸡眼草。

采集地点：乌裕尔河中游草甸草原，北纬47°51′，东经124°52′，土壤主要为草甸沼泽土，其次是潜育草甸土和碳酸盐草甸土，气候为温带湿润大陆性季风气候。年平均降水量为427.4 mm，最少只有284 mm，降水最多的月份一般在7月，最少的月份一般在1月。年平均气温3.1 ℃，最低气温出现在1月，平均气温-19.2 ℃，极端最低气温-39.5 ℃。最高气温出现在7月，平均气温22.8 ℃，平均最高气温27.8 ℃，极端最高气温39.9 ℃。平均无霜期为130 d左右，降雪期为150 d左右。雪量平均20～30 cm，积雪日期为120 d左右，最大可出现50 cm以上积雪。冻土日期最短年份为182 d，最长年份为216 d。冻土深度，最大深度为1.8 m，最小深度为1.2 m，年平均深度为1.5 m。

植物学特征：

长萼鸡眼草为被子植物门Angiospermae、双子叶植物纲 Dicotyledoneae、原始花被亚纲Archichlamydeae、蔷薇目Rosales、蔷薇亚目Rosineae、豆科Leguminosae、蝶形花亚科Papilionoideae、山蚂蝗族Trib. Desmodieae、胡枝子亚族Subtrib. Lespedezinae、鸡眼草属Kummerowia。长萼鸡眼草为一年生草本植物，具有以下植物学特征：

根：直根系，主根上多须根。

茎：株高7～15 cm。茎平伏，上升或直立，多分枝，茎和枝上被疏生向上的白毛，有时仅节处有毛。

叶：三出羽状复叶；托叶卵形，长3～8 mm，比叶柄长或有时近相等，边缘通常无毛；叶柄短；小叶纸质，倒卵形、宽倒卵形或倒卵状楔形，长5～18 mm，宽3～12 mm，先端微凹或近截形，基部楔形，全缘；下面中脉及边缘有毛，侧脉多而密。

花：花常1～2朵腋生；小苞片4，较萼筒稍短、稍长或近等长，生于萼下，其中1枚

长萼鸡眼草——全株

长萼鸡眼草——根

很小，生于花梗关节之下，常具1～3条脉；花梗有毛；花萼膜质，阔钟形，5裂，裂片宽卵形，有缘毛；花冠上部暗紫色，长5.5～7 mm，旗瓣椭圆形，先端微凹，下部渐狭成瓣柄，较龙骨瓣短，翼瓣狭披针形，与旗瓣近等长，龙骨瓣钝，上面有暗紫色斑点；雄蕊二体(9+1)；花期7～8月。

果： 荚果椭圆形或卵形，稍侧偏，长约3 mm，常较萼长1.5～3倍，果期8～10月。

长萼鸡眼草——花

长萼鸡眼草——茎、叶

生物学特征：

产于我国东北、华北、华东(包括台湾)、中南、西北等省区。生于路旁、草地、山坡、固定或半固定沙丘等处，海拔100～1 200 m。日本、朝鲜、俄罗斯(远东地区)也有分布。

食用价值：

长萼鸡眼草也可作野菜。

药用价值：

全草药用，能清热解毒、健脾利湿；可用于风热感冒、胃肠炎、痢疾、热淋、肝炎、跌打损伤、疔疮肿毒。

饲用价值：

可作饲料及绿肥，长萼鸡眼草茎枝柔软，叶密量多。分枝期茎占45%，其余为叶和芽，现蕾期叶比茎多34%。草香味浓郁，能值含量较高，所含营养物质丰富，乃为优等饲草。它的消化蛋白质含量比紫花苜蓿虽低，但含总能量却略高于紫花苜蓿。可直接刈割饲喂畜禽，喂猪、禽时以粉碎或打浆为好，喂马时应切碎，喂牛、羊可整株饲喂；也可青贮，或作发酵饲料，或晒制成青干草，青香味更浓，牲畜尤为喜食，只是容易霉变；也可将青干草粉碎成草粉，或制成颗粒饲料。长萼鸡眼草适应性好，抗逆性强，作为草地改良先锋植物，能够显著地改变草地豆科牧草缺乏的状况，提高草地利用价值。长萼鸡眼草含有较多的胡萝卜素和维生素C，这对家禽的生长发育起着重要作用。各种微量元素含量也是较高的，各种必需氨基酸中，赖氨酸、蛋氨酸是玉米等一些饲料中所缺乏的，如用以作配合饲用，有助于满足畜禽对各种营养物质的需要。若与禾草混播，也是改善草地营养结构的有效方法。在我国南方，草地豆科草缺乏，禾草抽穗以后易老化，利用时期很短，而长萼鸡眼草生育期长达7个月，对于调节不同时期草地营养成分丰欠状况有一定的作用。在我国北方,长萼鸡眼草全年刈割1~2次,每亩产青草1 000~1 500 kg;南方全年可刈割2次,每亩产青草1 200~1 800 kg;以初花期刈割为宜,此时饲草的蛋白质含量最高,青草产量也高。最后一次刈割宜在嫩果期,此时大量籽实可大大提高饲用价值,且总消化养分也是最高的。

生态价值:

长萼鸡眼草为异花授粉植物,花被鲜艳,是一种优良密源植物。它的耐旱、耐热、耐贫瘠、耐酸性土壤等生态生物学特性,对于我国南方的荒山治理有重要意义。作为荒山绿化植物,有利于水土保持,改善自然环境。它的肥分含量高,又多根瘤,为很好的旱作绿肥,有提高土壤肥力的作用。

野 大 豆

学　　名：*Glycine soja* Sieb. et Zucc.

别　　名：[豆劳]豆(《救荒本草》)，小落豆、小落豆秧、落豆秧(东北)，山黄豆，乌豆，野黄豆(广西)，白花宽叶蔓豆，白花野大豆。

采集地点：乌裕尔河中游草甸草原，北纬47°51′，东经124°52′，土壤主要为草甸沼泽土，其次是潜育草甸土和碳酸盐草甸土，气候为温带湿润大陆性季风气候。年平均降水量为427.4 mm，最少只有284 mm，降水最多的月份一般在7月，最少的月份一般在1月。年平均气温3.1 ℃，最低气温出现在1月，平均气温-19.2 ℃，极端最低气温-39.5 ℃。最高气温出现在7月，平均气温22.8 ℃，平均最高气温27.8 ℃，极端最高气温39.9 ℃。平均无霜期为130 d左右，降雪期为150 d左右。雪量平均20～30 cm，积雪日期为120 d左右，最大可出现50 cm以上积雪。冻土日期最短年份为182 d，最长年份为216 d。冻土深度，最大深度为1.8 m，最小深度为1.2 m，年平均深度为1.5 m。

植物学特征：

野大豆为被子植物门Angiospermae、双子叶植物纲 Dicotyledoneae、原始花被亚纲Archichlamydeae、蔷薇目Rosales、蔷薇亚目Rosineae、豆科Leguminosae、蝶形花亚科Papilionoideae、菜豆族Trib. PHaseoleae、大豆亚族Subtrib. Glycininae、大豆属 Glycine。野大豆为一年生缠绕草本植物，具有以下植物学特征：

根：直根系，圆柱形，少侧根，顶端黄褐色，下面黄白色。

茎：茎长1～4 m。小枝纤细，全体疏被褐色长硬毛。

叶：叶具3小叶，长可达14 cm；托叶卵状披针形，急尖，被黄色柔毛。顶生小叶卵圆形或卵状披针形，长3.5～6 cm，宽1.5～2.5 cm，先端锐尖至钝圆，基部近圆形，全缘，

野大豆——全株

野大豆——根

野大豆——茎

野大豆——叶

两面均被绢状的糙伏毛，侧生小叶斜卵状披针形。

花：总状花序通常短，长可达13 cm；花小，长约5 mm；花梗密生黄色长硬毛；苞片披针形；花萼钟状，密生长毛，裂片5，三角状披针形，先端锐尖；花冠淡红紫色或白色，旗瓣近圆形，先端微凹，基部具短瓣柄，翼瓣斜倒卵形，有明显的耳，龙骨瓣比旗瓣及翼瓣短小，密被长毛；花柱短而向一侧弯曲；花期7～8月。

果：荚果长圆形，稍弯，两侧稍扁，长17～23 mm，宽4～5 mm，密被长硬毛，种子间稍缢缩，干时易裂，果期8～10月。

种子：种子2～3颗，椭圆形，稍扁，长2.5～4 mm，宽1.8～2.5 mm，褐色至黑色。

生物学特征：

分布在我国从寒温带到亚热带广大地区，喜水耐湿，多生于海拔300～1 300 m的山野以及河流沿岸、湿草地、湖边、沼泽附近或灌丛中，稀见于林内、风沙干旱和沙荒地。山地、丘陵、平原及沿海滩涂或岛屿可见其缠绕它物生长。野大豆还具有耐盐碱性及抗寒性，在土壤pH值9.18～9.23的盐碱地上可良好生长，零下41 ℃的低温下还能安全越冬。野大豆具有许多优良性状，如耐盐碱、抗寒、抗病等，与大豆是近缘种，而大豆是中国主要的油料及粮食作物，故在农业育种上可利用野大豆进一步培育优良的大豆品种。野大豆营养价值高，又是牛、马、羊等各种牲畜喜食的牧草。因此对我国拥有丰富的野大豆种质资源，必须引起应有的重视，并加以保护。目前所知野大豆在我国的地理分布区域是：自内蒙古的乌蒙什滩至黑龙江及吉林的春化，西北自甘肃的景泰至西南西藏东南部的察隅经云南、贵州，南至广西中部的象州、广东北部的连县延至东南台湾地区。俄罗斯的远东地区、朝鲜和日本亦有分布。种的分布中心及分化中心显然是在我国，尤其是在东北一带。《尔雅》记载有"戎菽谓之荏菽"，《管子》载"山戎出荏菽，布之天下"。正说明栽种可能源于"山戎"一带，山戎约居于今河北玉田县。

野大豆——花　　　　　　　　　野大豆——果

除新疆、青海和海南外，遍布全国。

饲用价值：

野大豆营养价值高，全株是牛、马、羊等各种牲畜喜食的牧草，可栽作牧草。野大豆生长季节茎、叶繁茂，具有饲草应用价值。尤其在中国南方降水较多、地下水位较高、常用的优质高产豆科牧草难以发挥生产优势的地区，具有重要的饲草开发利用潜力。

药用价值：

全草可药用，有补气血、强壮、利尿等功效，主治盗汗、肝火、目疾、黄疸、小儿疳积。曾自茎、叶分离出一种对所有血型有凝集作用的元素血玥凝素。

经济价值：

野大豆可作绿肥和水土保持植物。茎皮纤维可织麻袋。种子含蛋白质30%～45%、油脂18%～22%，供食用、制酱、酱油和豆腐等，又可榨油，油粕是优质饲料和肥料。

山 泡 泡

学　　名：*Oxytropis leptophylla* (Pall.) DC.
别　　名：薄叶棘豆、光棘豆。
采集地点：乌裕尔河中游草甸草原,北纬47°51′,东经124°52′,土壤主要为草甸沼泽土,其次是潜育草甸土和碳酸盐草甸土,气候为温带湿润大陆性季风气候。年平均降水量为427.4 mm,最少只有284 mm,降水最多的月份一般在7月,最少的月份一般在1月。年平均气温3.1 ℃,最低气温出现在1月,平均气温−19.2 ℃,极端最低气温−39.5 ℃。最高气温出现在7月,平均气温22.8 ℃,平均最高气温27.8 ℃,极端最高气温39.9 ℃。平均无霜期为130 d左右,降雪期为150 d左右。雪量平均20～30 cm,积雪日期为120 d左右,最大可出现50 cm以上积雪。冻土日期最短年份为182 d,最长年份为216 d。冻土深度,最大深度为1.8 m,最小深度为1.2 m,年平均深度为1.5 m。

植物学特征：

山泡泡为被子植物门Angiospermae、双子叶植物纲 Dicotyledoneae、始花被亚纲Archichlamydeae、蔷薇目Rosales、蔷薇亚目Rosineae、豆科Leguminosae、蝶形花亚科Papilionoideae、山羊豆族TRIB. Galegeae、黄耆亚族SUBTRIB. Astragalinae、棘豆属 Oxytropis、大花棘豆亚属Subgen. Orobia、矮生棘豆组Sect. Xerobia、瓶状棘豆亚组Subsect. Ampulla、无毛棘豆系Ser. Glabratae。山泡泡为多年生草本植物,具有以下植物学特征：

根：直根系,根粗壮,圆柱状,深长,木质化,少分枝。
茎：株高约8 cm,全株被灰白毛,茎缩短。
叶：羽状复叶长7～10 cm;托叶膜质,三角形,与叶柄贴生,先端钝,密被长柔毛;叶柄与叶轴上面有沟纹,被长柔毛;小叶9～13,线形,长13～35 mm,宽1～2 mm,先端渐尖,基部近圆形,边缘向上面反卷,上面无毛,下面被贴伏长硬毛。
花：有2～5花组成短总状花序;总花梗纤细,与叶等长或稍短,微被开展短柔毛;苞片披针形或卵状长圆形,长于花梗,密被长柔毛;花长18～20 mm;花萼膜质,筒状,

山泡泡——全株

山泡泡——根

山泡泡——茎

山泡泡——叶

山泡泡——花蕾

长8～11 mm，密被白色长柔毛；萼齿锥形，长为萼筒的1/3；花冠紫红色或蓝紫色，旗瓣近圆形，长20～23 mm，宽10 mm，先端圆形或微凹，基部渐狭成瓣柄，翼瓣长19～20 mm，耳短，瓣柄细长，龙骨瓣长15～17 mm，喙长1.5 mm；子房密被毛，花柱先端弯曲；花期5～6月。

果：荚果膜质，卵状球形，膨胀，长14～18 mm，宽12～15 mm，先端

山泡泡——花

具喙，腹面具沟，被白色或黑白混生短柔毛，隔膜窄，不完全1室，果期6～7月。

生物学特征：

产于我国黑龙江、吉林、辽宁、内蒙古、河北及山西等省区。生于砾石质丘陵坡地及向阳干旱山坡。俄罗斯(东西伯利亚)和蒙古(东北部)也有分布。

药用价值：

山泡泡捣烂敷患处可清热解毒。主治秃疮、瘰疬。

多叶棘豆

学　　名：*Oxytropis myriophylla* (Pall.) DC.
别　　名：狐尾藻棘豆(《中国主要植物图说·豆科》)。
采集地点：乌裕尔河中游草甸草原，北纬47°51′，东经124°52′，土壤主要为草甸沼泽土，其次是潜育草甸土和碳酸盐草甸土，气候为温带湿润大陆性季风气候。年平均降水量为427.4 mm，最少只有284 mm，降水最多的月份一般在7月，最少的月份一般在1月。年平均气温3.1 ℃，最低气温出现在1月，平均气温-19.2 ℃，极端最低气温-39.5 ℃。最高气温出现在7月，平均气温22.8 ℃，平均最高气温27.8 ℃，极端最高气温39.9 ℃。平均无霜期为130 d左右，降雪期为150 d左右。雪量平均20～30 cm，积雪日期为120 d左右，最大可出现50 cm以上积雪。冻土日期最短年份为182 d，最长年份为216 d。冻土深度，最大深度为1.8 m，最小深度为1.2 m，年平均深度为1.5 m。

植物学特征：

多叶棘豆为被子植物门Angiospermae、双子叶植物纲Dicotyledoneae、原始花被亚纲Archichlamydeae、蔷薇目Rosales、蔷薇亚目Rosineae、豆科Leguminosae、蝶形花亚科Papilionoideae、山羊豆族TRIB. Galegeae、黄耆亚族SUBTRIB. Astragalinae、棘豆属Oxytropis、大花棘豆亚属Subgen. Orobia、轮叶棘豆组Sect. Baicalia、多叶棘豆亚组Subsect. Myriophyllae。多叶棘豆为多年生草本植物，具有以下植物学特征：

根：直根系，根褐色，粗壮，深长。
茎：株高20～30 cm，全株被白色或黄色长柔毛。茎缩短，丛生。
叶：轮生羽状复叶长10～30 cm；托叶膜质，卵状披针形，基部与叶柄贴生，先端分离，密被黄色长柔毛；叶柄与叶轴密被长柔毛；小叶25～32轮，每轮4～8片或有时对生，线形、长圆形或披针形，长3～15 mm，宽1～3 mm，先端渐尖，基部圆形，两面密被长

多叶棘豆——全株

多叶棘豆——根

多叶棘豆——茎、叶

柔毛。

花：多花组成紧密或较疏松的总状花序；总花梗与叶近等长或长于叶，疏被长柔毛；苞片披针形，长8～15 mm，被长柔毛；花长20～25 mm；花梗极短或近无梗；花萼筒状，长11 mm，被长柔毛，萼齿披针形，长约4 mm，两面被长柔毛；花冠淡红紫色，旗瓣长椭圆形，长18.5 mm，宽6.5 mm，先端圆形或微凹，基部下延成瓣柄，冀瓣长15 mm，先端急尖，耳长2 mm，瓣柄长8 mm，龙骨瓣长12 mm，喙长2 mm，耳长约15.2 mm；子房线形，被毛，花柱无毛，无柄；花期5～6月。

多叶棘豆——花

果：荚果披针状椭圆形，膨胀，长约15 mm，宽约5 mm，先端喙长5～7 mm，密被长柔毛，隔膜稍宽，不完全2室，果期7～8月。

生物学特征：

产自我国黑龙江、吉林、辽宁、内蒙古、河北、山西、陕西及宁夏等省区。生于沙地、平坦草原、干河沟、丘陵地、轻度盐渍化沙地、石质山坡或海拔1 200～1 700 m的低山坡。俄罗斯(东西伯利亚)、蒙古也有分布。

药用价值：

全草入药，有清热解毒、消肿、祛风湿、止血之功效。

饲用价值：

多叶棘豆返青较早，在春季，马、牛、羊均采食，山羊较喜食。随着生长发育，特别是进入生殖生长以后，植株体内的纤维素量增多，适口性变低。进入晚秋，草场其他牧草枯黄，多叶棘豆的果后营养株仍鲜绿而较嫩，采食量又逐渐增加。多叶棘豆为中等饲用植物，体内的粗蛋白质含量在果期仅为8.21%，比一般豆科植物均低，而粗纤维含量为36.44%，比一般豆科植物均高。从我国目前畜牧业生产来看，多叶棘豆尚无驯化或栽培价值。但多叶棘豆具有耐瘠薄、耐旱等许多优良特性，可作未来优良牧草遗传工程育种的基因资源。

少花米口袋

学　　名：*Gueldenstaedtia verna*（Georgi）Boriss.

别　　名：米口袋、洱源米口袋、地丁多花米口袋、紫花地丁、米布袋、长柄米口袋、川滇米口袋、光滑米口袋、甘肃米口袋、细瘦米口袋、狭叶米口袋、小米口袋、白花川滇米口袋。

采集地点：乌裕尔河中游草甸草原，北纬47°51′，东经124°52′，土壤主要为草甸沼泽土，其次是潜育草甸土和碳酸盐草甸土，气候为温带湿润大陆性季风气候。年平均降水量为427.4 mm，最少只有284 mm，降水最多的月份一般在7月，最少的月份一般在1月。年平均气温3.1 ℃，最低气温出现在1月，平均气温–19.2 ℃，极端最低气温–39.5 ℃。最高气温出现在7月，平均气温22.8 ℃，平均最高气温27.8 ℃，极端最高气温39.9 ℃。平均无霜期为130 d左右，降雪期为150 d左右。雪量平均20～30 cm，积雪日期为120 d左右，最大可出现50 cm以上积雪。冻土日期最短年份为182 d，最长年份为216 d。冻土深度，最大深度为1.8 m，最小深度为1.2 m，年平均深度为1.5 m。

植物学特征：

少花米口袋为被子植物门Angiospermae、双子叶植物纲Dicotyledoneae、原始花被亚纲Archichlamydeae、蔷薇目Rosales、蔷薇亚目Rosineae、豆科Leguminosae、蝶形花亚科Papilionoideae、山羊豆族TRIB. Galegeae、黄耆亚族SUBTRIB. Astragalinae、米口袋属Gueldenstaedtia。少花米口袋为多年生草本植物，具有以下植物学特征：

少花米口袋——全株

少花米口袋——根

少花米口袋——茎、叶

少花米口袋——果

根： 直根系，主根圆锥状，主根直下，有分枝。

茎： 茎圆柱形，微紫色，分茎具宿存托叶；分茎极缩短，叶及总花梗于分茎上丛生。托叶宿存，下面的阔三角形，上面的狭三角形，基部合生，外面密被白色长柔毛。

叶： 叶在早春时长仅2～5 cm，夏秋间可长达15 cm，个别甚至可达23 cm，早生叶被长柔毛，后生叶毛稀疏，甚几至无毛；叶柄具沟；小叶7～21片，椭圆形到长圆形，卵形到长卵形，有时披针形，顶端小叶有时为倒卵形，长(4.5)10～14(～25)mm，宽(1.5)5～8(～10)mm，基部圆，先端具细尖、急尖、钝、微缺或下凹成弧形。

花： 伞形花序，有2～6朵花；总花梗具沟，被长柔毛，花期较叶稍长，花后约与叶等长或短于叶长；苞片三角状线形，长2～4 mm，花梗长1～3.5 mm；花萼钟状，长7～8 mm，被贴伏长柔毛，上2萼齿最大，与萼筒等长，下3萼齿较小，最下一片最小；花冠紫堇色，旗瓣长13 mm，宽8 mm，倒卵形，全缘，先端微缺，基部渐狭成瓣柄，翼瓣长10 mm，宽3 mm，斜长倒卵形，具短耳，瓣柄长3 mm，龙骨瓣长6 mm，宽2 mm，倒卵形，瓣柄长2.5 mm；子房椭圆状，密被贴服长柔毛；花柱无毛，内卷，顶端膨大成圆形柱头；花期4月。

果： 荚果圆筒状，长17～22 mm，直径3～4 mm，被长柔毛；种子三角状肾形，直径约1.8 mm，具凹点；果期5～6月。

种子： 种子圆肾形，直径1.5 mm，具不深凹点。

生物学特征：

产自我国东北、华北、华东、陕西中南部、甘肃东部等地区。一般生于海拔1 300 m以下的山坡、路旁、田边等。俄罗斯中、东西伯利亚和朝鲜北部亦有分布。

山 藜 豆

学　　名：*Lathyrus quinquenervius* (Miq.) Litv.

别　　名：五脉山藜豆（东北植物检索表）、五脉香豌豆（《中国主要植物图说·豆科》）。

采集地点：乌裕尔河中游草甸草原，北纬47°51′，东经124°52′，土壤主要为草甸沼泽土，其次是潜育草甸土和碳酸盐草甸土，气候为温带湿润大陆性季风气候。年平均降水量为427.4 mm，最少只有284 mm，降水最多的月份一般在7月，最少的月份一般在1月。年平均气温3.1 ℃，最低气温出现在1月，平均气温-19.2 ℃，极端最低气温-39.5 ℃。最高气温出现在7月，平均气温22.8 ℃，平均最高气温27.8 ℃，极端最高气温39.9 ℃。平均无霜期为130 d左右，降雪期为150 d左右。雪量平均20～30 cm，积雪日期为120 d左右，最大可出现50 cm以上积雪。冻土日期最短年份为182 d，最长年份为216 d。冻土深度，最大深度为1.8 m，最小深度为1.2 m，年平均深度为1.5 m。

植物学特征：

山藜豆为被子植物门Angiospermae、双子叶植物纲Dicotyledoneae、原始花被亚纲Archichlamydeae、蔷薇目Rosales、蔷薇亚目Rosineae、豆科Leguminosae、蝶形花亚科Papilionoideae、野豌豆族Trib. Vicieae、山藜豆属Lathyrus。山藜豆为多年生草本植物，具有以下植物学特征：

根：根状茎不增粗，横走。

山藜豆——全株

山藜豆——根

山黧豆——茎　　　　山黧豆——叶　　　　山黧豆——花

茎：株高20~50 cm，茎通常直立，单一，具棱及翅，有毛，后渐脱落。

叶：偶数羽状复叶，叶轴末端具不分枝的卷须，下部叶的卷须短，成针刺状；托叶披针形到线形，长7~23 mm，宽0.2~2 mm；叶具小叶1~2（~3）对；小叶质坚硬，椭圆状披针形或线状披针形，长35~80 mm，宽5~8 mm，先端渐尖，具细尖，基部楔形，两面被短柔毛，上面稀疏，老时毛渐脱落，具5条平行脉，两面明显凸出。

花：总状花序腋生，具5~8朵花。花梗长3~5 mm；萼钟状，被短柔毛，最下一萼齿约与萼筒等长；花紫蓝色或紫色，长15~20 mm；旗瓣近圆形，先端微缺，瓣柄与瓣片约等长，翼瓣狭倒卵形，与旗瓣等长或稍短，具耳及线形瓣柄，龙骨瓣卵形，具耳及线形瓣柄；子房密被柔毛；花期5~7月。

果：荚果线形，长3~5 cm，宽4~5 mm，果期8~9月。

生物学特征：

普遍分布于我国东北、华北及陕西等地，甘肃南部、青海东部也有；生于山坡、林缘、路旁、草甸等处，最高可到海拔2 500 m。朝鲜、日本及俄罗斯远东地区也有分布。

饲用价值：

对不同的生长地点，以不同收获方式收集的山黧豆材料进行分析，得出了关于其营养价值颇为一致的结论。在我国的山黧豆饲养试验中，最早饲喂的是山黧豆的茎叶部分。20世纪90年代初，吕福海等研究表明茎叶干物质蛋白质含量为13.82%~20.14%，粗脂肪含量为1.07%~3.05%，无氮浸出物含量为34.7%~46.7%，纤维素含量为25.1%~35.4%。山黧豆的粗蛋白(CP)含量高于三叶草和小冠花，约等于苜蓿的CP含量，对营养分析表明只有Ca和P含量略低于苜蓿草，但仍能满足动物需要，山黧豆茎叶蛋白质、脂肪含量随熟性不同而异。蛋白质含量以中、晚熟品种较高，在18%以上。脂肪含量以早熟品种较高，在2.75%以上。在盛花期采样分析，植株养分含量与熟性有关系，随植株熟性的推迟，N、P、K、C含量增高。山黧豆的籽实产量亦明显高于其他豆科作物。于精忠统计表明山黧豆亩产约为125 kg，而麻豌豆和白豌豆亩产籽实约为31 kg和95 kg。其籽实营养成分与野豌豆、大豆、扁豆比较结果：山黧豆籽实的蛋白质含量为25%～27%，略高于野豌豆(23%)和大豆(24%)，低于扁豆(32%)。前三者脂肪含量相近，明显低于扁豆(6.5%)。山黧豆蛋白质水解产物含有哺乳动物所需的17种氨基酸；山黧豆与其他豆科作物的钙(Ca)、磷(P)含量和各种微量元素含量比较，其中Ca含量高于野豌豆和大豆，低于扁豆；而P含量高于或略高于其他作物。在微量元素含量中Cu含量明显高于野豌豆和扁豆，而低于大豆；山黧豆像其他的豆科作物一样含有抗营养因子(ANF)，如单宁、胃蛋白酶抑制因子、植酸、胰蛋白酶抑制因子、淀粉酶抑制剂等，影响饲料的适口性和消化率。山黧豆中含有山黧豆毒素，长期饲喂可表现为山黧豆中毒，这是山黧豆不能得到广泛应用的重要原因。动物初次饲喂山黧豆时，需经过一定的适应期。营养生长期和始花期的山黧豆植株适口性最好，而盛花期和结实期的植株适口性下降，幼龄动物比成年动物易适应这种饲料。

药用价值：

山黧豆的全草：苦、涩，温。祛风除湿，止痛。用于关节痛、头痛。有些山黧豆的种子含有毒物质β-草酰氨基丙氨酸，误食大量山黧豆种子可出现神经山黧豆病(neurolathyrism)，主要表现下肢无力、足贴地不易抬起、下肢瘫痪等运动神经受损的症状。

狸 藻

学　　名: *Utricularia vulgaris* L.
别　　名: 闸草(北京)。
采集地点: 乌裕尔河中游草甸草原,北纬47°51′,东经124°52′,土壤主要为草甸沼泽土,其次是潜育草甸土和碳酸盐草甸土,气候为温带湿润大陆性季风气候。年平均降水量为427.4 mm,最少只有284 mm,降水最多的月份一般在7月,最少的月份一般在1月。年平均气温3.1 ℃,最低气温出现在1月,平均气温-19.2 ℃,极端最低气温-39.5 ℃。最高气温出现在7月,平均气温22.8 ℃,平均最高气温27.8 ℃,极端最高气温39.9 ℃。平均无霜期为130 d左右,降雪期为150 d左右。雪量平均20～30 cm,积雪日期为120 d左右,最大可出现50 cm以上积雪。冻土日期最短年份为182 d,最长年份为216 d。冻土深度,最大深度为1.8 m,最小深度为1.2 m,年平均深度为1.5 m。

植物学特征:

狸藻为被子植物门Angiospermae、双子叶植物纲 Dicotyledoneae、合瓣花亚纲 Sympetalae、管状花目Tubiflorae、狸藻科Lentibulariaceae、狸藻亚科Subfam. Utricularioideae、狸藻属Utricularia的水生草本植物,具有以下植物学特征:

茎: 匍匐枝圆柱形,长15～80 cm,粗0.5～2 mm,多分枝,无毛,节间长3～12 mm。

叶: 叶器多数,互生,2裂达基部,裂片轮廓呈卵形、椭圆形或长圆状披针形,长1.5～6 cm,宽1～2 cm,先羽状深裂,后二至四回二歧状深裂;末回裂片毛发状,顶端

狸藻——全株

急尖或微钝，边缘具数个小齿，顶端及齿端各有一至数条小刚毛，其余部分无毛。秋季于匍匐枝及其分枝的顶端产生冬芽，冬芽球形或卵球形，长1～5 cm，密被小刚毛。捕虫囊通常多数，侧生于叶器裂片上，斜卵球状，侧扁，长1～3 mm，具短柄；口侧生，上唇具2条多少分枝的刚毛状附属物，下唇无附属物。

花： 花序直立，长10～30 cm，中部以上具3～10朵疏离的花，无毛；花序梗圆柱状，粗1～2.4 mm，具1～4个鳞片；苞片与鳞片同形，基部着生，宽卵形、圆形或长圆形，顶端急尖、圆形或2至3浅裂，基部耳状，膜质，长3～7 mm；无小苞片；花梗丝状，长6～15 mm，于花期直立，果期明显下弯。花萼2裂达基部，裂片近相等，卵形至卵状长圆形，长2.5～33 mm，上唇顶端微钝，下唇顶端截形或微凹。花冠黄色，长12～18 mm，无毛；上唇卵形至近圆形，长6～9 mm，下唇横椭圆形，长6～12 mm，宽9～16 mm，顶端圆形或微凹，喉凸隆起呈浅囊状；距筒状，基部宽圆锥状，顶端多少急尖，较下唇短并与其成锐角叉开，仅远轴的内面散生腺毛。雄蕊无毛；花丝线形，弯曲，长1.5～2 mm，药室汇合。子房球形，无毛；花柱稍短于子房，无毛；柱头下唇半圆形，边缘流苏状，上唇微小，正三角形。花期6～8月。

果： 蒴果球形，长3～5 mm，周裂，果期7～9月。

种子： 种子扁压，具6角和细小的网状突起，直径0.5～0.7 mm，厚0.3～0.4 mm，褐色，无毛。

狸藻——茎、叶

狸藻——花

狸藻——果

生物学特征：

产于我国黑龙江、吉林、辽宁、内蒙古、河北、山西、陕西、甘肃、青海、新疆、山东、河南和四川西北部。生于湖泊、池塘、沼泽及水田中，海拔50～3 500 m。广布于北半球温带地区。

山 丹

学　　名：*Lilium pumilum* DC.
别　　名：山丹花、细叶百合、焉支花、簪簪花。
采集地点：乌裕尔河中游草甸草原，北纬47°51′，东经124°52′，土壤主要为草甸沼泽土，其次是潜育草甸土和碳酸盐草甸土，气候为温带湿润大陆性季风气候。年平均降水量为427.4 mm，最少只有284 mm，降水最多的月份一般在7月，最少的月份一般在1月。年平均气温3.1 ℃，最低气温出现在1月，平均气温-19.2 ℃，极端最低气温-39.5 ℃。最高气温出现在7月，平均气温22.8 ℃，平均最高气温27.8 ℃，极端最高气温39.9 ℃。平均无霜期为130 d左右，降雪期为150 d左右。雪量平均20～30 cm，积雪日期为120 d左右，最大可出现50 cm以上积雪。冻土日期最短年份为182 d，最长年份为216 d。冻土深度，最大深度为1.8 m，最小深度为1.2 m，年平均深度为1.5 m。

植物学特征：

山丹为被子植物门Angiospermae、单子叶植物纲Monocotyledoneae、百合目Liliflorae、百合亚目Subordo Liliineae、百合科Liliaceae、百合族Lilieae、百合属Lilium、卷瓣组Sect. Sinomartagon。山丹为多年生草本植物，具有以下植物学特征：

根：地下鳞茎白色，卵形或圆锥形。

叶：叶散生于茎中部，条形，长3.5～9 cm，宽1.5～3 mm，中脉下面突出，边缘有乳头状突起。

茎：鳞茎，卵形或圆锥形，高2.5～4.5 cm，直径2～3 cm；鳞片矩圆形或长卵形，长2～3.5 cm，宽1～1.5 cm，白色。茎高15～60 cm，有小乳头状突起，有的带紫色条纹。

花：花单生或数朵排成总状花序，鲜红色，通常无斑点，有时有少数斑点，下

山丹——全株

山丹——叶

山丹——根

垂;花被片反卷,长4~4.5 cm,宽0.8~1.1 cm,蜜腺两边有乳头状突起;花丝长1.2~2.5 cm,无毛,花药长椭圆形,长约1 cm,黄色,花粉近红色;子房圆柱形,长0.8~1 cm;花柱稍长于子房或长1倍多,长1.2~1.6 cm,柱头膨大,径5 mm,3裂;花期7~8月。

果:矩圆形,长约2 cm,宽1.2~1.8 cm,果期9~10月。

生物学特性:

主要分布于我国河北、河南、山西、陕西、宁夏、山东、青海、甘肃、内蒙古、黑龙江、辽宁和吉林。生于山坡草地或林缘,海拔400~2 600 m。俄罗斯、朝鲜、蒙古也有分布。山丹花色美丽娇艳,极具观赏价值,同时山丹还是一种抗寒性很强、优良的百合属种质资源,可用于培育抗寒耐旱的百合花品种。

山丹——花

药用价值:

山丹的鳞茎含淀粉,供食用,亦可入药,有滋补强壮、止咳祛痰、利尿等功效。也含挥发油,可提取香料。

园林价值:

山丹花色红、娇艳,钟状花形美观,植株体矮小、紧凑,非常惹人喜爱。盆栽置于案头、窗台,装点室内环境,也可以直接栽种于庭院,做自然式缀花草坪,散植于疏林草地,以其独具乡土特色的风格使城市园林更加丰富多彩,极具观赏魅力。

经济价值:

若以生产鳞茎为主要目的栽培山丹,6~7月山丹花蕾期及时摘除花蕾,减少养分消耗。有利于鳞茎增产,并能促使珠芽形成,扩大繁殖材料。山丹的鳞茎富含蛋白质、脂肪、淀粉、生物碱、钙、磷、铁等成分,可用来煲汤,具有良好的滋补作用。

条叶百合

学　　名：*Lilium callosum* Sieb. et Zucc.

采集地点：乌裕尔河中游草甸草原，北纬47°51′，东经124°52′，土壤主要为草甸沼泽土，其次是潜育草甸土和碳酸盐草甸土，气候为温带湿润大陆性季风气候。年平均降水量为427.4 mm，最少只有284 mm，降水最多的月份一般在7月，最少的月份一般在1月。年平均气温3.1 ℃，最低气温出现在1月，平均气温-19.2 ℃，极端最低气温-39.5 ℃。最高气温出现在7月，平均气温22.8 ℃，平均最高气温27.8 ℃，极端最高气温39.9 ℃。平均无霜期为130 d左右，降雪期为150 d左右。雪量平均20~30 cm，积雪日期为120 d左右，最大可出现50 cm以上积雪。冻土日期最短年份为182 d，最长年份为216 d。冻土深度，最大深度为1.8 m，最小深度为1.2 m，年平均深度为1.5 m。

植物学特征：

条叶百合属于被子植物门Angiospermae、单子叶植物纲Monocotyledoneae、百合目Liliflorae、百合亚目Subordo Liliineae、百合科Liliaceae、百合族Lilieae、百合属Lilium、卷瓣组Sect. Sinomartagon。条叶百合为多年生草本植物，具有以下植物学特征：

根：根为鳞茎，鳞茎下有须根，鳞茎小，扁球形，高2 cm，径1.5~2.5 cm；鳞片卵形或卵状披针形，长1.5~2 cm，宽6~12 mm，白色。

条叶百合——全株

条叶百合——根

条叶百合——茎、叶

条叶百合——花

茎：茎高50～90 cm，无毛。

叶：叶散生，条形，长6～10 cm，宽3～5 mm，有3条脉，无毛，边缘有小乳头状突起。

花：花单生或少有数朵排成总状花序；苞片1～2枚，长1～1.2 cm，顶端加厚；花梗长2～5 cm，弯曲；花下垂；花被片倒披针状匙形，长3～41 cm，宽4～6 mm，中部以上反卷，红色或淡红色，几无斑点，蜜腺两边有稀疏的小乳头状突起；花丝长2～2.5 cm，无毛，花药长7 mm；子房圆柱形，长1～2 cm，宽1～2 mm；花柱短于子房，柱头膨大，3裂；花期7～8月。

果：蒴果狭矩圆形，长约2.5 cm，宽6～7 mm，果期8～9月。

生物学特征：

产自我国台湾、广东、浙江、安徽、江苏、河南和东北。生于山坡或草丛中，海拔182～640 m。朝鲜和日本也有分布。条叶百合在自然原生状况下，百合是落叶植物，主要于严寒、短日、缺乏液态水的冬季休眠。夏季短暂休眠后，秋季萌芽形成基生莲座叶丛，越冬后茎伸长开花。夏末时种子成熟。百合喜凉爽潮湿环境，日光充足的地方、略荫蔽的环境对百合更为适合。忌干旱、忌酷暑，它的耐寒性稍差些。百合生长、开花温度为16～24 ℃，低于5 ℃或高于30 ℃生长几乎停止，10 ℃以上植株才正常生长，超过25 ℃时生长又停滞，如果冬季夜间温度低于5 ℃持续5～7 d，花芽分化、花蕾发育会受到严重影响，推迟开花甚至盲花、花裂。百合喜肥沃、腐殖质多深厚土壤，最忌硬黏土；排水良好的微酸性土壤为好，土壤pH值为5.5～6.5。

食用价值：

球根含丰富淀粉质，部分更可作为蔬菜食用；在中国，百合的球根晒干后可用来煮汤。

药用价值：

植株的多个部分可入药。

观赏价值：

百合花主要用来作观赏用途，是很重要的切花品种之一。

植物文化：

百合花的种头是由近百块鳞片抱合而成，古人视为"百年好合""百事合意"的吉兆。故历来许多情侣在举行婚礼时都要用百合来做新娘的捧花。除了这种好意头之外，它那副端庄淡雅的芳容确实十分可人。它植株挺立，叶似翠竹，沿茎轮生，花状如喇叭，姿态异常优美，能散出隐隐幽香，被人誉为"云裳仙子"。故在国际花卉市场上长期走俏，历久不衰。

知 母

学　　名：*Anemarrhena asphodeloides* Bunge

别　　名：兔子油草(辽宁)、穿地龙(山东)、蒜瓣子草、羊胡子根、地参、蚳母、连母、野蓼、提母、芪母、虫氏母、水须。

采集地点：乌裕尔河中游草甸草原，北纬47°51′，东经124°52′，土壤主要为草甸沼泽土，其次是潜育草甸土和碳酸盐草甸土，气候为温带湿润大陆性季风气候。年平均降水量为427.4 mm，最少只有284 mm，降水最多的月份一般在7月，最少的月份一般在1月。年平均气温3.1 ℃，最低气温出现在1月，平均气温-19.2 ℃，极端最低气温-39.5 ℃。最高气温出现在7月，平均气温22.8 ℃，平均最高气温27.8 ℃，极端最高气温39.9 ℃。平均无霜期为130 d左右，降雪期为150 d左右。雪量平均20～30 cm，积雪日期为120 d左右，最大可出现50 cm以上积雪。冻土日期最短年份为182 d，最长年份为216 d。冻土深度，最大深度为1.8 m，最小深度为1.2 m，年平均深度为1.5 m。

植物学特征：

知母为被子植物门Angiosperma、单子叶植物纲Monocotyledoneae、百合目Liliflorae、百合亚目Subordo Liliineae、百合科Liliaceae、吊兰族Asphodeleae、知母属Anemarrhena。知母为多年生的草本植物，具有以下植物学特征：

根：根状茎肥厚，横走，残留许多黄褐色纤维状的叶鞘，下部生有多数肉质须根。

茎：根状茎粗0.5～1.5 cm，为残存的黄褐色纤维状叶鞘所覆盖。

叶：叶基生，丛出，线形，叶长15～60 cm，宽1.5～11 mm，向先端渐尖而成近丝状，基部渐宽而成鞘状，具多条平行脉，没有明显的中脉。

花：花葶直立，不分枝，比叶长得多，高50～120 cm；总状花序通常较长，可达20～50 cm；花2～6朵成一簇，散生在花葶上部，苞片小，卵形或卵圆形，先端长渐尖；花粉红色、淡紫色至白色；花被片条形，长5～10 mm，中央具3脉，宿存。

果：蒴果狭椭圆形，长8～13 mm，宽5～6 mm，顶端有短喙。

知母——全株

知母——根茎和根

知母——茎

知母——叶

知母——花

知母——花

知母——种子

种子：种子长7～10 mm，花果期6～9月。

生物学特征：

分布于我国东北、华北及陕西、宁夏、甘肃、山东、江苏等地。生于海拔1 450 m以下的山坡、草地或路旁较干燥或向阳的地方。知母适应性很强，野生于向阳山坡地边、草原和杂草丛中；土壤多为疏松的黄土及腐殖质壤土上；性耐寒，北方可在田间越冬，喜温暖，耐干旱，除幼苗期须适当浇水外，生长期间不宜过多浇水，特别在高温期间，如土壤水分过多，生长不良，且根状茎容易腐烂。

药用价值：

干燥根茎可入药，清热泻火，滋阴润燥。主治热病烦渴，肺热燥咳，骨蒸潮热，内热消渴，肠燥便秘。

生态价值：

中国各地都有栽培，抗旱、抗寒能力强，干旱少雨的荒山、荒漠、荒地中都能生长，是绿化山区和荒原的首选品种。

植物文化：

  从前有个孤寡老人，年轻时靠挖药为生。因她不图钱财，把采来的药草都送给了有病的穷人，所以年老了毫无积蓄。这苦日子倒能熬，但老人有块心病就是自己的认药本事无人可传，想来想去，她决定沿街讨饭，希望能遇上个可靠的后生，认作干儿子，了却自己的心病。一天，老人讨饭来到一片村落，向围观的众人诉说了自己的心事。一时间，讨饭老太要认干儿子传授采药本事的消息便传开了。不久，有一个富家公子找到了她。这公子有自己的小算盘，即学会了认药治病，岂不多条巴结官宦的路子。于是便把老人接到家里，好衣好饭伺候着。但过了十几天，却一直不见老人提药草之事，这天，他假惺惺叫了老人一声"妈"，问起传药之事，老人答道："等上几年再说吧。"这下子把公子气得暴跳如雷，他叫嚣起来："白养你几年，你想骗吃骗喝呀，滚你的吧！"老人也不愠怒，冷笑一声，换上自己的破衣裳，离开了公子的家门。她又开始沿街讨饭。没多久，又有个商人找到他，愿认她当干妈。这商人心里盘算的是卖药材，赚大钱。他把老人接到家，先是好吃好喝招待，可过了一个多月，仍不见老人谈传药之事，心里就忍不住了，便又像公子一样，把老人赶出了家门。一晃两年过去了，老人仍不停地沿街乞讨，说着心事，竟被很多人当成疯子、骗子。这年冬天，她蹒跚着来到一个偏远山村，因身心憔悴，摔倒在一家门外。响声惊动了这家的主人。主人是个年轻樵夫，他把老人搀进屋里，嘘寒问暖，得知老人饿着肚子，急忙让妻子做了饭菜端上。老人吃过饭就要走，两口子拦住了："这大冷的天，您上哪儿去呀？"当老人说还要去讨饭时，善良的两口子十分同情，劝她说："您这把年纪了，讨饭多不容易，要是不嫌我们穷，就在这儿住下吧！"老人迟疑了一下，最后点了点头。

  日子过得挺快，转眼春暖花开。一天，老人试探着说："老这样住你家我心里过意不去，还是让我走吧。"樵夫急了："您老没儿女，我们又没了老人，咱们凑成一家子过日子，我们认您当妈，这不挺好吗？"老人落泪了，终于道出了详情。而樵夫夫妇却没有介意："都是受苦人，图啥报答呀，您老能舒心就行了。"从此，樵夫夫妇忙着活计，很孝顺老人，老人就这样过了3年多的幸福时光，到了80岁的高龄。这年夏天，她突然对樵夫说："孩子，你背我到山上看看吧。"樵夫不明就里，但还是愉快地答应了老人。他背着老人上坡下沟，跑东串西，累得汗流如雨，但还不时和老人逗趣，老人始终很开心。当他们来到一片野草丛生的山坡时，老人下地，坐在一块石头上，指着一丛线形叶子、开有白中带紫条纹状花朵的野草说："把它的根挖来。"樵夫挖出一截黄褐色的草根问："妈，这是什么？"老人说："这是一种药草，能治肺热咳嗽、身虚发烧之类的病，用途可大啦。孩子，你知道为什么直到今天我才教你认药吗？"樵夫想了想说："妈是想找个老实厚道的人传他认药，怕居心不良的人拿这本事去发财，去坑害百姓！"老人点了点头："孩子，你真懂得妈的心思。这种药还没有名字，你就叫它'知母'吧。"后来，老人又教樵夫认识了许多种药草。老人故去后，樵夫改行采药，但他一直牢记老人的话，真心实意为穷人送药治病。

兴安天门冬

学　　名：*Asparagus dauricus* Link

采集地点：乌裕尔河中游草甸草原，北纬47°51′，东经124°52′，土壤主要为草甸沼泽土，其次是潜育草甸土和碳酸盐草甸土，气候为温带湿润大陆性季风气候。年平均降水量为427.4 mm，最少只有284 mm，降水最多的月份一般在7月，最少的月份一般在1月。年平均气温3.1 ℃，最低气温出现在1月，平均气温–19.2 ℃，极端最低气温–39.5 ℃。最高气温出现在7月，平均气温22.8 ℃，平均最高气温27.8 ℃，极端最高气温39.9 ℃。平均无霜期为130 d左右，降雪期为150 d左右。雪量平均20～30 cm，积雪日期为120 d左右，最大可出现50 cm以上积雪。冻土日期最短年份为182 d，最长年份为216 d。冻土深度，最大深度为1.8 m，最小深度为1.2 m，年平均深度为1.5 m。

植物学特征：

兴安天门冬为被子植物门Angiospermae、单子叶植物纲Monocotyledoneae、百合目Liliflorae、百合亚目Subordo Liliineae、百合科Liliaceae、天门冬族Asparageae、天门冬属Asparagus、天门冬亚属Subgen. Asparagus、天门冬组Sect. Asparagus。兴安天门冬为多年生草本或半灌木，具有以下植物学特征：

根：根多数，常具粗厚的根状茎和稍肉质的根，有时有纺锤状的块根。

茎：小枝近叶状，称叶状枝，扁平、锐三棱形或近圆柱形而有几条棱或槽，常多枚成簇；在茎、分枝和叶状枝上有时有透明的乳突状细齿，叫软骨质齿。

叶：叶退化成鳞片状，基部多少延伸成距或刺。

花：花小，每2朵腋生或多朵排成总状花序或伞形花序，两性或单性，有时杂性，在单性花中雄花具退化雌蕊，雌花具6枚退化雄蕊；花梗一般有关节；花被钟形、宽圆筒形或近球形；花被片离生，少有基部稍合生；雄蕊着生于花被片基部，通常内藏，花丝全部离生或部分贴生于花被片上；花药矩圆形、卵形或圆形，基部二裂，背着或近背着，内向纵裂；花柱明显，柱头3裂；子房3室，每室2至多个胚珠；花黄绿色；雄花，花梗长

兴安天门冬——全株

兴安天门冬——根

兴安天门冬——茎、叶

3～5 mm,和花被近等长,关节位于近中部;花丝大部分贴生于花被片上,离生部分很短,只有花药一半长;雌花极小,花被长约1.5 mm,短于花梗,花梗关节位于上部;花期5～6月。

果: 浆果较小,球形,基部有宿存的花被片,直径6～7 mm,有2～4(～6)颗种子,果期7～9月。

兴安天门冬——花

兴安天门冬——果

生物学特征:

产自我国东北、内蒙古、河北(北部)、山西(北部)、陕西(北部)、山东(山东半岛)和江苏(北部),生于海拔2 200 m以下的沙丘或干燥山坡上。也分布于朝鲜、蒙古和俄罗斯西伯利亚。

薤　白

学　　名：*Allium macrostemon* Bunge
别　　名：小根蒜、羊胡子、藠头、独头蒜、密花小根蒜、团葱、薤白头、野薤、山蒜、苦蒜、小么蒜、小根菜、大脑瓜儿、野蒜、野葱、野藠。

采集地点：乌裕尔河中游草甸草原，北纬47°51′，东经124°52′，土壤主要为草甸沼泽土，其次是潜育草甸土和碳酸盐草甸土，气候为温带湿润大陆性季风气候。年平均降水量为427.4 mm，最少只有284 mm，降水最多的月份一般在7月，最少的月份一般在1月。年平均气温3.1 ℃，最低气温出现在1月，平均气温-19.2 ℃，极端最低气温-39.5 ℃。最高气温出现在7月，平均气温22.8 ℃，平均最高气温27.8 ℃，极端最高气温39.9 ℃。平均无霜期为130 d左右，降雪期为150 d左右。雪量平均20～30 cm，积雪日期为120 d左右，最大可出现50 cm以上积雪。冻土日期最短年份为182 d，最长年份为216 d。冻土深度，最大深度为1.8 m，最小深度为1.2 m，年平均深度为1.5 m。

植物学特征：

薤白为被子植物门Angiospermae、单子叶植物纲Monocotyledoneae、百合目Liliflorae、百合亚目Subordo Liliineae、百合科Liliaceae、葱族Allicea、葱属Allium、单生组Sect. Haplostemon。薤白为多年生草本植物，具有以下植物学特征：

鳞茎：鳞茎近球状，粗0.7～1.5（～2）cm，基部常具小鳞茎；鳞茎外皮带黑色，纸质或膜质，不破裂，但在标本上多因脱落而仅存白色的内皮。

叶：叶3～5枚，半圆柱状，或因背部纵棱发达而为三棱状半圆柱形，中空，上面具沟槽，比花葶短。

薤白——全株

薤白——茎状根

薤白——叶

花：花葶圆柱状，高30～70 cm，1/4～1/3被叶鞘；总苞2裂，比花序短；伞形花序半球状至球状，具多而密集的花，或间具珠芽或有时全为珠芽；小花梗近等长，比花被片长3～5倍，基部具小苞片；珠芽暗紫色，基部亦具小苞片；花淡紫色或淡红色；花被片矩圆状卵形至矩圆状披针形，长4～5.5 mm，宽1.2～2 mm，内轮的常较狭；花丝等长，比花被片稍长直到比其长1/3，在基部合生并与花被片贴生，分离部分的基部呈狭三角形扩大，向上收狭成锥形，内轮的基部约为外轮基部

薤白——花梗　　　　薤白——花

宽的1.5倍；子房近球状，腹缝线基部具有帘的凹陷蜜穴；花柱伸出花被外；花果期5～7月。

生物学特征：

除新疆、青海外，全国各省区均产。生于海拔1 500 m以下的山坡、丘陵、山谷或草地上，极少数地区(云南和西藏)在海拔3 000 m的山坡上也有。俄罗斯、朝鲜和日本也有分布。

食用价值：

薤白的鳞茎可作药用，也可作蔬菜食用，生食、熟食皆可，在少数地区已有栽培。

药用价值：

薤白味辛、苦，温。归心、肺、胃、大肠经。有通阳散结，行气导滞。用于胸痹心痛，脘腹痞满胀痛，泻痢后重等症。

《食疗本草》："薤，轻身耐老。疗金疮，生肌肉，生捣薤白，以火封之。更以火就炙，令热气彻疮中，干则易之。"

《食疗秘书》："薤，即见头，味辛苦，性温滑，除风，助阳道，去水气，泄大肠滞气，安胎利产妇。久病赤白带下作羹食良。骨硬在喉，食之即下。"

植物文化：

据《汉书》记载，有一读书人，姓龚名遂，官至太守后仍不忘百姓。因汉末兵乱，三国争雄，导致疾病流行。龚遂劝民众大种葱薤，以防治疾病。他规定："人一口，种五十本葱，一畦韭，百本薤。"

民间谚语："葱三薤四。"

长 梗 韭

学　　名：*Allium neriniflorum* (Herb.) G. Don

采集地点：乌裕尔河中游草甸草原，北纬47°51′，东经124°52′，土壤主要为草甸沼泽土，其次是潜育草甸土和碳酸盐草甸土，气候为温带湿润大陆性季风气候。年平均降水量为427.4 mm，最少只有284 mm，降水最多的月份一般在7月，最少的月份一般在1月。年平均气温3.1 ℃，最低气温出现在1月，平均气温-19.2 ℃，极端最低气温-39.5 ℃。最高气温出现在7月，平均气温22.8 ℃，平均最高气温27.8 ℃，极端最高气温39.9 ℃。平均无霜期为130 d左右，降雪期为150 d左右。雪量平均20～30 cm，积雪日期为120 d左右，最大可出现50 cm以上积雪。冻土日期最短年份为182 d，最长年份为216 d。冻土深度，最大深度为1.8 m，最小深度为1.2 m，年平均深度为1.5 m。

植物学特征：

长梗韭属于被子植物门Angiospermae、单子叶植物纲 Monocotyledoneae、百合目Liliflorae、百合亚目Subordo Liliineae、百合科Liliaceae、葱族Allicea、葱属Allium、合被组Sect. Caloscordum。长梗韭为多年生草本植物，具有以下植物学特征：

根：具根状茎；地下部分的肥厚叶鞘形成鳞茎，球状，最外面的为鳞茎外皮，革质或纤维质；须根从鳞茎基部长出，肉质化，多虚根。

茎：鳞茎单生，卵球状至近球状，宽1～2 cm；鳞茎外皮灰黑色，膜质，不破裂，内皮白色，膜质。

叶：叶圆柱状或近半圆柱状，中空，具纵棱，沿纵棱具细糙齿，等长于或长于花葶，

长梗韭——全株

长梗韭——根

长梗韭——茎

长梗韭——花

宽1~3 mm。

花：花葶圆柱状，高(15~)20~52 cm，粗1~2 mm，下部被叶鞘；总苞单侧开裂，宿存；伞形花序疏散；小花梗不等长，长(4.5~)7~11 cm，基部具小苞片；花红色至紫红色；花被片长7~10 mm，宽2~3.2 mm，基部2~3 mm互相靠合成管状(即靠合部分尚能看见外轮花被片的分离边缘)，分离部分星状开展，卵状矩圆形、狭卵形或倒卵状矩圆形，先端钝或具短尖头，内轮的常稍长而宽，有时近等宽，少有内轮稍狭的；花丝约为花被片长的1/2，基部2~3 mm合生并与靠合的花被管贴生，分离部分锥形；子房圆锥状球形，每室6(~8)胚珠，极少具5胚珠；花柱常与子房近等长，也有更短或更长的；柱头3裂；花果期7~9月。

果：蒴果室背开裂。

种子：种子黑色，多棱形或近球状。

生物学特征：

产自我国黑龙江、吉林、辽宁和河北。生于海拔2 000 m以下的山坡、湿地、草地或海边沙地。俄罗斯和蒙古也有分布。植株无葱蒜气味。

药用价值：

鳞茎味辛、苦，性温。功能主治：通阳散结，下气。用于胸闷刺痛、心绞痛、泻痢后重、慢性气管炎、咳嗽痰多。鲜品用于食河豚中毒；消肿散瘀。用于跌打损伤、瘀血疼痛、肿胀、闪伤、扭伤、金刀伤。药材采制：5~6月采挖鳞茎；去净茎叶及须根，洗净，用开水稍煮至内部无生心时取出，晒干。内服：干品5~15 g，鲜品50~100 g，煎汤3~10 g；外用：捣敷患处。

矮 韭

学　　名：*Allium anisopodium* Ledeb.

采集地点：乌裕尔河中游草甸草原，北纬47°51′，东经124°52′，土壤主要为草甸沼泽土，其次是潜育草甸土和碳酸盐草甸土，气候为温带湿润大陆性季风气候。年平均降水量为427.4 mm，最少只有284 mm，降水最多的月份一般在7月，最少的月份一般在1月。年平均气温3.1 ℃，最低气温出现在1月，平均气温-19.2 ℃，极端最低气温-39.5 ℃。最高气温出现在7月，平均气温22.8 ℃，平均最高气温27.8 ℃，极端最高气温39.9 ℃。平均无霜期为130 d左右，降雪期为150 d左右。雪量平均20~30 cm，积雪日期为120 d左右，最大可出现50 cm以上积雪。冻土日期最短年份为182 d，最长年份为216 d。冻土深度，最大深度为1.8 m，最小深度为1.2 m，年平均深度为1.5 m。

植物学特征：

矮韭为被子植物门Angiospermae、单子叶植物纲Monocotyledoneae、百合目Liliflorae、百合亚目Subordo Liliineae、百合科Liliaceae、葱族Allicea、葱属Allium、根茎组Sect. Rhiziridium。矮韭为多年生草本植物，具有以下植物学特征：

根：须根系，须根分枝少而粗壮，呈白色。

茎：根状茎明显，横生。鳞茎近圆柱状，数枚聚生；鳞茎外皮紫褐色、黑褐色或灰黑色，膜质，不规则地破裂，有时顶端几呈纤维状，内部常带紫红色。

叶：叶半圆柱状，稀为横切面呈新月形的狭条形，有时因背面中央的纵棱隆起而成三棱状狭条形，光滑，或沿叶缘和纵棱具细糙齿，与花葶近等长，宽1~2(~4) mm。

花：花葶圆柱状，具细的纵棱，光滑，高(20~)30~50(~65) cm，粗1~2.5 mm，下部被叶鞘；总苞单侧开裂，宿存；伞形花序近扫帚状，松散；小花梗不等长，果期尤

矮韭——全株

矮韭——根

矮韭——茎、叶

为明显，随果实的成熟而逐渐伸长，长1.5～3.5 cm，具纵棱，光滑，稀沿纵棱略具细糙齿，基部无小苞片；花淡紫色至紫红色；外轮的花被片卵状矩圆形至阔卵状矩圆形，先端钝圆，长3.9～4.9 mm，宽2～2.9 mm，内轮的倒卵状矩圆形，先端平截或略为钝圆的平截，常比外轮的稍长，长4～5 mm，宽2.2～3.2 mm；花丝约为花被片长度的2/3，基部合生并与花被片贴生，外轮的锥形，有时基部略扩大，比内轮的稍短，内轮下部扩大成卵圆形，扩大部分约为花丝长度的2/3，罕在扩大部分的每侧各具1小齿；子房卵球状，基部无凹陷的蜜穴；花柱比子房短或近等长，不伸出花被外。

矮韭——花

果：蒴果，倒卵形，花果期7～9月。

种子：黑色。

生物学特征：

主产于我国黑龙江、吉林、辽宁、内蒙古、河北、山西、陕西、甘肃和山东。矮韭多为野生，少有栽培。主要生长在海拔2 200 m以下的迎风向阳的多砾质沙壤土、沙土缓坡上，主要伴生植物有胡枝子等。

食用价值：

花香特异，适于调味，效果优于葱、蒜，特别是经油炸之后，呈现特殊、浓郁香味；花还可以作为蔬菜，春夏采嫩叶，可作馅、炒食、凉拌，味道鲜美。

饲用价值：

矮韭是一种优等的催肥抓膘牧草。

药用价值：

通辽市科尔沁左翼后旗乌兰敖道苏木的蒙古族民间认为，当人患有皮癣病时，当地人称患"zogus in ildu"或"mogai in ildu"病时，把矮韭的地上部分碾碎后涂在患处。矮韭花长期食用具有降血糖、降血脂、软化血管、防止肿瘤、解毒壮阳的功效。

生态价值：

矮韭抗逆性强，是很好的防风固沙、水土保持植物。

山 韭

学　　名：*Allium senescens* L.
别　　名：岩葱。
采集地点：乌裕尔河中游草甸草原，北纬47°51′，东经124°52′，土壤主要为草甸沼泽土，其次是潜育草甸土和碳酸盐草甸土，气候为温带湿润大陆性季风气候。年平均降水量为427.4 mm，最少只有284 mm，降水最多的月份一般在7月，最少的月份一般在1月。年平均气温3.1 ℃，最低气温出现在1月，平均气温-19.2 ℃，极端最低气温-39.5 ℃。最高气温出现在7月，平均气温22.8 ℃，平均最高气温27.8 ℃，极端最高气温39.9 ℃。平均无霜期为130 d左右，降雪期为150 d左右。雪量平均20～30 cm，积雪日期为120 d左右，最大可出现50 cm以上积雪。冻土日期最短年份为182 d，最长年份为216 d。冻土深度，最大深度为1.8 m，最小深度为1.2 m，年平均深度为1.5 m。

植物学特征：

山韭为被子植物门Angiospermae、单子叶植物纲Monocotyledoneae、百合目Liliflorae、百合亚目Subordo Liliineae、百合科Liliaceae、葱族Allicea、葱属Allium、根茎组Sect. Rhiziridium。山韭为多年生草本植物，具有以下植物学特征：

根茎：具粗壮的横生根状茎。鳞茎单生或数枚聚生，近狭卵状圆柱形或近圆锥状，粗0.5～2(～2.5)cm；鳞茎外皮灰黑色至黑色，膜质，不破裂，内皮白色，有时带红色。

叶：叶狭条形至宽条形，肥厚，基部近半圆柱状，上部扁平，有时略呈镰状弯曲，短于或稍长于花葶，宽2～10 mm，先端钝圆，叶缘和纵脉有时具极细的糙齿。花葶圆柱状，常具2纵棱，有时纵棱变成窄翅而使花葶成为二棱柱状，高度变化很大，有的不

山韭——全株

山韭——根状茎

山韭——茎、叶　　　　　　　　　　　山韭——花蕾

到10 cm，而有的则可高达65 cm，粗1～5 mm，下部被叶鞘；总苞2裂，宿存。

花：伞形花序半球状至近球状，具多而稍密集的花；小花梗近等长，比花被片长2～4倍，稀更短，基部具小苞片，稀无小苞片；花紫红色至淡紫色；花被片长3.2～6 mm，宽1.6～2.5 mm，内轮的矩圆状卵形至卵形，先端钝圆并常具不规则的小齿，外轮的

山韭——花

卵形，舟状，略短；花丝等长，从比花被片略长直至为其长的1.5倍，仅基部合生并与花被片贴生，内轮的扩大成披针状狭三角形，外轮的锥形；子房倒卵状球形至近球状，基部无凹陷的蜜穴；花柱伸出花被外；花果期7～9月。

生物学特征：

生于海拔2 000 m以下的草原、草甸或山坡上。产于我国黑龙江、吉林、辽宁、河北、山西、内蒙古、甘肃(东部)、新疆(西北部)和河南(西北部)。从欧洲经俄罗斯中亚直到西伯利亚都有分布。

药用价值：

可全草入药，味辛、甘，性平，入肝、脾经。具有活血散瘀，祛风止痒功效。主治跌

打损伤,刀枪伤,荨麻疹,牛皮癣。

食用价值：

山韭做菜食可健脾养血,强筋壮骨。

植物文化：

张果老马鞍山韭菜的传说。张果老姓张名果,祖祖辈辈都是菜农,传到他这一代,种菜技艺更加高超。附近的村民都说,他种的菜特别鲜嫩可口,而且还能打破节气,别人种不成的菜,到他手里都能生长。一年四季,张果的菜园里,都有各种各样的新鲜蔬菜。因此,张果的菜特别受欢迎,往往刚到集市,就被人们买光了。后来,只要张果一到,官府衙门、大户人家就把他的菜瓜分了。还仗着官威富豪,有少给钱的,还有不给钱的,张果一气之下,趁着天黑,骑上毛驴,偷偷地离开了村子一直往西走,天亮经过邢台城都没停留。傍晚时,到了一座山上,这座山植物茂密,云雾缭绕,颇有一股道风仙姿,充满了灵秀之气。张果登山一看,四周就是一幅八卦图,他脚下的山体,正好坐落在阴阳鱼的位置上。于是,他便在山上住下了。后来建起了道观,专心修身治道,过上了与世无争的日子,到最后终于得道成仙,成为唐代八仙之一,人称张果老。

这座山因此而得名"仙翁山",又称"张果老山"。张果老虽然住在道观里,但经常骑着毛驴,游走于冀晋一带的山林之间的许多名山大川,到处都有他的足迹。

有一天,王母娘娘过生日,张果老应邀赴宴。席间,他找到花仙,向她要一样东西。花仙问他:"果老想要什么东西？"他报了一大堆花、草、树等种子名字。花仙一听,这还了得,把这么多东西带到凡界,天条是不允许的。而张果老缠着花仙不放,非要不可。花仙拿他没办法,抓了一把草籽,一把韭菜籽,装个小袋给了他。张果老一看就这两样,心里捉摸韭菜撒到菜园里,观里道众可以当菜吃,草籽撒到地里,长大了可以喂驴,于是,见好就收,谢过花仙,便骑上驴回去了。谁料到,宴会上的酒劲大,自己又贪杯,就喝多了。一到凡界,经凉风一吹,眼睛睁不开了,手也把不住了,脑袋还晕乎乎,身子晃悠悠,骑在驴上老是往下栽。到了马鞍山,看到了熟悉的地方,就以为到家了,便把韭菜籽撒到了马鞍山上。第二年开春,马鞍山上长出来许多韭菜,韭菜开花的时候,白花花的,一片连着一片。后来,人们听说是张果老撒下的韭菜籽,就管这些韭菜叫张果老马鞍山韭菜。

野　　韭

学　　名：*Allium ramosum* L.

采集地点：乌裕尔河中游草甸草原，北纬47°51′，东经124°52′，土壤主要为草甸沼泽土，其次是潜育草甸土和碳酸盐草甸土，气候为温带湿润大陆性季风气候。年平均降水量为427.4 mm，最少只有284 mm，降水最多的月份一般在7月，最少的月份一般在1月。年平均气温3.1 ℃，最低气温出现在1月，平均气温–19.2 ℃，极端最低气温–39.5 ℃。最高气温出现在7月，平均气温22.8 ℃，平均最高气温27.8 ℃，极端最高气温39.9 ℃。平均无霜期为130 d左右，降雪期为150 d左右。雪量平均20～30 cm，积雪日期为120 d左右，最大可出现50 cm以上积雪。冻土日期最短年份为182 d，最长年份为216 d。冻土深度，最大深度为1.8 m，最小深度为1.2 m，年平均深度为1.5 m。

植物学特征：

野韭为被子植物门Angiospermae、单子叶植物纲 Monocotyledoneae、百合目Liliflorae、百合亚目Subordo Liliineae、百合科Liliaceae、葱族Allicea、葱属Allium、根茎组Sect. Rhiziridium的多年生草本植物，具有以下植物学特征：

根：须根系，根系发达，具横生的粗壮根状茎，略倾斜。

茎：鳞茎近圆柱状；鳞茎外皮暗黄色至黄褐色，破裂成纤维状，网状或近网状。

叶：叶三棱状条形，背面具呈龙骨状隆起的纵棱，中空，比花序短，宽1.5～8 mm，沿叶缘和纵棱具细糙齿或光滑。

花：花葶圆柱状，具纵棱，有时棱不明显，高25～60 cm，下部被叶鞘；总苞单侧开裂至2裂，宿存；伞形花序半球状或近球状，多花；小花梗近等长，比花被片长2～4

野韭——全株

野韭——叶

倍，基部除具小苞片外常在数枚小花梗的基部又为1枚共同的苞片所包围；花白色，稀淡红色；花被片具红色中脉，内轮的矩圆状倒卵形，先端具短尖头或钝圆，长(4.5～)5.5～9(～11) mm，宽1.8～3.1 mm，外轮的常与内轮的等长但较窄，矩圆状卵形至矩圆状披针形，先端具短尖头；花丝等长，为花被片长度的1/2～3/4，基部合生并与花被片贴生，合生部分高0.5～1 mm，分离部分狭三角形，内轮的稍宽；子房倒圆锥状球形，具3圆棱，外壁具细的疣状突起；花果期6月底到9月。

野韭——根

野韭——花

生物学特征：

产于我国黑龙江、吉林、辽宁、河北、山东、山西、内蒙古、陕西、宁夏、甘肃、青海和新疆。生于海拔460～2 100 m的向阳山坡、草坡或草地上。俄罗斯中亚、西伯利亚地区以及蒙古也有分布。

食用价值：

叶可食用。野韭可炒食、汤用或作馅。民间常用野韭菜与鲫鱼做汤，不但味道鲜美，而且对食欲不振、烦热、尿频有治疗效益，尤其对老人脾胃气弱、食欲减少、羸瘦等症有作用。

小 玉 竹

学　　名：*Polygonatum humile* Fisch. ex Maxim.
别　　名：山铃铛。
采集地点：乌裕尔河中游草甸草原,北纬47°51′,东经124°52′,土壤主要为草甸沼泽土,其次是潜育草甸土和碳酸盐草甸土,气候为温带湿润大陆性季风气候。年平均降水量为427.4 mm,最少只有284 mm,降水最多的月份一般在7月,最少的月份一般在1月。年平均气温3.1 ℃,最低气温出现在1月,平均气温-19.2 ℃,极端最低气温-39.5 ℃。最高气温出现在7月,平均气温22.8 ℃,平均最高气温27.8 ℃,极端最高气温39.9 ℃。平均无霜期为130 d左右,降雪期为150 d左右。雪量平均20～30 cm,积雪日期为120 d左右,最大可出现50 cm以上积雪。冻土日期最短年份为182 d,最长年份为216 d。冻土深度,最大深度为1.8 m,最小深度为1.2 m,年平均深度为1.5 m。

植物学特征：

小玉竹为被子植物门Angiospermae、单子叶植物纲Monocotyledoneae、百合目Liliflorae、百合亚目Subordo Liliineae、百合科Liliaceae、黄精族Polygonateae、黄精属Polygonatum、互叶系Ser. Alternifolia Baker。小玉竹为多年生草本植物,具有以下植物学特征：

根：根状茎细圆柱形,直径3～5 mm。

茎：茎高25～50 cm,具7～9(～11)叶。

叶：叶互生,椭圆形、长椭圆形或卵状椭圆形,长5.5～8.5 cm,先端尖至略钝,下面具短糙毛。

花：花序通常仅具1花,花梗长8～13 mm,显著向下弯曲；花被白色,顶端带绿色,全长15～17 mm,裂片长约2 mm；花丝长约3 mm,稍两侧扁,粗糙,花药长约3 mm；子

小玉竹——全株

小玉竹——根茎和根

房长约4 mm，花柱长11～13 mm。

果：浆果蓝黑色，直径约1 cm，有5～6颗种子。

小玉竹——叶

小玉竹——茎

小玉竹——果

生物学特征：

产于我国黑龙江、吉林、辽宁、河北、山西。生于林下或山坡、草地，海拔800～2 200 m。朝鲜、俄罗斯西伯利亚和远东地区、日本也有分布。

药用价值：

根状茎常混入"玉竹"内应用。

玉 竹

学　　名：*Polygonatum odoratum* (Mill.) Druce
别　　名：萎（《神农本草经》）、地管子（河北）、尾参（湖北）、铃铛菜（辽宁、河北）。
采集地点：乌裕尔河中游草甸草原，北纬47°51′，东经124°52′，土壤主要为草甸沼泽土，其次是潜育草甸土和碳酸盐草甸土，气候为温带湿润大陆性季风气候。年平均降水量为427.4 mm，最少只有284 mm，降水最多的月份一般在7月，最少的月份一般在1月。年平均气温3.1 ℃，最低气温出现在1月，平均气温-19.2 ℃，极端最低气温-39.5 ℃。最高气温出现在7月，平均气温22.8 ℃，平均最高气温27.8 ℃，极端最高气温39.9 ℃。平均无霜期为130 d左右，降雪期为150 d左右。雪量平均20～30 cm，积雪日期为120 d左右，最大可出现50 cm以上积雪。冻土日期最短年份为182 d，最长年份为216 d。冻土深度，最大深度为1.8 m，最小深度为1.2 m，年平均深度为1.5 m。

植物学特征：

玉竹为被子植物门Angiospermae、单子叶植物纲 Monocotyledoneae、百合目Liliflorae、百合亚目Subordo Liliineae、百合科Liliaceae、黄精族Polygonateae、黄精属Polygonatum、互叶系Ser. Alternifolia Baker。玉竹为多年生草本植物，具有以下植物学特征：

根茎：根状茎圆柱形，直径5～14 mm，肉质黄白色，密生多数须根。

茎：茎高20～50 cm，具7～12叶。

叶：叶互生，椭圆形至卵状矩圆形，长5～12 cm，宽3～16 cm，先端尖，下面带灰白色，下面脉上平滑至呈乳头状粗糙。

玉竹——全株

玉竹——根茎和根

花：花序具1~4花（在栽培情况下，可多至8朵），总花梗（单花时为花梗）长1~1.5 cm，无苞片或有条状披针形苞片；花被黄绿色至白色，全长13~20 mm，花被筒较直，裂片长约3~4 mm；花丝丝状，近平滑至具乳头状突起，花药长约4 mm；子房长3~4 mm，花柱长10~14 mm；花期5~6月。

果：浆果蓝黑色，直径7~10 mm，具7~9颗种子，果期7~9月。

玉竹——茎、叶

玉竹——花

生物学特征：

产自我国黑龙江、吉林、辽宁、河北、山西、内蒙古、甘肃、青海、山东、河南、湖北、湖南、安徽、江西、江苏、台湾。生于林下或山野阴坡，玉竹耐寒、耐阴湿，忌强光直射与多风。野生玉竹生于凉爽、湿润、无积水的山野疏林或灌丛中，生长地土层深厚，富含沙质和腐殖质，海拔500~3 000 m，欧亚大陆温带地区广布。

药用价值：

玉竹的根状茎药用，系中药"玉竹"。具养阴、润燥、清热、生津、止咳等功效。用作滋补药品，主治热病伤阴、虚热燥咳、心脏病、糖尿病、结核病等症，并可作高级滋补食品、佳肴和饮料，具有保健作用。关于药材"玉竹"和"黄精"的区别，可参考《中药志》。

黄 精

学　　名：*Polygonatum sibiricum* Delar. ex Redoute

别　　名：鸡头黄精(《中药志》)、黄鸡菜(东北)、笔管菜(辽宁)、爪子参(陕西)、老虎姜(宁夏)、鸡爪参(甘肃)。

采集地点：乌裕尔河中游草甸草原，北纬47°51′，东经124°52′，土壤主要为草甸沼泽土，其次是潜育草甸土和碳酸盐草甸土，气候为温带湿润大陆性季风气候。年平均降水量为427.4 mm，最少只有284 mm，降水最多的月份一般在7月，最少的月份一般在1月。年平均气温3.1 ℃，最低气温出现在1月，平均气温-19.2 ℃，极端最低气温-39.5 ℃。最高气温出现在7月，平均气温22.8 ℃，平均最高气温27.8 ℃，极端最高气温39.9 ℃。平均无霜期为130 d左右，降雪期为150 d左右。雪量平均20～30 cm，积雪日期为120 d左右，最大可出现50 cm以上积雪。冻土日期最短年份为182 d，最长年份为216 d。冻土深度，最大深度为1.8 m，最小深度为1.2 m，年平均深度为1.5 m。

植物学特征：

黄精为被子植物门Angiospermae、单子叶植物纲Monocotyledoneae、百合目Liliflorae、百合亚目Subordo Liliineae、百合科Liliaceae、黄精族Polygonateae、黄精属Polygonatum、轮叶系Ser. Verticillata。黄精为多年生草本植物，具有以下植物学特征：

根：根状茎圆柱状，由于结节膨大，因此"节间"一头粗、一头细，在粗的一头有短分枝或须根(《中药志》称这种根状茎类型所制成的药材为鸡头黄精)，直径1～2 cm。

茎：茎高50～90 cm，或可达1 m以上，有时呈攀援状。

叶：黄精的叶轮生，每轮4～6枚，条状披针形，长8～15 cm，宽(4～)6～16 mm，先端拳卷或弯曲成钩。

花：花序通常具2～4朵花，似成伞形状，总花梗长1～2 cm，花梗长(2.5～)

黄精——全株　　　　　　　黄精——叶　　　　　　　黄精——根

4～10 mm，俯垂；苞片位于花梗基部，膜质，钻形或条状披针形，长3～5 mm，具1脉；花被乳白色至淡黄色，全长9～12 mm，花被筒中部稍缢缩，裂片长约4 mm；花丝长0.5～1 mm，花药长2～3 mm；子房长约3 mm，花柱长5～7 mm；花期5～6月。

果：浆果直径7～10 mm，黑色，具4～7颗种子，果期8～9月。

生物学特征：

产自我国黑龙江、吉林、辽宁、河北、山西、陕西、内蒙古、宁夏、甘肃(东部)、河南、山东、安徽(东部)、浙江(西北部)。生长于林下、灌丛或山坡阴处，海拔800～2 800 m。朝鲜、蒙古和俄罗斯西伯利亚东部地区也有分布。

黄精——花

食用价值：

黄精对身体十分有益。黄精根状茎形状有如山芋，山区老百姓常食它，黄精性味甘甜，食用爽口。其肉质根状茎肥厚，含有大量淀粉、糖分、脂肪、蛋白质、胡萝卜素、维生素和多种其他营养成分，生食、炖服既能充饥，又有健身之用，可令人气力倍增、肌肉充盈、骨骼坚强，可当作蔬菜食用。

药用价值：

黄精的根状茎为常用中药"黄精"，具有补脾，润肺生津的作用。

用法用量：内服：煎汤，10～15 g，鲜品30～60 g；或入丸、散熬膏。外用：适量，煎汤洗，熬膏涂，或浸酒搽。注意：中寒泄泻，痰湿痞满气滞者忌服。

经济价值：

我国野生黄精属植物种质资源丰富，并且蕴藏量巨大，因集药用、食用、观赏、美容于一身，市场需求量日益增加，具有良好的经济效益。因此，全方位、多层次地开发利用该属植物，前景十分广阔。

园林价值：

黄精具有发达的储存养分的根状茎，易于林下和盆栽观赏。早春时节，植株破土而出，吐新纳绿；春末夏初，黄绿色花朵形似串串风铃，悬挂于叶腋间，在风中摇曳，甚是好看；其花期可长达20 d，花谢果出，由绿色渐转至黑色、白色、紫色或红色，直至仲秋，满目芳华，别具魅力。从赏花到观果长达半载，是不可多得的观赏佳品。将其作为地被植物种植于疏林草地、林下溪旁及建筑物阴面的绿地花坛、花境、花台及草坪周围来美化环境，无不适宜。

植物文化：

从前有个财主，家里有个丫鬟名叫黄精。黄精出身很苦，可生得一副好容貌。财主色迷心窍，一心想要黄精做小老婆。财主捎信给黄精的父亲说，你家祖祖辈辈种我的田，吃我的粮，而今我要黄精做小老婆，你要是不愿意，就马上还我的债，滚出我的家门。阳雀不与毒蛇同巢，一家人急得没办法，只好让黄精赶快躲出家门去。漆黑的三更夜，黄精逃出了财主的庄园。可是她刚刚逃出虎口，就被狗腿子发觉了。于是，财主马上派家丁打着灯笼火把去追赶黄精。黑灯瞎火的黄精深一脚浅一脚地跑啊跑，跑到了一座悬崖边，这时身后灯笼火把愈来愈近了，黄精一狠心跳下了悬崖。

  黄精跳崖后心想这一下必死无疑，可没想落到半山腰却被一棵小树挂住了，摔到了树边的一小块斜坡上。她只觉得浑身一阵火辣辣疼，一下子昏了过去。不知过了多久，她睁眼一看，吓了一大跳，只见身下是万丈深渊。几天来她没喝过一口水，没吃过一粒米，身子非常虚弱。她见身边长着密密麻麻的野草，黄梗细叶，叶子狭长，开着些白花，便顺手揪下一把草叶，放在嘴里暂且充饥。一次，她拔下一棵有手指粗的草根，放在嘴里一嚼，觉得又香又甜，比那些草梗草叶好吃得多。打这以后，黄精便每天挖草根过日子，一边寻找上山的路。太阳升起又落下，月亮落了又升，转眼过了半年。一天姑娘爬上了一块大岩石后面，只见一棵酒杯粗的黄藤从崖顶上垂了下来，她抓住藤萝向上爬，这时才发现自己的身子变得非常轻，轻得像燕子一样，非常轻松地爬上了山顶，连气都没有喘。上了山顶，她径直朝西走去。走着、走着，看见前面不远处有一个村落，她走到一家门前："主人家，请给碗饭吃吧。"只见里边走出来一位六七十岁的老婆婆，看了黄精一眼说："讨饭也不看看时间，人家大清早还没有生火呢，哪来的饭吃啊。"说完又回屋去了。"老妈妈请行行好，我好几天没吃东西了，有碗剩饭也行。"黄精说道。老婆婆见她说得怪可怜的，就开门让黄精进了屋，又去热了碗剩饭，烧了碗热汤。过了一会儿，只见一个背柴禾老头儿进了门。老婆婆指着黄精对老头儿说："这是个苦命的讨饭姑娘，她家乡闹旱灾，爹娘都死了，讨饭到这里，咱们就收下她做闺女吧！"老头儿看着黄精，点了点头。从此，黄精在老婆婆家住下。日子一长，黄精便把身世告诉了老婆婆。

  黄精遭难跳崖没死，全靠吃草叶、草根活了半年多，这下可叫老婆婆吃了一惊，都说黄精命大、造化大。黄精的遭遇渐渐地传遍了全村。村里有个采药老人，他听到黄精吃草根能活这么长的时间，见到黄精那么水灵灵的，就问黄精吃的是什么样的草根。黄精带着老人在山上找到了那种草根。采药老人挖起放在嘴里细细地品尝，觉得味道清香甘甜，吃后身子又暖和、又舒服，精力旺盛。后来他把这种草根给病人吃后，病情减轻了，给老年人服用，身子骨渐渐变得越来越硬朗了。因是黄精发现的这种草，所以大家就给它起名叫"黄精"。

绵 枣 儿

学　　名：*Barnardia japonica* (Thunberg) Schultes & J. H. Schultes

别　　名：石枣儿(《救荒本草》)、天蒜(《生草药性备要》)、地兰(《岭南采药录》)、山大蒜(《江苏省植物药材志》)、鲜白头(《江苏药材志》)、地枣、独叶芹、催生草、药狗蒜(《东北药用植物志》)、老鸦葱(《浙江中药资源名录》)。

采集地点：乌裕尔河中游草甸草原,北纬47°51′,东经124°52′,土壤主要为草甸沼泽土,其次是潜育草甸土和碳酸盐草甸土,气候为温带湿润大陆性季风气候。年平均降水量为427.4 mm,最少只有284 mm,降水最多的月份一般在7月,最少的月份一般在1月。年平均气温3.1 ℃,最低气温出现在1月,平均气温-19.2 ℃,极端最低气温-39.5 ℃。最高气温出现在7月,平均气温22.8 ℃,平均最高气温27.8 ℃,极端最高气温39.9 ℃。平均无霜期为130 d左右,降雪期为150 d左右。雪量平均20～30 cm,积雪日期为120 d左右,最大可出现50 cm以上积雪。冻土日期最短年份为182 d,最长年份为216 d。冻土深度,最大深度为1.8 m,最小深度为1.2 m,年平均深度为1.5 m。

植物学特征：

绵枣儿为被子植物门Angiospermae、单子叶植物纲Monocotyledoneae、百合目Liliflorae、百合亚目Subordo Liliineae、百合科Liliaceae、绵枣儿族Scilleae、绵枣儿属Scilla。绵枣儿为多年生球根植物,具有以下植物学特征:

根茎：鳞茎卵形或近球形,高2～5 cm,宽1～3 cm,鳞茎皮黑褐色,有少量须根,呈白色。

叶：基生叶通常2～5枚,狭带状,长15～40 cm,宽2～9 mm,柔软。

花：花葶通常比叶长;总状花序长2～20 cm,具多数花;花紫红色、粉红色至白色,

绵枣儿——全株

绵枣儿——根

绵枣儿——茎、叶　　　绵枣儿——花　　　绵枣儿——花

小,直径约4～5 mm,在花梗顶端脱落;花梗长5～12 mm,基部有1～2枚较小的、狭披针形苞片;花被片近椭圆形、倒卵形或狭椭圆形,长2.5～4 mm,宽约1.2 mm,基部稍合生而成盘状,先端钝而且增厚;雄蕊生于花被片基部,稍短于花被片;花丝近披针形,边缘和背面常多少具小乳突,基部稍合生,中部以上骤然变窄,变窄部分长约1 mm;子房长1.5～2 mm,基部有短柄,表面多少有小乳突,3室,每室1个胚珠;花柱长约为子房的一半至2/3。

果:果近倒卵形,长3～6 mm,宽2～4 mm,花果期7～11月。

种子:种子1～3颗,黑色,矩圆状狭倒卵形,长约2.5～5 mm。

生物学特征:

主要分布在我国东北、华北、华中以及四川(木里)、云南(洱源、中甸)、广东(北部)、江西、江苏、浙江和台湾。生于海拔2 600 m以下的山坡、草地、路旁或林缘。绵枣儿每年春季3月左右草芽初发时易于辨认、寻找采挖,以保留糖分和营养价值最高,或者自己种植的9～10月采挖也可。

食用价值:

将绵枣儿鳞茎从地下挖出来,洗净泥土,经过多次蒸煮,糖液自出,甜味沁人心脾,如加点红糖,则更甜美。绵枣儿属热性补品,性黏,风味独特,营养价值很高,可以补养身体,久储不坏。

药用价值:

具有活血解毒,消肿止痛。治乳痈、肠痈、跌打损伤、腰腿痛。

《岭南采药录》:"取头捣烂,能敷治乳疮、毒疮。"

《东北药植志》:"叶及根茎的酒精提取液,有强心利尿作用。全草煎服作止痛药,用于牙疼、筋骨疼、腰腿疼及枪打、碰破等;亦有催生之效。"

《浙江中药资源名录》:"治缩脚肠痈,肺痈吐血。"

苏医《中草药手册》:"活血,消肿,解毒,止痛。治跌打损伤,腰腿疼痛,筋骨痛;鲜鳞茎捣烂外敷治痈疽,乳腺炎。"

小黄花菜

学　　名：*Hemerocallis minor* Mill.
别　　名：黄花菜、金针菜。
采集地点：乌裕尔河中游草甸草原，北纬47°51′，东经124°52′，土壤主要为草甸沼泽土，其次是潜育草甸土和碳酸盐草甸土，气候为温带湿润大陆性季风气候。年平均降水量为427.4 mm，最少只有284 mm，降水最多的月份一般在7月，最少的月份一般在1月。年平均气温3.1 ℃，最低气温出现在1月，平均气温-19.2 ℃，极端最低气温-39.5 ℃。最高气温出现在7月，平均气温22.8 ℃，平均最高气温27.8 ℃，极端最高气温39.9 ℃。平均无霜期为130 d左右，降雪期为150 d左右。雪量平均20~30 cm，积雪日期为120 d左右，最大可出现50 cm以上积雪。冻土日期最短年份为182 d，最长年份为216 d。冻土深度，最大深度为1.8 m，最小深度为1.2 m，年平均深度为1.5 m。

植物学特征：

小黄花菜为被子植物门Angiospermae、单子叶植物纲 Monocotyledoneae、百合目Liliflorae、百合亚目Subordo Liliineae、百合科Liliaceae、萱草族Hemerocalleae、萱草属Hemerocallis。小黄花菜为多年生草本植物，具有以下植物学特征：

根：根一般较细，绳索状，粗1.5~3(~4)mm，不膨大。
叶：叶长20~60 cm，宽3~14 mm。
花：花葶稍短于叶或近等长，顶端具1~2花，少有具3花；花梗很短，苞片近披针形，长8~25 mm，宽3~5 mm；花被淡黄色；花被管通常长1~2.5 cm，极少能近3 cm；花被裂片长4.5~6 cm，内三片宽1.5~2.3 cm；花果期5~9月。

小黄花菜——全株

小黄花菜——叶

小黄花菜——根　　　　　　　　　　小黄花菜——花

果：蒴果椭圆形或矩圆形，长2～2.5 cm，宽1.2～2 cm。

生物学特征：

产自我国黑龙江、吉林、辽宁、内蒙古(东部)、河北、山西、山东、陕西和甘肃(东部)。生于海拔2 300 m以下的草地、山坡或林下。也分布于朝鲜和俄罗斯。

食用价值：

花蕾可供食用，是重要的野生经济植物，6～7月采下花蕾和初开的花，蒸后晒干，加工成干菜即"金针菜"或"黄花菜"，有名的山野菜。

药用价值：

根可入药，有健胃、利尿和消肿等功能。小黄花菜具有通结气，利肠胃。能清热利尿、凉血止血，外用治乳痈。

饲用价值：

放牧型饲草，四季均可采食。其幼苗、嫩叶、花蕾含有丰富的蛋白质、糖分和淀粉。尤其是花蕾的营养最为丰富。每100 g中含有胡萝卜素0.39 mg、核黄素0.118 mg、其他各种维生素36 mg。它是能促进家畜肥育的主要优良牧草之一。小黄花菜的适口性好，为马、牛、羊和鹿所喜食。

园林价值：

植株丛生，花大鲜艳，花期可成为城市绿化景观植物。

亚　　麻

学　　名：*Linum usitatissimum* L.
别　　名：鸦麻(《图经本草》)、壁虱胡麻(《本草纲目》)、山西胡麻。
采集地点：乌裕尔河中游草甸草原，北纬47°51′，东经124°52′，土壤主要为草甸沼泽土，其次是潜育草甸土和碳酸盐草甸土，气候为温带湿润大陆性季风气候。年平均降水量为427.4 mm，最少只有284 mm，降水最多的月份一般在7月，最少的月份一般在1月。年平均气温3.1 ℃，最低气温出现在1月，平均气温-19.2 ℃，极端最低气温-39.5 ℃。最高气温出现在7月，平均气温22.8 ℃，平均最高气温27.8 ℃，极端最高气温39.9 ℃。平均无霜期为130 d左右，降雪期为150 d左右。雪量平均20～30 cm，积雪日期为120 d左右，最大可出现50 cm以上积雪。冻土日期最短年份为182 d，最长年份为216 d。冻土深度，最大深度为1.8 m，最小深度为1.2 m，年平均深度为1.5 m。

植物学特征：

亚麻为被子植物门Angiospermae、双子叶植物纲Dicotyledoneae、原始花被亚纲Archichlamydeae、牻牛儿苗目Geraniales、亚麻科Linaceae、亚麻属Linum。亚麻为一年生草本植物，具有以下植物学特征：

根：直根系，主根长1 m左右，深的可达1.5 m，侧根长短随类型和品种及栽培条件而不同。纤维用亚麻，其根系发育较其他类型为弱，大部分侧根分布在20 cm的浅土层中。一般根系的重量仅占地上部分重量9%～15%，所以纤维用亚麻比较耐旱，也容易倒伏。油用和匍匐亚麻的根系比较发达，根系入土较深，因此抗旱能力强。亚麻根系的发育比其他作物显得细小，并且吸收能力微弱。

茎：茎直立，细长，绿色，表面光滑，并附有蜡质，一般茎高30～120 cm，茎粗

亚麻——全株

亚麻——根

亚麻——茎

1~5 mm。多在上部分枝,有时自茎基部亦有分枝,但密植则不分枝,基部木质化,无毛,韧皮部纤维强韧弹性,构造如棉。

叶:叶互生;叶片线形、线状披针形或披针形,长2~4 cm,宽1~5 mm,先端锐尖,基部渐狭,无柄,内卷,有3(5)出脉。全缘,被有薄的蜡质,没有叶柄和托叶,下部的叶互生,一般依螺旋状生于茎的外围。一般茎下部的叶片较小,呈匙状,中部较大,呈长纺锤形,上部细长,呈披针形。叶长1.5~3.0 cm,叶宽0.2~0.8 cm。一株上着生叶片50~120枚,上下部较多,中部较少。纤维用亚麻的叶片较少于油用及兼用亚麻。

花:花单生于枝顶或枝的上部叶腋,组成疏散的聚伞花序;花直径15~20 mm;花梗长1~3 cm,直立;萼片5,卵形或卵状披针形,长约5~8 mm,先端凸尖或长尖,有3(5)

亚麻——叶

亚麻——花

亚麻——花

脉;中央一脉明显凸起,边缘膜质,无腺点,全缘,有时上部有锯齿,宿存;花瓣5,倒卵形,长8~12 mm,蓝色或紫蓝色,稀白色或红色,先端啮蚀状;雄蕊5枚,花丝基部合生;退化雄蕊5枚,钻状;子房5室,花柱5枚,分离,柱头比花柱微粗,细线状或棒状,长于或几等于雄蕊;花期6~8月。

果:蒴果球形,干后棕黄色,直径6~9 mm,顶端微尖,室间开裂成5瓣。

种子:种子10粒,长圆形,扁平,长3.5~4 mm,棕褐色。

生物学特征:

全国各地皆有栽培,但以北方和西南地区较为普遍。原产地中海地区,现欧、亚温带多有栽培。亚麻喜温和凉爽、湿润的气候。纤维用亚麻要求生育期间气温变化不剧烈,昼夜温差小。出苗到开花雨量多,且分布均匀,日照较弱。开花到成熟阶段雨量较少而光照充足,有利于麻茎的营养生长和纤维发育。油用亚麻要求生育期间光照强有利分枝,增加蒴果和促进早熟,提高种子产量。

食用价值:

亚麻种子含油量30%~45%,亚麻油富含亚麻酸、亚油酸等不饱和脂肪酸,特别是富含人体必需的α-亚麻酸和γ-亚麻酸,其中α-亚麻酸占到亚麻油脂肪酸的57%,比鱼油高2倍,因而是一种优质的天然保健油。

药用价值:

亚麻种子含粘胶和油,故有润滑、缓和刺激的作用。可用于治疗局部炎症。内服治疗消化道、呼吸道及泌尿道炎症。亚麻苦甙能调解小肠的分泌和运动机能。亚麻油含多量不饱和脂肪酸,能降低人体血压、血清胆固醇、血液黏滞度,对癌症、心血管病、内脏病、肾病、皮肤病、关节炎、肺病、免疫系统病等有治疗效果。

经济价值:

亚麻是优良的纺织原料。可纺高支纱,织成的衣料平滑整洁,加工成亚麻坐垫透气舒适。以亚麻为原料开发的生态地膜,可用于水田、旱地和温室栽培,使地温升高的同时还可培肥土壤。亚麻油干燥性强,是优良的干性油,被广泛用于油漆、油墨、染料中,是人造丝、合成橡胶不可缺少的原料。

植物文化:

亚麻籽是学术用语,有些地区也叫作胡麻籽。胡麻籽名字的由来:胡麻籽是在东汉的时候,张骞出使西域时带回来的,主要种植在北方,古时候北方主要居住的是胡人,所以被称作胡麻籽。在内蒙古现在还叫胡麻籽。

垂果亚麻

学　　名：*Linum nutans* Maxim.

别　　名：贝加尔亚麻(东北植物检索表)。

采集地点：乌裕尔河中游草甸草原,北纬47°51′,东经124°52′,土壤主要为草甸沼泽土,其次是潜育草甸土和碳酸盐草甸土,气候为温带湿润大陆性季风气候。年平均降水量为427.4 mm,最少只有284 mm,降水最多的月份一般在7月,最少的月份一般在1月。年平均气温3.1 ℃,最低气温出现在1月,平均气温-19.2 ℃,极端最低气温-39.5 ℃。最高气温出现在7月,平均气温22.8 ℃,平均最高气温27.8 ℃,极端最高气温39.9 ℃。平均无霜期为130 d左右,降雪期为150 d左右。雪量平均20～30 cm,积雪日期为120 d左右,最大可出现50 cm以上积雪。冻土日期最短年份为182 d,最长年份为216 d。冻土深度,最大深度为1.8 m,最小深度为1.2 m,年平均深度为1.5 m。

植物学特征：

垂果亚麻为被子植物门Angiospermae、双子叶植物纲Dicotyledoneae、原始花被亚纲Archichlamydeae、牻牛儿苗目 Geraniales、亚麻科Linaceae、亚麻属Linum。垂果亚麻为多年生草本植物,具有以下植物学特征：

根：直根系,根茎木质化,须根繁茂。

茎：茎多数丛生,直立,中部以上叉状分枝,基部木质化,具鳞片状叶；不育枝通常不发育。

叶：茎生叶互生或散生,狭条形或条状披针形,长10～25 mm,宽1～3 mm,边缘稍卷,无毛。

垂果亚麻——全株

垂果亚麻——根

垂果亚麻——茎、叶

垂果亚麻——花

垂果亚麻——花、花蕾

花：聚伞花序，花蓝色或紫蓝色，直径约2 cm；花梗纤细，长1～2 cm，直立或稍偏向一侧弯曲；萼片5，卵形，长3～5 mm，宽2～3 mm，基部有5脉，边缘膜质，先端锐尖；花瓣5，倒卵形，长约1 cm，先端圆形，基部楔形；雄蕊5，与雌蕊近等长或短于雌蕊，花丝中部以下稍宽，基部合生成环；退化雄蕊5，锥状，与雄蕊互生；子房5室，卵形，长约2 mm；花柱5，分离，柱头头状；花期6～7月。

果：蒴果近球形，直径6～7 mm，草黄色，开裂，果期7～8月。

种子：种子长圆形，长约4 mm，宽约2 mm，褐色。

生物学特征：

分布于我国东北西部草原区、内蒙古、宁夏、陕西和甘肃。生于沙质草原和干山坡。蒙古、俄罗斯西伯利亚和贝加尔地区也有分布。

药用价值：

垂果亚麻的花果治子宫瘀血、经闭、身体虚弱、神经性头痛等症。

千 屈 菜

学　　名：*Lythrum salicaria* L.
别　　名：水柳、中型千屈菜、光千屈菜、水枝锦、水枝柳、对叶莲。
采集地点：乌裕尔河中游草甸草原，北纬47°51′，东经124°52′，土壤主要为草甸沼泽土，其次是潜育草甸土和碳酸盐草甸土，气候为温带湿润大陆性季风气候。年平均降水量为427.4 mm，最少只有284 mm，降水最多的月份一般在7月，最少的月份一般在1月。年平均气温3.1 ℃，最低气温出现在1月，平均气温-19.2 ℃，极端最低气温-39.5 ℃。最高气温出现在7月，平均气温22.8 ℃，平均最高气温27.8 ℃，极端最高气温39.9 ℃。平均无霜期为130 d左右，降雪期为150 d左右。雪量平均20～30 cm，积雪日期为120 d左右，最大可出现50 cm以上积雪。冻土日期最短年份为182 d，最长年份为216 d。冻土深度，最大深度为1.8 m，最小深度为1.2 m，年平均深度为1.5 m。

植物学特征：

千屈菜为被子植物门Angiospermae、双子叶植物纲 Dicotyledoneae、原始花被亚纲Archichlamydeae、桃金娘目 Myrtiflorae、千屈菜科Lythraceae、千屈菜属Lythrum。千屈菜为多年生草本植物，具有以下植物学特征：

根：根茎横卧于地下，粗壮。

茎：茎直立，多分枝，高30～100 cm，全株青绿色，略被粗毛或密被绒毛，枝通常具4棱。

叶：叶对生或三叶轮生，披针形或阔披针形，长4～6(～10)cm，宽8～15 mm，顶端

千屈菜——全株

千屈菜——根

千屈菜——茎

钝形或短尖,基部圆形或心形,有时略抱茎,全缘,无柄。

花： 花组成小聚散花序,簇生,因花梗及总梗极短,因此花枝全形似一大型穗状花序;苞片阔披针形至三角形卵状,长5～12 mm;萼筒长5～8 mm,有纵棱12条,稍被粗毛,裂片6,三角形;附属体针状,直立,长1.5～2 mm;花瓣6,红紫色或淡紫色,倒披针状长椭圆形,基部楔形,长7～8 mm,着生于萼筒上部,有短爪,稍皱缩;雄蕊12,6长6短,伸出萼筒之外;子房2室,花柱长短不一。

果： 蒴果扁圆形,花果期8～9月。

千屈菜——叶　　　千屈菜——花　　　千屈菜——花

生物学特征：

千屈菜喜强光,耐寒性强,喜水湿,对土壤要求不严,在深厚、富含腐殖质的土壤上生长更好。生于河岸、湖畔、溪沟边和潮湿草地。产于全中国各地,分布于亚洲、欧洲、非洲的阿尔及利亚、北美和澳大利亚东南部。

食用价值：

千屈菜为药食兼用野生植物。其全草入药;嫩茎叶可作野菜食用,在中国民间已有悠久历史。《救荒本草》《湖南药物志》《贵州民间药物》《中国药植图鉴》等许多古今文献中均有其药用或食用记载。

古代,民间除了荒年,春季缺少蔬菜时人们也普遍食些野菜,以补充维生素等营养素,免于疾病。

20世纪80年代以来,千屈菜又有食用。一般于4～5月间到野外采摘,从易折断处将千屈菜的嫩茎叶摘下,将鲜菜洗净,入沸水中焯一下,凉拌、炒食、做汤均可。有的则切碎,拌面粉内蒸食;有的用鲜菜下面条食;还有的作火锅配料等。

古代,民间还将千屈菜制成干菜,以备冬春之需。即先将鲜菜用沸水焯一下,再晒干储存。食时水发,炒菜、做汤均可,亦别有风味。

此菜有清热凉血之功,为炎夏佳蔬。此菜还富含铁等成分。

药用价值：

全草入药。味苦，性寒。归大肠经。清热，凉血，收敛，止泻。可用于痢疾，崩漏，吐血，外伤出血，疮疡溃烂等。

园林价值：

千屈菜为花卉植物，华北、华东常栽培于水边或作盆栽，供观赏，亦称水枝锦、水芝锦或水柳。株丛整齐，耸立而清秀，花朵繁茂，花序长，花期长，是水景中优良的竖线条材料。最宜在浅水岸边丛植或池中栽植，也可作花境材料及切花，盆栽或沼泽园用。

经济价值：

用千屈菜与其他原料配合制成的化妆品，有减少充血，避免皮肤干燥，防止外来刺激等美容之功效。

野 葵

学　　名：Malva verticillata L.

别　　名：冬葵(《尔雅》《图考》)，旅葵(古诗)，棋盘菜(湖北)，土黄芪、薯葵叶(《滇南本草》)，芘(茄、荠、其)菜、巴巴叶或把把叶、棋盘叶、冬苋菜(云南，《华北经济植物志要》误用)。

采集地点：乌裕尔河中游草甸草原，北纬47°51′，东经124°52′，土壤主要为草甸沼泽土，其次是潜育草甸土和碳酸盐草甸土，气候为温带湿润大陆性季风气候。年平均降水量为427.4 mm，最少只有284 mm，降水最多的月份一般在7月，最少的月份一般在1月。年平均气温3.1 ℃，最低气温出现在1月，平均气温-19.2 ℃，极端最低气温-39.5 ℃。最高气温出现在7月，平均气温22.8 ℃，平均最高气温27.8 ℃，极端最高气温39.9 ℃。平均无霜期为130 d左右，降雪期为150 d左右。雪量平均20～30 cm，积雪日期为120 d左右，最大可出现50 cm以上积雪。冻土日期最短年份为182 d，最长年份为216 d。冻土深度，最大深度为1.8 m，最小深度为1.2 m，年平均深度为1.5 m。

植物学特征：

野葵为被子植物门Angiospermae、双子叶植物纲Dicotyledoneae、原始花被亚纲Archichlamydeae、锦葵目Malvales、锦葵科Malvaceae、锦葵族Malveae、锦葵属Malva

野葵——全株

野葵——根

野葵——茎

的两年生草本植物，具有以下植物学特征：

根：直根系，主根明显，发育强盛，主根上生出少许侧根。

茎：高50～100 cm，茎干被星状长柔毛。

叶：叶肾形或圆形，直径5～11 cm，通常为掌状5～7裂，裂片三角形，具钝尖头，边缘具钝齿，两面被极疏糙伏毛或近无毛；叶柄长2～8 cm，近无毛，上面槽内被绒毛；托叶卵状披针形，被星状柔毛。

花：花3至多朵簇生于叶腋，具极短柄至近无柄；小苞片3，线状披针形，长5～6 mm，被纤毛；萼杯状，径5～8 mm，萼裂5，广三角形，疏被星状长硬毛；花冠长稍微超过萼片，淡白色至淡红色，花瓣5，长6～8 mm，先端凹入，爪无毛或具少数细毛；雄蕊柱长约4 mm，被毛；花柱分枝10～11；花期3～11月。

果：果扁球形，径约5～7 mm；分果爿10～11，背面平滑，厚1 mm，两侧具网纹。

种子：种子肾形，径约1.5 mm，无毛，紫褐色。

野葵——叶

野葵——花

生物学特征：

产于全国各省区，北自吉林、内蒙古，南达四川、云南，东起沿海，西至新疆、青海，不论平原和山野，均有野生。印度、缅甸、锡金、朝鲜、埃及、埃塞俄比亚以及欧洲等地均有分布。

食用价值：

嫩苗可作蔬食。

药用价值：

种子、根和叶作中草药，能利水滑窍，润便利尿，下乳汁，去死胎；鲜茎叶和根可拔毒排脓，疗疔疮疖痈。

苘 麻

学　　名：*Abutilon theophrasti* Medicus

别　　名：苘，椿麻(湖北)，塘麻(安徽)，孔麻(上海)，青麻(东北)，白麻(《本草纲目》)，桐麻(四川、陕西)，磨盘草、车轮草(江西)。

采集地点：乌裕尔河中游草甸草原，北纬47°51′，东经124°52′，土壤主要为草甸沼泽土，其次是潜育草甸土和碳酸盐草甸土，气候为温带湿润大陆性季风气候。年平均降水量为427.4 mm，最少只有284 mm，降水最多的月份一般在7月，最少的月份一般在1月。年平均气温3.1 ℃，最低气温出现在1月，平均气温-19.2 ℃，极端最低气温-39.5 ℃。最高气温出现在7月，平均气温22.8 ℃，平均最高气温27.8 ℃，极端最高气温39.9 ℃。平均无霜期为130 d左右，降雪期为150 d左右。雪量平均20～30 cm，积雪日期为120 d左右，最大可出现50 cm以上积雪。冻土日期最短年份为182 d，最长年份为216 d。冻土深度，最大深度为1.8 m，最小深度为1.2 m，年平均深度为1.5 m。

植物学特征：

苘麻为被子植物门Angiospermae、双子叶植物纲Dicotyledoneae、原始花被亚纲Archichlamydeae、锦葵目Malvales、锦葵科Malvaceae、锦葵族Malveae、苘麻属Abutilon。苘麻为一年生亚灌木状草本植物，具有以下植物学特征：

苘麻——全株

苘麻——茎

苘麻——根

根：直根系，主根粗，有根须，有少量分枝。
茎：茎高达1～2 m，茎枝被柔毛。
叶：叶互生，圆心形，长5～10 cm，先端长渐尖，基部心形，边缘具细圆锯齿，两面均密被星状柔毛；叶柄长3～12 cm，被星状细柔毛；托叶早落。
花：花单生于叶腋，花梗长1～13 cm，被柔毛，近顶端具节；花萼杯状，密被短绒毛，裂片5，卵形，长约6 mm；花黄色，花瓣倒卵形，长约1 cm；雄蕊柱平滑无毛，心皮15～20 cm，长1～1.5 cm，顶端平截，具扩展，被毛的长芒2，排列成轮状，密被软毛；花期7～8月。
果：蒴果半球形，直径约2 cm，长约1.2 cm，分果爿15～20，被粗毛，顶端具长芒2。
种子：种子肾形，褐色，被星状柔毛。

生物学特征：
在我国除青藏高原不产外，其他各省区均产，东北各地有栽培。常见于路旁、荒地和田野间。分布于越南、印度、日本以及欧洲、北美洲等地区。

药用价值：
全草可作药用。种子作药用称"冬葵子"，味苦，性平，可利尿，通乳汁、消乳腺炎、顺产、清热利湿，解毒，退翳，痢疾，痈肿等；根(苘麻根)用于小便淋痛，痢疾；全草或叶，味苦，性平，可解毒，祛风，用于痈疽疮毒，痢疾，中耳炎，耳鸣，耳聋，关节酸痛；茎、叶可提苎麻浸膏，止血效果较好。

苘麻——花

苘麻——果

经济价值：

该种的茎皮纤维色白，具光泽，可作为编织麻袋、搓绳索、编麻鞋等的纺织材料。种子含油量约15%～16%，供制皂、油漆和工业用润滑油。麻秆色白轻巧，可做纸扎工艺品的骨架或微型建筑造型工艺品用材。

苘麻在中国的种植和利用已有悠久历史，最早记载见《诗经》《周礼》，距今已有2 600余年。当时被人们利用作为衣着原料，但由于纤维品质不及苎麻和大麻，后逐渐变为制造绳索和包装用品的原料。

野西瓜苗

学　　名：*Hibiscus trionum* L.

别　　名：香铃草、灯笼花(云南昆明)、小秋葵(贵州贵阳)、黑芝麻(云南曲靖)、火炮草(云南红河)、秃汉头、野芝麻、和尚头、山西瓜秧、打瓜花、天泡草。

采集地点：乌裕尔河中游草甸草原，北纬47°51′，东经124°52′，土壤主要为草甸沼泽土，其次是潜育草甸土和碳酸盐草甸土，气候为温带湿润大陆性季风气候。年平均降水量为427.4 mm，最少只有284 mm，降水最多的月份一般在7月，最少的月份一般在1月。年平均气温3.1 ℃，最低气温出现在1月，平均气温-19.2 ℃，极端最低气温-39.5 ℃。最高气温出现在7月，平均气温22.8 ℃，平均最高气温27.8 ℃，极端最高气温39.9 ℃。平均无霜期为130 d左右，降雪期为150 d左右。雪量平均20～30 cm，积雪日期为120 d左右，最大可出现50 cm以上积雪。冻土日期最短年份为182 d，最长年份为216 d。冻土深度，最大深度为1.8 m，最小深度为1.2 m，年平均深度为1.5 m。

植物学特征：

野西瓜苗为被子植物门Angiospermae、双子叶植物纲Dicotyledoneae、原始花被亚纲Archichlamydeae、锦葵目Malvales、锦葵科Malvaceae、木槿族Hibisceae、木槿属Hibiscus。野西瓜苗为一年生直立或平卧草本植物，具有以下植物学特征：

根：根多分枝，分枝上有须根。

茎：株高25～70 cm，茎柔软，被白色星状粗毛。

野西瓜苗——全株

野西瓜苗——根

野西瓜苗——茎

野西瓜苗——叶

野西瓜苗——花蕾

野西瓜苗——花

叶：叶二型，下部的叶圆形，不分裂，上部的叶掌状3～5深裂，直径3～6 cm，中裂片较长，两侧裂片较短，裂片倒卵形至长圆形，通常羽状全裂，上面疏被粗硬毛或无毛，下面疏被星状粗刺毛；叶柄长2～4 cm，被星状粗硬毛和星状柔毛；托叶线形，长约7 mm，被星状粗硬毛。

花：花单生于叶腋，花梗长约2.5 cm，果时延长达4 cm，被星状粗硬毛；小苞片12，线形,长约8 mm,被粗长硬毛,基部合生;花萼钟形,淡绿色,长1.5~2 cm,被粗长硬毛或星状粗长硬毛,裂片5,膜质,三角形,具纵向紫色条纹,中部以上合生;花淡黄色,内面基部紫色,直径2~3 cm,花瓣5,倒卵形,长约2 cm,外面疏被极细柔毛;雄蕊柱长约5 mm,花丝纤细,长约3 mm,花药黄色;花柱枝5,无毛;花期7~10月。

果: 蒴果长圆状球形,直径约1 cm,被粗硬毛,果爿5,果皮薄,黑色。

种子: 种子肾形,黑色,具腺状突起。

生物学特征:

产自全国各地,无论平原、山野、丘陵或田埂,处处有之,是常见的田间杂草。原产非洲中部,分布欧洲至亚洲各地。

药用价值:

味甘淡、性寒。根或全草、果实、种子作药用,治烫伤、烧伤、急性关节炎等。内服煎汤,15~30 g,鲜品30~60 g;外用适量,鲜品捣敷;或干品研末油调涂。夏、秋季采收,去净泥土,晒干。

葎　　草

学　　名：*Humulus scandens* (Lour.) Merr.

别　　名：勒草(《名医别录》)、葛勒子秧(《救荒本草》)、拉拉藤(江苏、浙江)、锯锯藤(四川、江西)、葛勒蔓、蛇割藤、割人藤、拉拉秧、五爪龙。

采集地点：乌裕尔河中游草甸草原,北纬47°51′,东经124°52′,土壤主要为草甸沼泽土,其次是潜育草甸土和碳酸盐草甸土,气候为温带湿润大陆性季风气候。年平均降水量为427.4 mm,最少只有284 mm,降水最多的月份一般在7月,最少的月份一般在1月。年平均气温3.1 ℃,最低气温出现在1月,平均气温-19.2 ℃,极端最低气温-39.5 ℃。最高气温出现在7月,平均气温22.8 ℃,平均最高气温27.8 ℃,极端最高气温39.9 ℃。平均无霜期为130 d左右,降雪期为150 d左右。雪量平均20～30 cm,积雪日期为120 d左右,最大可出现50 cm以上积雪。冻土日期最短年份为182 d,最长年份为216 d。冻土深度,最大深度为1.8 m,最小深度为1.2 m,年平均深度为1.5 m。

植物学特征：

葎草为被子植物门Angiospermae、双子叶植物纲Dicotyledoneae、原始花被亚纲Archichlamydeae、荨麻目Urticales、桑科Moraceae、大麻亚科Subfam. Cannabioideae、葎草属Humulus。葎草为一年生缠绕草本植物,具有以下植物学特征：

根：直根系,下部多须根,较细。

茎：茎缠绕攀爬向上。茎、枝、叶柄均具倒钩刺。

叶：叶纸质,肾状五角形,掌状5～7深裂稀为3裂,长宽约7～10 cm,基部心脏形,表面粗糙,疏生糙伏毛,背面有柔毛和黄色腺体,裂片卵状三角形,边缘具锯齿,叶柄长5～10 cm。

葎草——全株

葎草——根

花：雄花小，黄绿色，圆锥花序，长约15～25 cm；雌花序球果状，径约5 mm，苞片纸质，三角形，顶端渐尖，具白色绒毛；花期春夏。

果：子房为苞片包围，柱头2，伸出苞片外。瘦果成熟时露出苞片外，果期秋季。

葎草——茎

葎草——叶

生物学特征：

在我国除新疆、青海外，南北各省区均有分布。常生于沟边、荒地、废墟、林缘边。日本、越南也有分布。葎草性喜半阴、耐寒、抗旱环境。喜肥，排水良好的肥沃土壤，生长迅速，管理粗放，无须特别的照顾，可根据长势略加修剪。

药用价值：

具有清热解毒，利尿消肿。用于肺结核潮热，肠胃炎，痢疾，感冒发热，小便不利，肾盂肾炎，急性肾炎，膀胱炎，泌尿系结石；外用治痈疖肿毒，湿疹，毒蛇咬伤等功效。

经济价值：

茎皮纤维可作造纸原料，种子油可制肥皂，果穗可代啤酒花用。

园林价值：

匍匐茎生长蔓延迅速，可作篱笆墙上的观赏植物，还有防御功能。

大 麻

学　　名：*Cannabis sativa* L.

别　　名：山丝苗(《救荒本草》)、线麻(东北)、胡麻、野麻(江苏)、火麻(湖北、云南、四川、贵州)。

采集地点：乌裕尔河中游草甸草原,北纬47°51′,东经124°52′,土壤主要为草甸沼泽土,其次是潜育草甸土和碳酸盐草甸土,气候为温带湿润大陆性季风气候。年平均降水量为427.4 mm,最少只有284 mm,降水最多的月份一般在7月,最少的月份一般在1月。年平均气温3.1 ℃,最低气温出现在1月,平均气温-19.2 ℃,极端最低气温-39.5 ℃。最高气温出现在7月,平均气温22.8 ℃,平均最高气温27.8 ℃,极端最高气温39.9 ℃。平均无霜期为130 d左右,降雪期为150 d左右。雪量平均20~30 cm,积雪日期为120 d左右,最大可出现50 cm以上积雪。冻土日期最短年份为182 d,最长年份为216 d。冻土深度,最大深度为1.8 m,最小深度为1.2 m,年平均深度为1.5 m。

植物学特征：

大麻为被子植物门Angiospermae、双子叶植物纲Dicotyledoneae、原始花被亚纲Archichlamydeae、荨麻目Urticales、桑科Moraceae、大麻亚科Subfam. CANNABIOIDEAE、大麻属Cannabis。大麻为一年生直立草本植物,具有以下植物学特征：

大麻——全株

大麻——根

根：直根系，主根粗壮，呈圆柱形，侧根较多，短于主根，呈黄白色。

茎：大麻的株高1～3 m，枝具纵沟槽，密生灰白色贴伏毛。

叶：大麻的叶掌状全裂，裂片披针形或线状披针形，长7～15 cm，中裂片最长，宽0.5～2 cm，先端渐尖，基部狭楔形，表面深绿，微被糙毛，背面幼时密被灰白色贴状毛后变无毛，边缘具向内弯的粗锯齿，中脉及侧脉在表面微下陷，背面隆起；叶柄长3～15 cm，密被灰白色贴伏毛；托叶线形。

花：大麻的雄花序长达25 cm，花黄绿色，花被5，膜质，外面被细伏贴毛，雄蕊5，花丝极短，花药长圆形，小花柄长约2～4 mm；雌花绿色，花被1，紧包子房，略被小毛；子房近球形，外面包于苞片；花期5～6月。

果：瘦果为宿存黄褐色苞片所包，果皮坚脆，表面具细网纹，果期为7月。

大麻——叶

大麻——叶

大麻——花

生物学特征：

原产锡金、不丹、印度和中亚细亚，现各国均有野生或栽培。我国各地也有栽培或沦为野生。新疆常见野生。早在二世纪时，东汉崔寔即指出大麻有雌雄株的区别。分别称雄株为"枲"或"牡麻"，雌株为"苴"或"子麻"。大麻为喜光作物，耐大气干旱而不耐土壤干旱，生长期间不耐涝，对土壤的要求比较严格，常以土层深厚、保水保肥力强且土质松软肥沃、含有机质、地下水位较低的地块为宜。

药用价值：

大麻的果实中医称"火麻仁"或"大麻仁"，入药，性平，味甘。功能：润肠，主治大便燥结。花称"麻勃"，主治恶风，经闭，健忘。果壳和苞片称"麻蕡"，有毒，治劳伤，破积、散脓，多服令人发狂。叶含麻醉性树脂可以配制麻醉剂。

经济价值：

大麻的茎皮纤维长而坚韧，可用以织麻布或纺线、制绳索、编织渔网和造纸；种子榨油，含油量30%，可供作油漆、涂料等。

月 见 草

学　　名：*Oenothera biennis* L.
别　　名：山芝麻、夜来香。
采集地点：乌裕尔河中游草甸草原,北纬47°51′,东经124°52′,土壤主要为草甸沼泽土,其次是潜育草甸土和碳酸盐草甸土,气候为温带湿润大陆性季风气候。年平均降水量为427.4 mm,最少只有284 mm,降水最多的月份一般在7月,最少的月份一般在1月。年平均气温3.1 ℃,最低气温出现在1月,平均气温-19.2 ℃,极端最低气温-39.5 ℃。最高气温出现在7月,平均气温22.8 ℃,平均最高气温27.8 ℃,极端最高气温39.9 ℃。平均无霜期为130 d左右,降雪期为150 d左右。雪量平均20～30 cm,积雪日期为120 d左右,最大可出现50 cm以上积雪。冻土日期最短年份为182 d,最长年份为216 d。冻土深度,最大深度为1.8 m,最小深度为1.2 m,年平均深度为1.5 m。

植物学特征：

月见草为被子植物门Angiospermae、双子叶植物纲 Dicotyledoneae、原始花被亚纲Archichlamydeae、桃金娘目 Myrtiflorae、柳叶菜科Onagraceae、月见草属Oenothera。月

月见草——全株

月见草——根

月见草——叶　　　　　月见草——茎　　　　　月见草——花

见草为直立两年生粗状草本植物,具有以下植物学特征:

根:直根系,少分枝。

茎:月见草的茎高50~200 cm,不分枝或分枝,被曲柔毛与伸展长毛(毛的基部疱状),在茎枝上端常混生有腺毛。

叶:基生莲座叶丛紧贴地面;基生叶倒披针形,长10~25 cm,宽2~4.5 cm,先端锐尖,基部楔形,边缘疏生不整齐的浅钝齿,侧脉每侧12~15条,两面被曲柔毛与长毛;叶柄长1.5~3 cm。茎生叶椭圆形至倒披针形,长7~20 cm,宽1~5 cm,先端锐尖至短渐尖,基部楔形,边缘每边有5~19枚稀疏钝齿,侧脉每侧6~12条,每边两面被曲柔毛与长毛,尤茎上部的叶下面与叶缘常混生有腺毛;叶柄长0~15 mm。

花:花序穗状,不分枝,或在主序下面具次级侧生花序;苞片叶状,芽时长及花的1/2,长大后椭圆状披针形,自下向上由大变小,近无柄,长1.5~9 cm,宽0.5~2 cm,果时宿存,花蕾锥状长圆形,长1.5~2 cm,粗4~5 mm,顶端具长约3 mm的喙;花管长2.5~3.5 cm,径1~1.2 mm,黄绿色或开花时带红色,被混生的柔毛、伸展的长毛与短腺毛;花后脱落;萼片绿色,有时带红色,长圆状披针形,长1.8~2.2 cm,下部宽大处4~5 mm,先端骤缩成尾状,长3~4 mm,在芽时直立,彼此靠合,开放时自基部反折,但又在中部上翻,毛被同花管;花瓣黄色,稀淡黄色,宽倒卵形,长2.5~3 cm,宽2~2.8 cm,先端微凹缺;花丝近等长,长10~18 mm;花药长8~10 mm,花粉约50%发育;子房绿色,圆柱状,具4棱,长1~1.2 cm,粗1.5~2.5 mm,密被伸展长毛与短腺毛,有时混生曲柔毛;花柱长3.5~5 cm,伸出花管部分长0.7~1.5 cm;柱头围以花药,开花时花粉直接授在柱头裂片上,裂片长3~5 mm。

果:蒴果锥状圆柱形,向上变狭,长2~3.5 cm,径4~5 mm,直立。绿色,毛被同子房,但渐变稀疏,具明显的棱。

种子:种子在果中呈水平状排列,暗褐色,棱形,长1~1.5 mm,直径0.5~1 mm,具棱角,各面具不整齐洼点。月见草为无限花序,果实陆续成熟,一般底荚有3~4个变黄,并要开裂时,为最佳收获期,具体时间在9月中下旬,迟了则早熟的果实干裂了,种子自行散落。

生物学特征:

原产北美(尤加拿大与美国东部),早期引入欧洲,后迅速传播世界温带与亚热带地区。在我国东北、华北、华东(含台湾)、西南(四川、贵州)有栽培,并早已沦为逸生,常生开旷荒坡路旁。适应性强,耐酸耐旱,对土壤要求不严,一般中性,微碱或微酸性土,排水良好,疏松的土壤上均能生长,不喜湿。在北方为一年生植物,淮河以南为两年生植物。

药用价值:

月见草是21世纪发现的最重要的营养药物。可治疗多种疾病,调节血液中类脂物质,对高胆固醇、高血脂引起的冠状动脉梗塞、粥样硬化及脑血栓等症有显著疗效。秋季将根挖出,除去泥土,晒干备用。月见草味甘、苦、性温,具有祛风湿、强筋骨、活血通络、息风平肝、消肿敛疮等功效。主胸痹心痛、中风偏瘫、虚风内动、小儿多动、风湿麻痛、腹痛泄泻、痛经、狐惑、疮疡、湿疹等。

经济价值:

本种在我国东北与华北地区常有成片野生,其种子含油量达25.1%,其中含Y-亚麻酸达8.1%,是最有开发前景的物种。

沼生柳叶菜

学　　名：*Epilobium palustre* L.

别　　名：水湿柳叶菜(《云南植物志》、辽宁)、沼泽柳叶菜(内蒙古)、独木牛(西藏)。

采集地点：乌裕尔河中游草甸草原，北纬47°51′，东经124°52′，土壤主要为草甸沼泽土，其次是潜育草甸土和碳酸盐草甸土，气候为温带湿润大陆性季风气候。年平均降水量为427.4 mm，最少只有284 mm，降水最多的月份一般在7月，最少的月份一般在1月。年平均气温3.1 ℃，最低气温出现在1月，平均气温-19.2 ℃，极端最低气温-39.5 ℃。最高气温出现在7月，平均气温22.8 ℃，平均最高气温27.8 ℃，极端最高气温39.9 ℃。平均无霜期为130 d左右，降雪期为150 d左右。雪量平均20～30 cm，积雪日期为120 d左右，最大可出现50 cm以上积雪。冻土日期最短年份为182 d，最长年份为216 d。冻土深度，最大深度为1.8 m，最小深度为1.2 m，年平均深度为1.5 m。

植物学特征：

沼生柳叶菜为被子植物门Angiospermae、双子叶植物纲Dicotyledoneae、原始花被亚纲Archichlamydeae、桃金娘目Myrtiflorae、柳叶菜科Onagraceae、柳叶菜属Epilobium、柳叶菜组 Sect. Epilobium。沼生柳叶菜为多年生草本植物，具有以下植物学特征：

根：直根系，着生许多须根。

茎：自茎基部底下或地上生出纤细的越冬匍匐枝，长5～50 cm，稀疏的节上生成对的叶，顶生肉质鳞芽，次年鳞叶变褐色，生茎基部。茎高(5～)15～70 cm，粗0.5～5.5 mm，不分枝或分枝，有时中部叶腋有退化枝，圆柱状，无棱线，周围被曲柔毛，有时下部近无毛。

叶：叶对生，花序上的互生，近线形至狭披针形，长1.2～7 cm，宽0.3～1.2(～1.9)cm，先端锐尖或渐尖，有时稍钝，基部近圆形或楔形，边缘全缘或每边有5～9枚不明显浅齿，侧脉每侧3～5条，不明显，下面脉上与边缘疏生曲柔毛或近无毛；叶柄缺或稀长

沼生柳叶菜——全株

1~3 mm。花序花前直立或稍下垂，密被曲柔毛，有时混生腺毛。

花：花近直立；花蕾椭圆状卵形，长2~3 mm，径1.8~2.2 mm；子房长1.6~2.5(~3)cm，密被曲柔毛与稀疏的腺毛；花柄长0.8~1.5 cm；花管长1~1.2 mm，径1.3~2 mm，喉部近无毛或有一环稀疏的毛；萼片长圆状披针形，长2.5~4.5 mm，宽1~1.2 mm，先端锐尖，密被曲柔毛与腺毛；花瓣白色至粉红色或玫瑰紫色，倒心形，长(3~)5~7(~9)mm，宽2~3(~4.5)mm，先端的凹缺深0.8~1 mm；花药长圆状，长0.4~0.6 mm，宽0.2~0.4 mm；花丝外轮的长2~2.8 mm，内轮的长1.2~1.5 mm；花柱长1.4~3.8 mm，直立，无毛；柱头棍棒状至近圆柱状，长1~1.8 mm，径

沼生柳叶菜——根

沼生柳叶菜——茎、叶

沼生柳叶菜——花

沼生柳叶菜——花

0.4~0.7 mm，开花时稍伸出外轮花药；花期6~8月。

果：蒴果长3~9 cm，被曲柔毛；果梗长1~5 cm；果期8~9月。

种子：种子三菱形至狭倒卵状，长(1.1~)1.3~2.2 mm，径0.38~0.55 mm，顶端具长喙(长0.08~0.3 mm)，褐色，表面具细小乳突；种缨灰白色或褐黄色，长6~9 mm，不易脱落。

生物学特征：

主产于我国黑龙江、吉林、辽宁、内蒙古、河北、山西、陕西、甘肃、青海、新疆、四川、云南及西藏。生于湖塘、沼泽、河谷、溪沟旁、亚高山与高山草地湿润处，海拔在北方200~2 500 m，在西南2 500~4 500(~4 950)m。广布于北半球温带与寒带地区湿地，

在亚洲近北极经俄罗斯远东和西伯利亚、朝鲜、蒙古、不丹、锡金、尼泊尔、印度与巴基斯坦北部、克什米尔,西达高加索与黑海地区,欧洲与北美(美国与加拿大)也有分布。

药用价值:

全草入药,可清热消炎、镇咳、疏风、止泻。主治风热咳嗽、声嘶、咽喉肿痛、支气管炎、高热下泻。秋季可采收,洗净,鲜用或晒干。

生态价值:

沼生柳叶菜繁殖力强,是一种生长力很强的湿地植物,可以对污水净化起到很好的作用。

绶 草

学　　名：*Spiranthes sinensis* (Pers.) Ames

别　　名：盘龙参、红龙盘柱、一线香。

采集地点：乌裕尔河中游草甸草原,北纬47°51′,东经124°52′,土壤主要为草甸沼泽土,其次是潜育草甸土和碳酸盐草甸土,气候为温带湿润大陆性季风气候。年平均降水量为427.4 mm,最少只有284 mm,降水最多的月份一般在7月,最少的月份一般在1月。年平均气温3.1 ℃,最低气温出现在1月,平均气温-19.2 ℃,极端最低气温-39.5 ℃。最高气温出现在7月,平均气温22.8 ℃,平均最高气温27.8 ℃,极端最高气温39.9 ℃。平均无霜期为130 d左右,降雪期为150 d左右。雪量平均20～30 cm,积雪日期为120 d左右,最大可出现50 cm以上积雪。冻土日期最短年份为182 d,最长年份为216 d。冻土深度,最大深度为1.8 m,最小深度为1.2 m,年平均深度为1.5 m。

植物学特征：

绶草为被子植物门Angiospermae、单子叶植物纲 Monocotyledoneae、微子目Microspermae、兰科Orchidaceae、兰亚科 Subfam. Orchidoideae、鸟巢兰族Trib. Neottieae、绶草亚族 Subtrib. Spiranthinae、绶草属Spiranthes。绶草为多年生宿根草本植物,具有以下植物学特征：

绶草——全株　　　　　　　　绶草——茎、叶　　　　　　　绶草——花

根：根数条，指状，肉质，簇生于茎基部。

茎：株高13～30 cm。茎较短，近基部生2～5枚叶。

叶：叶片宽线形或宽线状披针形，极罕为狭长圆形，直立伸展，长3～10 cm，宽5～10 mm，先端急尖或渐尖，基部收狭具柄状抱茎的鞘。

花：花茎直立，长10～25 cm，上部被腺状柔毛至无毛；总状花序具多数密生的花，长4～10 cm，呈螺旋状扭转；花苞片卵状披针形，先端长渐尖，下部的长于子房；子房纺锤形，扭转，被腺状柔毛，连花梗长4～5 mm；花小，紫红色、粉红色或白色，在花序轴上呈螺旋状排生；萼片的下部靠合，中萼片狭长圆形，舟状，长4 mm，宽1.5 mm，先端稍尖，与花瓣靠合呈兜状；侧萼片偏斜，披针形，长5 mm，宽约2 mm，先端稍尖。花瓣斜菱状长圆形，先端钝，与中萼片等长但较薄；唇瓣宽长圆形，凹陷，长4 mm，宽2.5 mm，先端极钝，前半部上面具长硬毛且边缘具强烈皱波状啮齿，唇瓣基部凹陷呈浅囊状，囊内具2枚胼胝体；花期7～8月。

果：蒴果，深褐色，长椭圆形，长5～6 mm，被细毛，干燥后裂开，内含种子很小，果期3～6月(温暖地区)或8～9月(寒冷地区)。

生物学特征：

生于海拔200～3 400 m的山坡林下、灌丛下、草地或河滩、沼泽、草甸中。产于我国各省区，俄罗斯(西伯利亚)、蒙古、朝鲜半岛、日本、阿富汗、克什米尔地区至不丹、印度、缅甸、越南、泰国、菲律宾、马来西亚、澳大利亚也有分布。绶草的开花顺序是由基部开始，平均每隔1 d开花1枚，最后开放至先端，开花至花谢平均需17 d，花谢至果熟平均需15 d。盛花期后植株枯萎，地下部8～9月重新萌芽，翌年春季开花。其花期为2～5月(温暖地区)或6～8月(寒冷地区)。

药用价值：

绶草作为中药最早见于《滇南本草》，根和全草可入药，气味微弱，味道甜而微酸，叶片干品皱褶，展开后与鲜品形状类似，质厚，根部干品表面为黄白色至暗棕色，有不规则纵皱纹，幼嫩者表面有多条淡黄色细根毛，质脆易断，断面白色至黄白色，无粉末，花序螺旋盘绕，花果大都脱落，肉质厚且肥大的黄白色根部干品和茎叶绿且无泥土杂质的较完整全草干品为佳品。中医认为绶草性甘、苦、平，归心、肺经，有益气养阴、清热解毒的功效，可用于治疗病后虚弱、阴虚内热、咳血、头晕、腰痛酸软、糖尿病、遗精、淋浊带下、咽喉肿痛、毒蛇咬伤、烧烫伤、疮疡痈肿，可用9～15 g干品或15～30 g新鲜全草煎汤服用，也可采用适量新鲜绶草捣碎，然后外敷。

植物文化：

绶草的花序如绶带一般，故得名，而其花序又如红龙或青龙般盘绕在花茎上，肉质根似人参，故绶草也常被称为盘龙参。除了上面的盘龙参，绶草也叫"一线香"。古书中用"鹝"表示这种草。 绶草在日语中叫"捻花"，屈曲旋转之意。

黑水列当

学　　名：Orobanche pycnostachya var. amurensis G.Beck
别　　名：独根草(内蒙古)。
采集地点：乌裕尔河中游草甸草原,北纬47°51′,东经124°52′,土壤主要为草甸沼泽土,其次是潜育草甸土和碳酸盐草甸土,气候为温带湿润大陆性季风气候。年平均降水量为427.4 mm,最少只有284 mm,降水最多的月份一般在7月,最少的月份一般在1月。年平均气温3.1 ℃,最低气温出现在1月,平均气温-19.2 ℃,极端最低气温-39.5 ℃。最高气温出现在7月,平均气温22.8 ℃,平均最高气温27.8 ℃,极端最高气温39.9 ℃。平均无霜期为130 d左右,降雪期为150 d左右。雪量平均20～30 cm,积雪日期为120 d左右,最大可出现50 cm以上积雪。冻土日期最短年份为182 d,最长年份为216 d。冻土深度,最大深度为1.8 m,最小深度为1.2 m,年平均深度为1.5 m。

植物学特征：

黑水列当为被子植物门Angiospermae、双子叶植物纲Dicotyledoneae、合瓣花亚纲Sympetalae、管状花目Tubiflorae、列当科Orobanchaceae、列当属Orobanche、列当组Sect. Orobanche、黄花列当Orobanche pycnostachya。黑水列当为两年生或多年生草本植物,具有以下植物学特征:

根：根丛生、多数、白色。

黑水列当——全株

黑水列当——根

茎：株高10～40(～50)cm，全株密被腺毛。茎不分枝，直立，基部稍膨大，白色。

叶：叶卵状披针形或披针形，干后黄褐色，长1～2.5 cm，宽4～8 mm，连同苞片、花萼裂片和花冠裂片外面及边缘密被腺毛。

花：花序穗状，圆柱形，长8～20 cm，顶端锥状，具多数花；苞片卵状披针形，长1.6～4.8(～2)cm，宽4～6 mm，先端尾状渐尖或长尾状渐尖。花萼长1.2～1.5 cm，2深裂至基部，每裂片又再2裂，小裂片狭披针形或近线形，不等长，长4～6 mm。花冠蓝色或紫色，长2～3 cm，筒中部稍弯曲，在花丝着生处稍上方缢缩，向上稍增大；上唇2浅裂，偶见顶端微凹，下唇长于上唇，3裂，中裂片常较大，全部裂片近圆形，边缘波状或具不规则的小圆齿状牙齿。雄蕊4枚，花丝着生于距筒基部5～7 mm处，长1.2～1.4 cm，基部稍膨大并疏被腺毛，向上渐变无毛，花药长卵形，缝线被长柔毛。子房长圆状椭圆形，花柱稍粗壮，长约1.5 cm，疏被腺毛，柱头2浅裂。花期4～6月。

果：蒴果长圆形，干后深褐色，长约1 cm，直径3～4 mm，果期6～8月。

种子：种子多数，干后黑褐色，长圆形，长约0.35～0.38 mm，直径0.27 mm，表面具网状纹饰，网眼底部具蜂巢状凹点。

黑水列当——花

黑水列当——花

生物学特征：

产自我国黑龙江、吉林、辽宁、内蒙古、河北和山西。寄生于蒿属植物根上；生于山坡、路旁及草地，海拔250～1 440 m。朝鲜和俄罗斯的远东地区也有分布。

车 前

学　　名：*Plantago asiatica* L.

别　　名：车轮草(《救荒本草》)、车前草、猪耳草(青海)、牛耳朵草(江苏)、车轱辘菜(东北)、蛤蟆草(福建)、饭匙草、蛤蟆叶。

采集地点：乌裕尔河中游草甸草原,北纬47°51′,东经124°52′,土壤主要为草甸沼泽土,其次是潜育草甸土和碳酸盐草甸土,气候为温带湿润大陆性季风气候。年平均降水量为427.4 mm,最少只有284 mm,降水最多的月份一般在7月,最少的月份一般在1月。年平均气温3.1 ℃,最低气温出现在1月,平均气温-19.2 ℃,极端最低气温-39.5 ℃。最高气温出现在7月,平均气温22.8 ℃,平均最高气温27.8 ℃,极端最高气温39.9 ℃。平均无霜期为130 d左右,降雪期为150 d左右。雪量平均20～30 cm,积雪日期为120 d左右,最大可出现50 cm以上积雪。冻土日期最短年份为182 d,最长年份为216 d。冻土深度,最大深度为1.8 m,最小深度为1.2 m,年平均深度为1.5 m。

植物学特征：

车前为被子植物门Angiospermae、双子叶植物纲Dicotyledoneae、合瓣花亚纲Sympetalae、车前目Plantaginales、车前科Plantaginaceae、车前属Plantago。车前为两年生或多年生草本植物,具有以下植物学特征:

根茎：须根多数,根茎短,稍粗。

车前——全株

车前——根

叶：基生呈莲座状，平卧、斜展或直立；叶片薄纸质或纸质，宽卵形至椭圆形，长4~12 cm，宽2.5~6.5 cm，先端钝圆至急尖，边缘波状、全缘或中部以下有锯齿、牙齿或裂齿，基部宽楔形或近圆形，多少下延，两面疏生短绒毛；脉5~7条；叶柄长2~15(27)cm，基部扩大成鞘，疏生短绒毛。

花：花序3~10个，直立或弓曲上升；花序梗长5~30 cm，有纵条纹，疏生白色短柔毛；穗状花序细圆柱状，长3~40 cm，紧密或稀疏，下部常间断；苞片狭卵状三角形披针形，长2~3 mm，长过于宽，龙骨突宽厚，无毛或先端疏生短毛。花具短梗；花萼长2~3 mm，萼片先端钝圆或钝尖，龙骨突不延至顶端，前对萼片椭圆形，龙骨突较宽，两侧片稍不对称，后对萼片宽倒卵状椭圆形或宽倒卵形。花冠白色，无毛，冠筒与萼片约等长，裂片狭三角形，长约1.5 mm，先端渐尖或急尖，具明显的中脉，于花后反折。雄蕊着生于冠筒内面近基部，与花柱明显外伸，花药卵状椭圆形，长1~1.2 mm，顶端具宽三角形突起，白色，干后变淡褐色。胚珠7~15(~18)。花期4~8月。

果：蒴果纺锤状、卵球形或圆锥状卵形，长3~4.5 mm，于基部上方周裂，果期6~9月。

种子：种子5~6(~12)，卵状椭圆形或椭圆形，长(1.2~)1.5~2 mm，具角，黑褐色至黑色，背腹面微隆起；子叶背腹向排列。

车前——叶

车前——花

生物学特征：
　　适应性强，耐寒、耐旱，对土壤要求不严，在温暖、潮湿、向阳、沙质沃土上能生长良好,20~24 ℃范围内茎叶能正常生长,气温超过32 ℃则会出现生长缓慢,逐渐枯萎直至整株死亡,土壤以微酸性的沙质冲积壤土较好。主产我国黑龙江、吉林、辽宁、内蒙古、河北、山西、陕西、甘肃、新疆、山东、江苏、安徽、浙江、江西、福建、台湾、河南、湖北、湖南、广东、广西、海南、四川、贵州、云南、西藏。生于草地、沟边、河岸湿地、田边、路旁或村边空旷处,海拔3~3 200 m。朝鲜、俄罗斯(远东)、日本、尼泊尔、马来西亚、印度尼西亚也有分布。

食用价值:

幼苗可食。4~5月间采幼嫩苗,沸水轻煮后,凉拌、蘸酱、炒食、做馅、做汤或和面蒸食。

药用价值:

全草入药,味甘,性寒。具有祛痰、镇咳、平喘等作用。车前是利水渗湿中药,主治:小便不利、淋浊带下、水肿胀满、暑湿泻痢、目赤障翳、痰热咳喘。车前叶不仅有显著的利尿作用,而且具有明显的祛痰、抗菌、降压效果。它能作用于呼吸中枢,有很强的止咳力。能增进气管、支气管黏液的分泌,而有祛痰作用。

植物文化:

相传汉代名将马武,一次带领军队去征服武陵的羌人,由于地形生疏打了败仗,被围困在一个荒无人烟的地方。时值盛夏,又遇天旱无雨,军士和战马都因缺水而得了"尿血症",当地又没有清热利水的药物,战士们个个焦急万分。一个名叫张勇的马夫偶然发现有三匹患尿血的马不治而愈,感到奇怪,寻根追源,只见地面上一片像牛耳形的野草被马吃光。为证实其效果,他又亲自试服,亦效。于是报告马武。马将军大喜,问此草生何处? 张勇用手远指说:"就在大车前面。"马武笑曰:"此天助我也,好个车前草。"当即命令全军吃此草,服后果然治愈了尿血症。车前草的名字就这样流传下来。

平 车 前

学　　名：*Plantago depressa* Willd.

别　　名：车前草（北京）、车串串（内蒙古）、小车前（拉汉种子植物名称）。

采集地点：乌裕尔河中游草甸草原，北纬47°51′，东经124°52′，土壤主要为草甸沼泽土，其次是潜育草甸土和碳酸盐草甸土，气候为温带湿润大陆性季风气候。年平均降水量为427.4 mm，最少只有284 mm，降水最多的月份一般在7月，最少的月份一般在1月。年平均气温3.1 ℃，最低气温出现在1月，平均气温-19.2 ℃，极端最低气温-39.5 ℃。最高气温出现在7月，平均气温22.8 ℃，平均最高气温27.8 ℃，极端最高气温39.9 ℃。平均无霜期为130 d左右，降雪期为150 d左右。雪量平均20～30 cm，积雪日期为120 d左右，最大可出现50 cm以上积雪。冻土日期最短年份为182 d，最长年份为216 d。冻土深度，最大深度为1.8 m，最小深度为1.2 m，年平均深度为1.5 m。

植物学特征：

平车前为被子植物门Angiospermae、双子叶植物纲Dicotyledoneae、合瓣花亚纲Sympetalae、车前目Plantaginales、车前科Plantaginaceae、车前属Plantago的一年生或两年生草本植物，具有以下植物学特征：

根茎：直根长，具多数侧根，多少肉质，根茎短。

平车前——全株

平车前——穗

叶：叶基生呈莲座状，平卧、斜展或直立；叶片纸质，椭圆形、椭圆状披针形或卵状披针形，长3～12 cm，宽1～3.5 cm，先端急尖或微钝，边缘具浅波状钝齿、不规则锯齿或牙齿，基部宽楔形至狭楔形，下延至叶柄，脉5～7条，上面略凹陷，于背面明显隆起，两面疏生白色短柔毛；叶柄长2～6 cm，基部扩大成鞘状。

花：花序3～10余个；花序梗长5～18 cm，有纵条纹，疏生白色短柔毛；穗状花序细圆柱状，上部密集，基部常间断，长6～12 cm；苞片三角状卵形，长2～3.5 mm，内凹，无毛，龙骨突宽厚，宽于两侧片，不延至或延至顶端。花萼长2～2.5 mm，无毛，龙骨突宽厚，不延至顶端，前对萼片狭倒卵状椭圆形至宽椭圆形，后对萼片倒卵状椭圆形至宽椭圆形。花冠白色，无毛，冠筒等长或略长于萼片，裂片极小，椭圆形或卵形，长0.5～1 mm，于花后反折。雄蕊着生于冠筒内面近顶端，同花柱明显外伸，花药卵状椭圆形或宽椭圆形，长0.6～1.1 mm，先端具宽三角状小突起，新鲜时白色或绿白色，干后变淡褐色，胚珠5。花期5～7月。

果：蒴果卵状椭圆形至圆锥状卵形，长4～5 mm，于基部上方周裂，果期7～9月。

种子：种子4～5，椭圆形，腹面平坦，长1.2～1.8 mm，黄褐色至黑色；子叶背腹向排列。

平车前——根

平车前——叶

生物学特征：
产于我国黑龙江、吉林、辽宁、内蒙古、河北、山西、陕西、宁夏、甘肃、青海、新疆山东、江苏、河南、安徽、江西、湖北、四川、云南、西藏。生于草地、河滩、沟边、草甸、田间及路旁，海拔5～4 500 m。朝鲜、俄罗斯(西伯利亚至远东)、哈萨克斯坦、阿富汗、蒙古、巴基斯坦、克什米尔、印度也有分布。

食用价值：

幼苗可食。4～5月间采幼嫩苗，沸水轻煮后，凉拌、蘸酱、炒食、做馅、做汤或和面蒸食。

药用价值：

全草入药，味甘，性寒。具有利尿、清热、明目、祛痰的功效。主治小便不通、淋浊、带下、尿血、黄疸、水肿、热痢、泄泻、鼻衄、目赤肿痛、喉痹、咳嗽、皮肤溃疡等。

远 志

学　　名: *Polygala tenuifolia* Willd.

别　　名: 葽绕, 蕀蒬(《尔雅》《本草经》), 小草、细草(《本草经》), 线儿茶, 小草根(山东), 神砂草、红籽细草(四川)。

采集地点: 乌裕尔河中游草甸草原, 北纬47°51′, 东经124°52′, 土壤主要为草甸沼泽土, 其次是潜育草甸土和碳酸盐草甸土, 气候为温带湿润大陆性季风气候。年平均降水量为427.4 mm, 最少只有284 mm, 降水最多的月份一般在7月, 最少的月份一般在1月。年平均气温3.1 ℃, 最低气温出现在1月, 平均气温-19.2 ℃, 极端最低气温-39.5 ℃。最高气温出现在7月, 平均气温22.8 ℃, 平均最高气温27.8 ℃, 极端最高气温39.9 ℃。平均无霜期为130 d左右, 降雪期为150 d左右。雪量平均20～30 cm, 积雪日期为120 d左右, 最大可出现50 cm以上积雪。冻土日期最短年份为182 d, 最长年份为216 d。冻土深度, 最大深度为1.8 m, 最小深度为1.2 m, 年平均深度为1.5 m。

植物学特征:

远志为被子植物门Angiospermae、双子叶植物纲Dicotyledoneae、原始花被亚纲Archichlamydeae、芸香目Rutales、远志亚目Polygalineae、远志科Polygalaceae、远志族Trib. Polygaleae、远志属Polygala、远志亚属Subgen. Polygala。远志为多年生草本植物, 具有以下植物学特征:

根: 主根粗壮, 根为圆柱形, 弯曲, 呈筒状, 中空, 韧皮部肉质, 浅黄色, 长达10 cm左右。全体有密而深陷的横皱纹, 有些有细纵纹及细小的疙瘩状根痕。

茎: 株高15～50 cm; 茎多数丛生, 直立或倾斜, 具纵棱槽, 被短柔毛。

远志——全株

叶：单叶互生，叶片纸质，线形至线状披针形，长1～3 cm，宽0.5～1(～3)mm，先端渐尖，基部楔形，全缘，反卷，无毛或极疏被微柔毛，主脉上面凹陷，背面隆起，侧脉不明显，近无柄。

花：总状花序呈扁侧状生于小枝顶端，细弱，长5～7 cm，通常略俯垂，少花，稀疏；苞片3，披针形，长约1 mm，先端渐尖，早落；萼片5，宿存，无毛，外面3枚线状披针形，长约2.5 mm，急尖，里面2枚花瓣状，倒卵形或长圆形，长约5 mm，宽约2.5 mm，先端圆形，具短尖头，沿中脉绿色，周围膜质，带紫堇色，基部具爪；花瓣3，紫色，侧瓣斜长圆形，长约4 mm，基部与龙骨瓣合生，基部内侧具柔毛，龙骨瓣较侧瓣长，具流苏状附属物；雄蕊8，花丝3/4以下合生成鞘，具缘毛，3/4以上两侧各3枚合生，花药无柄，中间2枚分离，花丝丝状，具狭翅，花药长卵形；子房扁圆形，顶端微缺，花柱弯曲，顶端呈喇叭形，柱头内藏。

果：蒴果圆形，直径约4 mm，顶端微凹，具狭翅，无缘毛，花果期5～9月。

种子：种子卵形，直径约2 mm，黑色，密被白色柔毛，具发达、2裂下延的种阜。

远志——根

远志——叶

生物学特征：

主产于我国东北、华北、西北和华中以及四川；生于草原、山坡草地、灌木丛中以及杂木林下，海拔(200～)460～2 300 m。分布于朝鲜、蒙古和俄罗斯。远志喜冷凉气候，第一年幼苗生长缓慢，根长可达25 cm，2年生以上的远志5月中旬开花，7月初果实成熟，种植3～4年收根入药。

远志——花

远志——花

药用价值：

远志的根含有皂苷，水解后可获两种远志皂苷元结晶，即远志皂甙元A和远志皂甙元B，除此之外，远志中还含有远志醇，3,4,5-三甲氧基-桂皮酸、豆甾醇、2-羟基-4,6-二苯酮等成分。味苦、辛、微温，归心、肾、肺经；具有安神健脑、止咳化痰、抗菌、消肿等功效。用于心肾不交引起的失眠多梦、健忘惊悸、神志恍惚、咳痰不爽、疮疡肿毒、乳房肿痛等。

远志为我国传统的药用植物，被载入《神农本草经》列入上品，广泛利用。远志中的皂苷类成分在一定程度上可以抑制酒精在体内的吸收。有抑制酒精吸收和肝保护作用。

水 蓼

学　　名：*Polygonum hydropiper* L.

别　　名：辣蓼、水胡椒、虞蓼、蔷蓼、蔷虞、泽蓼、辛菜、蓼芽菜。

采集地点：乌裕尔河中游草甸草原，北纬47°51′，东经124°52′，土壤主要为草甸沼泽土，其次是潜育草甸土和碳酸盐草甸土，气候为温带湿润大陆性季风气候。年平均降水量为427.4 mm，最少只有284 mm，降水最多的月份一般在7月，最少的月份一般在1月。年平均气温3.1 ℃，最低气温出现在1月，平均气温-19.2 ℃，极端最低气温-39.5 ℃。最高气温出现在7月，平均气温22.8 ℃，平均最高气温27.8 ℃，极端最高气温39.9 ℃。平均无霜期为130 d左右，降雪期为150 d左右。雪量平均20～30 cm，积雪日期为120 d左右，最大可出现50 cm以上积雪。冻土日期最短年份为182 d，最长年份为216 d。冻土深度，最大深度为1.8 m，最小深度为1.2 m，年平均深度为1.5 m。

植物学特征：

水蓼为被子植物门Angiospermae、双子叶植物纲Dicotyledoneae、原始花被亚纲Archichlamydeae、蓼目Polygonales、蓼科Polygonaceae、蓼亚科Subfam. Polygonoideae、蓼族Trib. Polygoneae、蓼属Polygonum、蓼组Sect. Polygonum。水蓼为一年生草本植物，具有以下植物学特征：

根：根圆柱形，弯曲，主根为红褐色，须根较长为白色。

茎：株高40～70 cm，茎直立，多分枝，无毛，节常膨大。

叶：叶互生，披针形或椭圆状披针形，长4～8 cm，宽0.5～2.5 cm，顶端渐尖，基部楔形，边缘全缘，具缘毛，两面无毛，被褐色小点，有时沿中脉具短硬伏毛，具辛辣味，

水蓼——全株

腋具闭花受精花；叶柄长4～8 mm；托叶鞘筒状，膜质，褐色，长1～1.5 cm，疏生短硬伏毛，顶端截形，具短缘毛，通常托叶鞘内藏有花簇。

花：总状花序呈穗状，顶生或腋生，长3～8 cm，通常下垂，花稀疏，下部间断；苞片漏斗状，长2～3 mm，绿色，边缘膜质，疏生短缘毛，每苞内具3～5花；花梗比苞片长；花被5深裂，稀4裂，绿色，上部白色或淡红色，被黄褐色透明腺点，花被片椭圆形，长3～3.5 mm；雄蕊6～8，比花被短；花柱2～3，柱头头状；花期5～9月。

果：瘦果卵形，长2～3 mm，双凸镜状或具3棱，密被小点，黑褐色，无光泽，包于宿存花被内，果期6～10月。

水蓼——根

水蓼——茎

水蓼——叶

生物学特征：

分布于我国南北各省区。朝鲜、日本、印度尼西亚、印度、欧洲及北美也有分布。生长于河滩、水沟边、水中、山谷湿地，海拔50～3 500 m。

食用价值：

古代为常用调味剂。

药用价值：

水蓼的根、果实亦供药用，开花时采收，晒干。主治化湿、行滞、祛风、消肿。治痧秽腹痛、吐泻转筋、泄泻、痢疾、风湿、脚气、痈肿、疥癣、跌打损伤。

其他：

有研究表明水蓼为锰超富集植物，可作为锰毒土壤矫正的修复植物。

红 蓼

学　　名：*Polygonum orientale* L.

别　　名：荭草(《名医别录》)、东方蓼、狗尾巴花、阔叶蓼、大红蓼、水红花、水红花子、荭蓼。

采集地点：乌裕尔河中游草甸草原,北纬47°51′,东经124°52′,土壤主要为草甸沼泽土,其次是潜育草甸土和碳酸盐草甸土,气候为温带湿润大陆性季风气候。年平均降水量为427.4 mm,最少只有284 mm,降水最多的月份一般在7月,最少的月份一般在1月。年平均气温3.1 ℃,最低气温出现在1月,平均气温-19.2 ℃,极端最低气温-39.5 ℃。最高气温出现在7月,平均气温22.8 ℃,平均最高气温27.8 ℃,极端最高气温39.9 ℃。平均无霜期为130 d左右,降雪期为150 d左右。雪量平均20~30 cm,积雪日期为120 d左右,最大可出现50 cm以上积雪。冻土日期最短年份为182 d,最长年份为216 d。冻土深度,最大深度为1.8 m,最小深度为1.2 m,年平均深度为1.5 m。

植物学特征：

红蓼为被子植物门Angiospermae、双子叶植物纲 Dicotyledoneae、原始花被亚纲Archichlamydeae、蓼目Polygonales、蓼科Polygonaceae、蓼亚科Subfam. Polygonoideae、蓼族Trib. Polygoneae、蓼属Polygonum、蓼组Sect. Polygonum。红蓼为一年生草本植物,具有以下植物学特征：

红蓼——全株

红蓼——根

根：根粗壮，多数，呈疏丛状。
茎：株高1～2 m，茎直立，粗壮，上部多分枝，密被开展的长柔毛。
叶：叶宽卵形、宽椭圆形或卵状披针形，长10～20 cm，宽5～12 cm，顶端渐尖，基部圆形或近心形，微下延，边缘全缘，密生缘毛，两面密生短柔毛，叶脉上密生长柔毛；叶柄长2～10 cm，具开展的长柔毛；托叶鞘筒状，膜质，长1～2 cm，被长柔毛，具长缘毛，通常沿顶端具草质、绿色的翅。
花：总状花序呈穗状，顶生或腋生，长3～7 cm，花紧密，微下垂，通常数个再组成圆锥状；苞片宽漏斗状，长3～5 mm，草质，绿色，被短柔毛，边缘具长缘毛，每苞内具3～5花；花梗比苞片长；花被5深裂，淡红色或白色；花被片椭圆形，长3～4 mm；雄蕊7，比花被长；花盘明显；花柱2，中下部合生，比花被长，柱头头状；花期6～9月。
果：瘦果近圆形，双凹，直径长3～3.5 mm，黑褐色，有光泽，果皮甚厚，包于宿存花被内，果期8～10月。

红蓼——茎　　　　　红蓼——叶　　　　　红蓼——花

生物学特征：
　　除西藏外，广布于全国各地，野生或栽培。朝鲜、日本、俄罗斯、菲律宾、印度、欧洲和大洋洲也有分布。喜温暖湿润环境，要求光照充足适应性很强，对土壤要求不严，适应各种类型的土壤，喜肥沃、湿润、疏松的土壤，但也能耐瘠薄。红蓼喜水又耐干旱，常生于山谷、路旁、田埂、河川两岸的草地及河滩湿地，往往成片生长。红蓼生命力强，几乎没有病虫害，实行粗放管理即可正常生长。

食用价值：
　　明代医学家李时珍曾说：古人种蓼为蔬，而和羹脍。由此可见，红蓼很早就进入人们的食谱。红蓼味清香且含辣味，因而人们把它作为蔬菜种植，用于清炒、脍羹、做汤皆味美无穷，尤其烧鱼时放入，鲜香又解腥。红蓼还是调配食用香精的母体香料，在香辛料调味品调料配方中作为配伍使用，成为基础的原辅材料。

饲用价值：

红蓼全草的幼嫩部分及制饴糖后的副产品可作为饲料，供家禽家畜食用。

药用价值：

红蓼的茎叶、果实均可入药，晚秋霜后，采割茎叶，洗净，茎切成小段，晒干；叶置通风处阴干。主要功能为祛风除湿、清热解毒、活血、截疟。主治风湿痹痛、痢疾、腹泻、吐泻转筋、水肿、脚气、痈疮疔疖、蛇虫咬伤、小儿疳积疝气、跌打损伤、疟疾。果实入药，名"水红花子"，有活血、止痛、消积、利尿功效。

园林价值：

在园林造景中作为花境、草坪、湖边等处的背景植物，盛开时一片红霞，蔚为壮观，令人赏心悦目。

经济价值：

在夏天将红蓼割断、晾干驱蚊蝇，效果明显，但是气味辛辣会熏眼睛。种子含淀粉，用于制饴糖和酿酒。全草提取靛蓝，制作蓝色染料。

植物文化：

红蓼的花语是：立志、思念。

红蓼也常被诗人写入诗歌：如唐白居易：秋波红蓼水，夕照青芜岸；唐薛昭蕴：红蓼渡头秋正雨，印沙鸥迹自成行；宋张孝祥：红蓼一湾纹缬乱，白鱼双尾玉刀明；宋陆游：数枝红蓼醉清秋；明张颐：楼船箫鼓今何在？红蓼年年下白鸥；唐杜牧：犹念悲秋更分赐，夹溪红蓼映风蒲；明张四维：秋到润州江上，红蓼黄芦白浪；清杨芳灿：红蓼滩头秋已老，丹枫渚畔天初暝等。《诗经》中红蓼叫游龙，因为它枝叶之放纵。

酸模叶蓼

学　　名：*Polygonum lapathifolium* L.

别　　名：大马蓼、旱苗蓼、斑蓼、柳叶蓼。

采集地点：乌裕尔河中游草甸草原，北纬47°51′，东经124°52′，土壤主要为草甸沼泽土，其次是潜育草甸土和碳酸盐草甸土，气候为温带湿润大陆性季风气候。年平均降水量为427.4 mm，最少只有284 mm，降水最多的月份一般在7月，最少的月份一般在1月。年平均气温3.1 ℃，最低气温出现在1月，平均气温-19.2 ℃，极端最低气温-39.5 ℃。最高气温出现在7月，平均气温22.8 ℃，平均最高气温27.8 ℃，极端最高气温39.9 ℃。平均无霜期为130 d左右，降雪期为150 d左右。雪量平均20～30 cm，积雪日期为120 d左右，最大可出现50 cm以上积雪。冻土日期最短年份为182 d，最长年份为216 d。冻土深度，最大深度为1.8 m，最小深度为1.2 m，年平均深度为1.5 m。

植物学特征：

酸模叶蓼为被子植物门Angiospermae、双子叶植物纲Dicotyledoneae、原始花被亚纲Archichlamydeae、蓼目Polygonales、蓼科Polygonaceae、蓼亚科Subfam. Polygonoideae、蓼族Trib. Polygoneae、蓼属Polygonum、蓼组Sect. Polygonum。酸模叶蓼为一年生草本植物，具有以下植物学特征：

根：根多数，疏丛状。

茎：株高40～90 cm。茎直立，具分枝，无毛，节部膨大。

酸模叶蓼——全株

酸模叶蓼——茎

酸模叶蓼——叶

叶：叶披针形或宽披针形，长5～15 cm，宽1～3 cm，顶端渐尖或急尖，基部楔形，上面绿色，常有一个大的黑褐色新月形斑点，两面沿中脉被短硬伏毛，全缘，边缘具粗缘毛；叶柄短，具短硬伏毛；托叶鞘筒状，长1.5～3 cm，膜质，淡褐色，无毛，具多数脉，顶端截形，无缘毛，稀具短缘毛。

花：总状花序呈穗状，顶生或腋生，近直立，花紧密，通常由数个花穗再组成圆锥状，花序梗被腺体；苞片漏斗状，边缘具稀疏短缘毛；花被淡红色或白色，4(5)深裂，花被片椭圆形，外面两面较大，脉粗壮，顶端叉分，外弯；雄蕊通常6；花期6～8月。

果：瘦果宽卵形，双凹，长2～3 mm，黑褐色，有光泽，包于宿存花被内，果期7～9月。

生物学特征：

春季一年生杂草，发芽适温15～20 ℃，出苗深度5 cm。酸模叶蓼广布于我国南北各省区。生于田边、路旁、水边、荒地或沟边湿地，海拔30～3 900 m。朝鲜、日本、蒙古、菲律宾、印度、巴基斯坦及欧洲也有分布。

药用价值：

全草入中药，味辛，性温，具利湿解毒、散瘀消肿、止痒功能。果实为利尿药，主治水肿和疮毒；用鲜茎叶混食盐后捣汁，治霍乱和日射病有效；外用可敷治疮肿和蛇毒；全草可制土农药；种子含淀粉。

酸模叶蓼——根

酸模叶蓼——花

两 栖 蓼

学　　　名：*Polygonum amphibium* L.

别　　　名：扁蓄蓼、醋柳、胡水蓼、湖蓼。

采集地点：乌裕尔河中游草甸草原，北纬47°51′，东经124°52′，土壤主要为草甸沼泽土，其次是潜育草甸土和碳酸盐草甸土，气候为温带湿润大陆性季风气候。年平均降水量为427.4 mm，最少只有284 mm，降水最多的月份一般在7月，最少的月份一般在1月。年平均气温3.1 ℃，最低气温出现在1月，平均气温-19.2 ℃，极端最低气温-39.5 ℃。最高气温出现在7月，平均气温22.8 ℃，平均最高气温27.8 ℃，极端最高气温39.9 ℃。平均无霜期为130 d左右，降雪期为150 d左右。雪量平均20～30 cm，积雪日期为120 d左右，最大可出现50 cm以上积雪。冻土日期最短年份为182 d，最长年份为216 d。冻土深度，最大深度为1.8 m，最小深度为1.2 m，年平均深度为1.5 m。

植物学特征：

两栖蓼为被子植物门Angiospermae、双子叶植物纲 Dicotyledoneae、原始花被亚纲 Archichlamydeae、蓼目 Polygonales、蓼科 Polygonaceae、蓼亚科 Subfam. Polygonoideae、蓼族 Trib. Polygoneae、蓼属 Polygonum、蓼组 Sect. Polygonum。两栖蓼为多年生草本植物，具有以下植物学特征：

根：根为不定根。

茎：根状茎横走。生于水中者，茎漂浮，无毛，节部生不定根。生于陆地者，茎直立，不分枝或自基部分枝，株高40～60 cm。

叶：叶长圆形或椭圆形，浮于水面，长5～12 cm，宽2.5～4 cm，顶端钝或微尖，基部近心形，两面无毛，全缘，无缘毛；叶柄长0.5～3 cm，自托叶鞘近中部发出；托叶

两栖蓼——全株

两栖蓼——根

鞘筒状,薄膜质,长1～1.5 cm,顶端截形,无缘毛;生于陆地者,叶披针形或长圆状披针形,长6～14 cm,宽1.5～2 cm,顶端急尖,基部近圆形,两面被短硬伏毛,全缘,具缘毛;叶柄3～5 mm,自托叶鞘中部发出;托叶鞘筒状,膜质,长1.5～2 cm。疏生长硬毛,顶端截形,具短缘毛。

花:总状花序呈穗状,顶生或腋生,长2～4 cm,苞片宽漏斗状;花被5深裂,淡红色或白色花被片长椭圆形,长3～4 mm;雄蕊通常5,比花被短;花柱2,比花被长,柱头头状;花期7～8月。

两栖蓼——茎

两栖蓼——叶

两栖蓼——花

果:瘦果近圆形,双凸镜状,直径2.5～3 mm,黑色,有光泽,包于宿存花被内,果期8～9月。

生物学特征:

分布于亚洲、欧洲和北美洲,我国的东北、华北、西北、华东、华中和西南。生长在湖泊边缘的浅水中、沟边及田边湿地,海拔50～3 700 m。

药用价值:

全草可用于痢疾和疔疮。夏、秋间采收全草,洗净,鲜用或晾干。两栖蓼味苦,性平。清热利湿,解毒。主治浮肿、痢疾、尿血、潮热、多汗、疔疮、无名肿毒。外用:适量鲜品捣敷。

园林价值:

两栖蓼叶大,花穗大,粉白色花序惹人喜爱,是园林水景颇佳的观赏植物。

萹 蓄

学　　名：*Polygonum aviculare* L.
别　　名：竹叶草、大蚂蚁草、扁竹。
采集地点：乌裕尔河中游草甸草原，北纬47°51′，东经124°52′，土壤主要为草甸沼泽土，其次是潜育草甸土和碳酸盐草甸土，气候为温带湿润大陆性季风气候。年平均降水量为427.4 mm，最少只有284 mm，降水最多的月份一般在7月，最少的月份一般在1月。年平均气温3.1 ℃，最低气温出现在1月，平均气温-19.2 ℃，极端最低气温-39.5 ℃。最高气温出现在7月，平均气温22.8 ℃，平均最高气温27.8 ℃，极端最高气温39.9 ℃。平均无霜期为130 d左右，降雪期为150 d左右。雪量平均20~30 cm，积雪日期为120 d左右，最大可出现50 cm以上积雪。冻土日期最短年份为182 d，最长年份为216 d。冻土深度，最大深度为1.8 m，最小深度为1.2 m，年平均深度为1.5 m。

植物学特征：

萹蓄为被子植物门Angiospermae、双子叶植物纲Dicotyledoneae、原始花被亚纲Archichlamydeae、蓼目Polygonales、蓼科Polygonaceae、蓼亚科Subfam. Polygonoideae、蓼族Trib. POLYGONEAE、蓼属Polygonum、萹蓄组Sect. Avicularia Meisn。萹蓄为一年生草本植物，具有以下植物学特征：

根：直根系，主根长一般为10 cm左右，有的可达15 cm；侧根一般长15 cm左右，

萹蓄——全株

萹蓄——根　　　萹蓄——茎　　　萹蓄——叶　　　萹蓄——花

有的长达20 cm。分枝能力强，分枝数一般为10～20条，有的可达到80条，最多者可达到630条，因而侵占性强。

茎：茎平卧、上升或直立，高10～40 cm，自基部多分枝，具纵棱。

叶：叶椭圆形、狭椭圆形或披针形，长1～4 cm，宽3～12 mm，顶端钝圆或急尖，基部楔形，边缘全缘，两面无毛，下面侧脉明显；叶柄短或近无柄，基部具关节；托叶鞘膜质，下部褐色，上部白色，撕裂脉明显。

花：花单生或数朵簇生于叶腋，遍布于植株；苞片薄膜质；花梗细，顶部具关节；花被5深裂，花被片椭圆形，长2～2.5 mm，绿色，边缘白色或淡红色；雄蕊8，花丝基部扩展；花柱3，柱头头状；花期5～7月。

果：瘦果卵形，具3棱，长2.5～3 mm，黑褐色，密被由小点组成的细条纹，无光泽，与宿存花被近等长或稍超过，果期6～8月。

生物学特征：

产于全国各地。生于田边、沟边湿地，海拔10～4 200 m。北温带广泛分布。

药用价值：

全草供药用，味苦，性微寒，归膀胱经。有通经利尿、清热解毒功效；萹蓄苦燥又能杀虫除湿止痒，煎汤外洗治疗皮肤疮疹、瘙痒；萹蓄夏季采收，晒干，切碎。

饲用价值：

萹蓄茎叶柔软，适口性良好，生育期长，各类家畜全年均可食用。在青鲜期羊、猪、鹅、兔最喜食，牛喜食，马、骆驼及其他禽类也乐食。调制成干草，羊、牛、马、骆驼均喜食。把干草加工成粉，配合其他饲料煮熟，适宜喂猪、鹅、鸭、鸡和兔。萹蓄生育期长，耐践踏、再生性强，为理想的放牧型草。

叉 分 蓼

学　　名：*Polygonum divaricatum* L.

别　　名：酸不溜、酸模、泥阿劳、大骨节蓼吊、分叉蓼、尼牙罗、酸梗儿、酸姜、酸浆、酸溜子草、乌亥尔塔尔纳、希没乐得格、义分蓼。

采集地点：乌裕尔河中游草甸草原，北纬47°51′，东经124°52′，土壤主要为草甸沼泽土，其次是潜育草甸土和碳酸盐草甸土，气候为温带湿润大陆性季风气候。年平均降水量为427.4 mm，最少只有284 mm，降水最多的月份一般在7月，最少的月份一般在1月。年平均气温3.1 ℃，最低气温出现在1月，平均气温-19.2 ℃，极端最低气温-39.5 ℃。最高气温出现在7月，平均气温22.8 ℃，平均最高气温27.8 ℃，极端最高气温39.9 ℃。平均无霜期为130 d左右，降雪期为150 d左右。雪量平均20～30 cm，积雪日期为120 d左右，最大可出现50 cm以上积雪。冻土日期最短年份为182 d，最长年份为216 d。冻土深度，最大深度为1.8 m，最小深度为1.2 m，年平均深度为1.5 m。

植物学特征：

叉分蓼为被子植物门Angiospermae、双子叶植物纲 Dicotyledoneae、原始花被亚纲Archichlamydeae、蓼目Polygonales、蓼科Polygonaceae、蓼亚科Subfam. Polygonoideae、蓼族Trib. Polygoneae、蓼属Polygonum、分叉蓼组Sect. Aconogonon。叉分蓼为多年生草

叉分蓼——全株

叉分蓼——根

叉分蓼——茎　　　　　　　　　叉分蓼——叶

叉分蓼——花穗　　　　　　　　叉分蓼——花

蓼科 Polygonaceae

本植物，具有以下植物学特征：

根：主根粗壮，根上有根须，根茎结合处有须根。

茎：茎直立，高70～120 cm，无毛，自基部分枝，分枝呈叉状，开展，植株外形呈球形。

叶：针形或长圆形，长5～12 cm，宽0.5～2 cm，顶端急尖，基部楔形或狭楔形，边缘通常具短缘毛，两面无毛或被疏柔毛；叶柄长约0.5 cm；托叶鞘膜质，偏斜，长1～2 cm，疏生柔毛或无毛，开裂，脱落。

花：花序圆锥状，分枝开展；苞片卵形，边缘膜质，背部具脉，每苞片内具2~3花；花梗长2~2.5 mm，与苞片近等长，顶部具关节；花被5深裂，白色，花被片椭圆形，长2.5~3 mm，大小不相等；雄蕊7~8，比花被短；花柱3，极短，柱头头状；花期7~8月。

果：瘦果宽椭圆形，具3锐棱，黄褐色，有光泽，长5~6 mm，超出宿存花被约1倍，果期8~9月。

生物学特征：

分布在我国兴安北部、岭东、岭西、兴安南部、辽河平原、呼–锡高原、阴山、东北、华北等地。朝鲜、蒙古、俄罗斯也有分布。生于草甸草原、沙地、林缘草甸等地。呼伦贝尔市、兴安盟、通辽市、赤峰市、锡林郭勒盟、乌兰察布市等产量极多。

药用价值：

全草入药，以根(黑色老根)；味酸、苦、涩，性凉；治大小肠积热、瘿瘤、热泻腹痛、寒疝、阴囊出汗、清热、消积、散瘿、祛寒、温肾。

柳叶刺蓼

学　　名：*Polygonum bungeanum* Turcz.
别　　名：本氏蓼。
采集地点：乌裕尔河中游草甸草原，北纬47°51′，东经124°52′，土壤主要为草甸沼泽土，其次是潜育草甸土和碳酸盐草甸土，气候为温带湿润大陆性季风气候。年平均降水量为427.4 mm，最少只有284 mm，降水最多的月份一般在7月，最少的月份一般在1月。年平均气温3.1 ℃，最低气温出现在1月，平均气温-19.2 ℃，极端最低气温-39.5 ℃。最高气温出现在7月，平均气温22.8 ℃，平均最高气温27.8 ℃，极端最高气温39.9 ℃。平均无霜期为130 d左右，降雪期为150 d左右。雪量平均20～30 cm，积雪日期为120 d左右，最大可出现50 cm以上积雪。冻土日期最短年份为182 d，最长年份为216 d。冻土深度，最大深度为1.8 m，最小深度为1.2 m，年平均深度为1.5 m。

植物学特征：

柳叶刺蓼为被子植物门Angiospermae、双子叶植物纲Dicotyledoneae、原始花被亚纲Archichlamydeae、蓼目Polygonales、蓼科Polygonaceae、蓼亚科Subfam. Polygonoideae、蓼族Trib. Polygoneae、蓼属Polygonum、刺蓼组Sect. Echinocaulon。柳叶刺蓼为一年生草本植物，具有以下植物学特征：

根：根丛生，多数。

茎：株高30～90 cm，茎直立或上升，有分枝，具纵棱，被稀疏的倒生短皮刺，皮刺长1～1.5 mm。

叶：叶披针形或狭椭圆形，长3～10 cm，宽1～3 cm，顶端通常急尖，基部楔形，上

柳叶刺蓼——全株

柳叶刺蓼——根

柳叶刺蓼——茎

面沿叶脉具短硬伏毛,下面被短硬伏毛,边缘具短缘毛;叶柄长5～10 mm,密生短硬伏毛;托叶鞘筒状,膜质,具硬伏毛,顶端截形,具长缘毛。

花: 总状花序呈穗状,顶生或腋生,长5～9 cm,通常分枝,下部间断,花序梗密被腺毛;苞片漏斗状,包围花序轴,无毛有时具腺毛,无缘毛,绿色或淡红色,每苞内具3～4花;花梗粗壮,比苞片稍长,花被5深裂,白色或淡红色,花被片椭圆形,长3～4 mm;雄蕊7～8,比花被短;花柱2,中下部合生,柱头头状;花期7～8月。

果: 瘦果近圆形,双凸镜状,黑色,无光泽,长约3 mm,包于宿存的花被内,果期8～9月。

柳叶刺蓼——叶

柳叶刺蓼——花

生物学特征:

产自我国东北、华北、甘肃、山东及江苏。生于山谷草地、田边、路旁湿地,海拔50～1 700 m。朝鲜、日本、俄罗斯(远东)也有分布。

西伯利亚蓼

学　　名：*Polygonum sibiricum* Laxm.
别　　名：剪刀股、野茶、驴耳朵、牛鼻子、鸭子嘴。
采集地点：乌裕尔河中游草甸草原,北纬47°51′,东经124°52′,土壤主要为草甸沼泽土,其次是潜育草甸土和碳酸盐草甸土,气候为温带湿润大陆性季风气候。年平均降水量为427.4 mm,最少只有284 mm,降水最多的月份一般在7月,最少的月份一般在1月。年平均气温3.1 ℃,最低气温出现在1月,平均气温–19.2 ℃,极端最低气温–39.5 ℃。最高气温出现在7月,平均气温22.8 ℃,平均最高气温27.8 ℃,极端最高气温39.9 ℃。平均无霜期为130 d左右,降雪期为150 d左右。雪量平均20～30 cm,积雪日期为120 d左右,最大可出现50 cm以上积雪。冻土日期最短年份为182 d,最长年份为216 d。冻土深度,最大深度为1.8 m,最小深度为1.2 m,年平均深度为1.5 m。

植物学特征：

西伯利亚蓼为被子植物门Angiospermae、双子叶植物纲 Dicotyledoneae、原始花被亚纲Archichlamydeae、蓼目 Polygonales、蓼科Polygonaceae、蓼亚科Subfam. Polygonoideae、蓼族Trib. Polygoneae、蓼属Polygonum、分叉蓼组Sect. Aconogonon。西伯利亚蓼为多年生草本植物,具有以下植物学特征：

根：直根系,主根呈圆柱形,根细长,侧根稀少,淡红色至淡黄色。

茎：根状茎细长,株高10～25 cm,茎外倾或近直立,自基部分枝,无毛。

叶：叶片长椭圆形或披针形,无毛,长5～13 cm,宽0.5～1.5 cm,顶端急尖或钝,基部戟形或楔形,边缘全缘,叶柄长8～15 mm；托叶鞘筒状,膜质,上部偏斜,开裂,无毛,易破裂。

花：花序圆锥状,顶生,花排列稀疏,通常间断；苞片漏斗状,无毛,通常每1苞

西伯利亚蓼——全株

西伯利亚蓼——花

片内具4～6朵花；花梗短，中上部具关节；花被5深裂，黄绿色，花被片长圆形，长约3 mm；雄蕊7～8，稍短于花被，花丝基部较宽，花柱3，较短，柱头头状。

果： 瘦果卵形，具3棱，黑色，有光泽，包于宿存的花被内或凸出，花果期6～9月。

西伯利亚蓼——根茎　　　西伯利亚蓼——叶　　　西伯利亚蓼——花蕾

生物学特征：

产自我国黑龙江、吉林、辽宁、内蒙古、河北、山西、山东、河南、陕西、甘肃、宁夏、青海、新疆、安徽、湖北、江苏、四川、贵州、云南和西藏。生于路边、湖边、河滩、山谷湿地、沙质盐碱地，海拔30～5 100 m。蒙古、俄罗斯(西伯利亚、远东)、哈萨克斯坦、喜马拉雅山也有分布。

药用价值：

根茎入药，根细长，淡红色至淡黄色，皱缩，弯曲；味微辛、苦，性寒。归肝、大肠经。有疏风清热、利水消肿等功效。用于目赤肿痛，皮肤湿痒，水肿和腹水等。于秋季采挖其根茎，除去泥土及杂质，洗净，晾干。内服：研末，3 g；外用：适量，煎水洗。

春 蓼

学　　名：*Polygonum persicaria* L.
别　　名：桃叶蓼。
采集地点：乌裕尔河中游草甸草原，北纬47°51′，东经124°52′，土壤主要为草甸沼泽土，其次是潜育草甸土和碳酸盐草甸土，气候为温带湿润大陆性季风气候。年平均降水量为427.4 mm，最少只有284 mm，降水最多的月份一般在7月，最少的月份一般在1月。年平均气温3.1 ℃，最低气温出现在1月，平均气温-19.2 ℃，极端最低气温-39.5 ℃。最高气温出现在7月，平均气温22.8 ℃，平均最高气温27.8 ℃，极端最高气温39.9 ℃。平均无霜期为130 d左右，降雪期为150 d左右。雪量平均20～30 cm，积雪日期为120 d左右，最大可出现50 cm以上积雪。冻土日期最短年份为182 d，最长年份为216 d。冻土深度，最大深度为1.8 m，最小深度为1.2 m，年平均深度为1.5 m。

植物学特征：

春蓼为被子植物门Angiospermae、双子叶植物纲Dicotyledoneae、原始花被亚纲Archichlamydeae、蓼目Polygonales、蓼科Polygonaceae、蓼亚科Subfam. Polygonoideae、蓼族Trib. Polygoneae、蓼属Polygonum、蓼组Sect. Polygonum的一年生草本植物，具有以下植物学特征：

根：主根不明显，生有很多侧根和须根，呈乳白色。

茎：茎直立或上升，分枝或不分枝，疏生柔毛或近无毛，高40～80 cm。

叶：叶披针形或椭圆形，长4～15 cm，宽1～2.5 cm，顶端渐尖或急尖，基部狭楔形，两面疏生短硬伏毛，下面中脉上毛较密，上面近中部有时具黑褐色斑点，边缘具粗缘毛；叶柄长5～8 mm，被硬伏毛；托叶鞘筒状，膜质，长1～2 cm，疏生柔毛，顶端截形，缘毛长1～3 mm。

春蓼——全株

春蓼——根

春蓼——茎

春蓼——叶

春蓼——穗

花：总状花序呈穗状，顶生或腋生，较紧密，长2～6 cm，通常数个再集成圆锥状，花序梗具腺毛或无毛；苞片漏斗状，紫红色，具缘毛，每苞内含5～7花；花梗长2.5～3 mm，花被通常5深裂，紫红色，花被片长圆形，长2.5～3 mm，脉明显；雄蕊6～7，花柱2，偶3，中下部合生；花期6～9月。

果：瘦果近圆形或卵形，双凸镜状，稀具3棱，长2～2.5 mm，黑褐色，平滑，有光泽，包于宿存花被内，果期7～10月。

生物学特征：

产于我国东北、华北、西北、华中、广西、四川及贵州。生于沟边湿地，海拔80～1 800 m。欧洲、非洲及北美洲也有分布。

蔓 首 乌

学　　名：*Fallopia convolvulus* (Linnaeus) A. Love

别　　名：卷茎蓼、卷旋蓼。

采集地点：乌裕尔河中游草甸草原,北纬47°51′,东经124°52′,土壤主要为草甸沼泽土,其次是潜育草甸土和碳酸盐草甸土,气候为温带湿润大陆性季风气候。年平均降水量为427.4 mm,最少只有284 mm,降水最多的月份一般在7月,最少的月份一般在1月。年平均气温3.1 ℃,最低气温出现在1月,平均气温-19.2 ℃,极端最低气温-39.5 ℃。最高气温出现在7月,平均气温22.8 ℃,平均最高气温27.8 ℃,极端最高气温39.9 ℃。平均无霜期为130 d左右,降雪期为150 d左右。雪量平均20～30 cm,积雪日期为120 d左右,最大可出现50 cm以上积雪。冻土日期最短年份为182 d,最长年份为216 d。冻土深度,最大深度为1.8 m,最小深度为1.2 m,年平均深度为1.5 m。

植物学特征：

蔓首乌为被子植物门Angiospermae、双子叶植物纲Dicotyledoneae、原始花被亚纲Archichlamydeae、蓼目Polygonales、蓼科Polygonaceae、蓼亚科Subfam. Polygonoideae、蓼族Trib. POLYGONEAE、何首乌属 Fallopia Adans.。蔓首乌为一年生草本植物,具有以下植物学特征:

根：直根系,有须根,少而长。

茎：茎缠绕,长1～1.5 m,具纵棱,自基部分枝,具小突起。

叶：叶卵形或心形,长2～6 cm,宽1.5～4 cm,顶端渐尖,基部心形,两面无毛,下面沿叶脉具小突起,边缘全缘,具小突起;叶柄长1.5～5 cm,沿棱具小突起;托叶鞘膜质,长3～4 mm,偏斜,无缘毛。

花：花序总状,腋生或顶生,花稀疏,下部间断,有时成花簇,生于叶腋;苞片长卵

蔓首乌——全株

蔓首乌——根

形，顶端尖，每苞具2～4花；花梗细弱，比苞片长，中上部具关节；花被5深裂，淡绿色，边缘白色，花被片长椭圆形，外面3片背部具龙骨状突起或狭翅，被小突起；果时稍增大，雄蕊8，比花被短；花柱3，极短，柱头头状；花期5～8月。

果：瘦果椭圆形，具3棱，长3～3.5 mm，黑色，密被小颗粒，无光泽，包于宿存花被内，果期6～9月。

蔓首乌——茎　　　　　　蔓首乌——叶　　　　　　蔓首乌——花

生物学特征：

产于我国东北、华北、西北、山东、江苏北部、安徽、台湾、湖北西部、四川、贵州、云南及西藏。生于山坡草地、山谷灌丛、沟边湿地，海拔100～3 500 m。日本、朝鲜、蒙古、巴基斯坦、阿富汗、伊朗、高加索、俄罗斯(西伯利亚、远东)、印度，欧洲、非洲北部及美洲北部也有分布。

狭叶酸模

学　　名：*Rumex stenophyllus* Ledeb.

采集地点：乌裕尔河中游草甸草原,北纬47°51′,东经124°52′,土壤主要为草甸沼泽土,其次是潜育草甸土和碳酸盐草甸土,气候为温带湿润大陆性季风气候。年平均降水量为427.4 mm,最少只有284 mm,降水最多的月份一般在7月,最少的月份一般在1月。年平均气温3.1 ℃,最低气温出现在1月,平均气温-19.2 ℃,极端最低气温-39.5 ℃。最高气温出现在7月,平均气温22.8 ℃,平均最高气温27.8 ℃,极端最高气温39.9 ℃。平均无霜期为130 d左右,降雪期为150 d左右。雪量平均20~30 cm,积雪日期为120 d左右,最大可出现50 cm以上积雪。冻土日期最短年份为182 d,最长年份为216 d。冻土深度,最大深度为1.8 m,最小深度为1.2 m,年平均深度为1.5 m。

植物学特征：

狭叶酸模为被子植物门Angiospermae、双子叶植物纲Dicotyledoneae、原始花被亚纲Archichlamydeae、蓼目Polygonales、蓼科Polygonaceae、酸模亚科Subfam. Rumicoideae、酸模族Trib. Rumiceae、酸模属Rumex、巴天酸亚属Subgen. Rumex。狭叶酸模为多年生草本植物,具有以下植物学特征：

根：根粗壮,直径可达1 cm。

茎：株高40~80 cm,茎直立,通常上部分枝,具浅沟槽。

叶：基生叶披针形或狭披针形,长10~18 cm,宽1.5~4 cm,顶端急尖,基部楔形,边缘皱波状；叶柄比叶片短；茎生叶较小,披针形或线状披针形,叶柄短或近无柄；托叶鞘膜质,易碎裂。

花：花序圆锥状,狭窄；花两性,多花轮生,密集；花梗细弱,下部具关节,外花被

狭叶酸模——全株

狭叶酸模——根

狭叶酸模——茎

狭叶酸模——叶

片长圆形，较小内花被片果时增大，三角形，长3～4 mm，宽约4 mm，顶端急尖，基部截形，边缘具小齿，齿长0.5～1 mm，全部具长卵形小瘤；花期5～6月。

　　果：瘦果椭圆形，长约3 mm，顶端急尖，基部狭窄，具3锐棱，褐色，有光泽，果期6～8月。

狭叶酸模——花　　　　　　　　　　　狭叶酸模——花

生物学特征：

　　产于我国黑龙江(桦川)、吉林(珲春)、内蒙古、新疆。蒙古、高加索、哈萨克斯坦、俄罗斯及欧洲也有分布。生于水边、田边湿地，海拔200～1 100 m。

小 酸 模

学　　名：*Rumex acetosella* L.

采集地点：乌裕尔河中游草甸草原，北纬47°51′，东经124°52′，土壤主要为草甸沼泽土，其次是潜育草甸土和碳酸盐草甸土，气候为温带湿润大陆性季风气候。年平均降水量为427.4 mm，最少只有284 mm，降水最多的月份一般在7月，最少的月份一般在1月。年平均气温3.1 ℃，最低气温出现在1月，平均气温–19.2 ℃，极端最低气温–39.5 ℃。最高气温出现在7月，平均气温22.8 ℃，平均最高气温27.8 ℃，极端最高气温39.9 ℃。平均无霜期为130 d左右，降雪期为150 d左右。雪量平均20～30 cm，积雪日期为120 d左右，最大可出现50 cm以上积雪。冻土日期最短年份为182 d，最长年份为216 d。冻土深度，最大深度为1.8 m，最小深度为1.2 m，年平均深度为1.5 m。

植物学特征：

小酸模为被子植物门Angiospermae、双子叶植物纲Dicotyledoneae、原始花被亚纲Archichlamydeae、蓼目Polygonales、蓼科Polygonaceae、酸模亚科Subfam. Rumicoideae、酸模族Trib. Rumiceae、酸模属Rumex、小酸模亚属Subgen. Acetosella。小酸模为多年生草本植物，具有以下植物学特征：

根：根状茎横走，木质化。

茎：茎数条自根状茎发出，高15～35 cm，直立或上升，细弱，具沟槽，通常自中上部分枝。

叶：茎下部叶戟形，中裂片披针形或线状披针形，长2～4 cm，宽3～6(10)mm，顶端急尖，基部两侧的裂片伸展或向上弯曲，全缘，两面无毛，叶柄长2～5 cm；茎上部叶

小酸模——全株

小酸模——根

小酸模——叶

小酸模——茎　　　　　　　　　　　小酸模——花

较小，叶柄短或近无柄；托叶鞘膜质，白色，常破裂。

花：花序圆锥状，顶生，疏松，花单性，雌雄异株；花梗长2～2.5 mm，无关节；花簇具2～7花；雄花内花被片椭圆形，长约1.5 mm，外花被片披针形，较小，雄蕊6；雌花内花被片果时不增大或稍增大，卵形，长1.5～1.8 mm，顶端急尖，基部圆形，具网脉，无小瘤，外花被片披针形，长约1 mm，果时不反折；花期6～7月。

果：瘦果宽卵形，具3棱，长1～1.5 mm，黄褐色，有光泽，果期7～8月。

生物学特征：

产自我国黑龙江、内蒙古、新疆、河北、山东、河南、江西、湖南、湖北、四川、福建及台湾。生于山坡草地、林缘、山谷路旁，海拔400～3 200 m。朝鲜、日本、蒙古、高加索、哈萨克斯坦、俄罗斯、欧洲及北美洲也有分布。

皱叶酸模

学　　名：*Rumex crispus* L.

别　　名：土大黄、洋铁叶子、四季菜根、牛耳大黄根、火风堂、羊蹄根、羊蹄、牛舌片。

采集地点：乌裕尔河中游草甸草原，北纬47°51′，东经124°52′，土壤主要为草甸沼泽土，其次是潜育草甸土和碳酸盐草甸土，气候为温带湿润大陆性季风气候。年平均降水量为427.4 mm，最少只有284 mm，降水最多的月份一般在7月，最少的月份一般在1月。年平均气温3.1 ℃，最低气温出现在1月，平均气温-19.2 ℃，极端最低气温-39.5 ℃。最高气温出现在7月，平均气温22.8 ℃，平均最高气温27.8 ℃，极端最高气温39.9 ℃。平均无霜期为130 d左右，降雪期为150 d左右。雪量平均20~30 cm，积雪日期为120 d左右，最大可出现50 cm以上积雪。冻土日期最短年份为182 d，最长年份为216 d。冻土深度，最大深度为1.8 m，最小深度为1.2 m，年平均深度为1.5 m。

植物学特征：

皱叶酸模为被子植物门Angiospermae、双子叶植物纲Dicotyledoneae、原始花被亚纲Archichlamydeae、蓼目Polygonales、蓼科Polygonaceae、酸模亚科Subfam. Rumicoideae、酸模族Trib. Rumiceae、酸模属Rumex、巴天酸亚属Subgen. Rumex。皱叶酸模为多年生草本植物，具有以下植物学特征：

根：根粗壮，多分枝，黄褐色。

皱叶酸模——全株

皱叶酸模——根

皱叶酸模——穗

茎：株高50～120 cm，茎直立，不分枝或上部分枝，具浅沟槽。

叶：基生叶披针形或狭披针形，长10～25 cm，宽2～5 cm，顶端急尖，基部楔形，边缘皱波状；茎生叶较小狭披针形；叶柄长3～10 cm；托叶鞘膜质，易破裂。

花：花序狭圆锥状，花序分枝近直立或上升；花两性；淡绿色；花梗细，中下部具关节，关节果时稍膨大；花被片6，外花被片椭圆形，长约1 mm，内花被片果时增大，宽卵形，长4～5 mm，网脉明显，顶端稍钝，基部近截形，边缘近全缘，全部具小瘤，稀1片具小瘤，小瘤卵形，长1.5～2 mm；花期5～6月。

果：瘦果卵形，顶端急尖，具3锐棱，暗褐色，有光泽，果期6～7月。

皱叶酸模——茎、叶

生物学特征：

产自我国东北、华北、西北、山东、河南、湖北、四川、贵州及云南。生河滩、沟边湿地，海拔30～2 500 m。高加索、哈萨克斯坦、俄罗斯(西伯利亚、远东)、蒙古、朝鲜、日本、欧洲及北美洲也有分布。

药用价值：

根入药，药用名称为牛耳大黄，有清热解毒，止血，通便，杀虫之功效。主治鼻出血，子宫出血，血小板减少性紫癜，大便秘结等；外用治外痔，急性乳腺炎，黄大疮，疖肿，皮癣等；4～5月采其根，洗净，晒干或鲜用；皱叶酸模味苦，性寒，归心、肝、大肠经；内服：煎汤，10～15 g；外用：适量，捣敷或研末调搽。

巴天酸模

学　　名：*Rumex patientia* L.
别　　名：羊蹄、洋铁叶、洋铁酸模、牛舌头棵。
采集地点：乌裕尔河中游草甸草原，北纬47°51′,东经124°52′,土壤主要为草甸沼泽土，其次是潜育草甸土和碳酸盐草甸土，气候为温带湿润大陆性季风气候。年平均降水量为427.4 mm,最少只有284 mm,降水最多的月份一般在7月，最少的月份一般在1月。年平均气温3.1 ℃,最低气温出现在1月，平均气温–19.2 ℃,极端最低气温–39.5 ℃。最高气温出现在7月，平均气温22.8 ℃,平均最高气温27.8 ℃,极端最高气温39.9 ℃。平均无霜期为130 d左右，降雪期为150 d左右。雪量平均20～30 cm,积雪日期为120 d左右，最大可出现50 cm以上积雪。冻土日期最短年份为182 d,最长年份为216 d。冻土深度，最大深度为1.8 m,最小深度为1.2 m,年平均深度为1.5 m。

植物学特征：

巴天酸模为被子植物门Angiospermae、双子叶植物纲Dicotyledoneae、原始花被亚纲Archichlamydeae、蓼目Polygonales、蓼科Polygonaceae、酸模亚科Subfam. Rumicoideae、酸模族Trib. Rumiceae、酸模属Rumex、巴天酸亚属Subgen. Rumex。巴天酸模为多年生草本植物，具有以下植物学特征：

巴天酸模——全株　　　　巴天酸模——根　　　　巴天酸模——叶

根：直根系，根肥厚，直径可达3 cm，有少量分枝。

茎：茎直立，粗壮，高90～150 cm，上部分枝，具深沟槽。

叶：基生叶长圆形或长圆状披针形，长15～30 cm，宽5～10 cm，顶端急尖，基部圆形或近心形，边缘波状；叶柄粗壮，长5～15 cm；茎上部叶披针形，较小，具短叶柄或近无柄；托叶鞘筒状，膜质，长2～4 cm，易破裂。

巴天酸模——茎　　　　　　巴天酸模——穗

花：花序圆锥状，大型；花两性；花梗细弱，中下部具关节；关节果时稍膨大，外花被片长圆形，长约1.5 mm，内花被片果时增大，宽心形，长6～7 mm，顶端圆钝，基部深心形，边缘近全缘，具网脉，全部或一部具小瘤；小瘤长卵形，通常不能全部发育；花期5～6月。

果：瘦果卵形，具3锐棱，顶端渐尖，褐色，有光泽，长2.5～3 mm，果期6～7月。

生物学特征：

产自我国东北、华北、西北、山东、河南、湖南、湖北、四川及西藏。生于沟边湿地、水边，海拔20～4 000 m。分布于高加索、哈萨克斯坦、俄罗斯、蒙古及欧洲。

药用价值：

根及根茎治"培根"病，眼结膜炎，胆热病，咽喉病，中毒症，慢性肠炎，子宫功能性出血，血小板减少等症；外用治湿疹，皮癣，疮疖痈肿，外伤出血，跌打损伤（《藏本草》）。巴天酸模的根味苦、酸，性寒，有小毒。凉血止血，清热解毒，通便杀虫。用于痢疾，泄泻，肝炎，跌打损伤，大便秘结，痈疮疥癣等。

刺 酸 模

学　　名：*Rumex maritimus* L.

采集地点：乌裕尔河中游草甸草原,北纬47°51′,东经124°52′,土壤主要为草甸沼泽土,其次是潜育草甸土和碳酸盐草甸土,气候为温带湿润大陆性季风气候。年平均降水量为427.4 mm,最少只有284 mm,降水最多的月份一般在7月,最少的月份一般在1月。年平均气温3.1 ℃,最低气温出现在1月,平均气温-19.2 ℃,极端最低气温-39.5 ℃。最高气温出现在7月,平均气温22.8 ℃,平均最高气温27.8 ℃,极端最高气温39.9 ℃。平均无霜期为130 d左右,降雪期为150 d左右。雪量平均20～30 cm,积雪日期为120 d左右,最大可出现50 cm以上积雪。冻土日期最短年份为182 d,最长年份为216 d。冻土深度,最大深度为1.8 m,最小深度为1.2 m,年平均深度为1.5 m。

植物学特征：

刺酸模为被子植物门Angiospermae、双子叶植物纲 Dicotyledoneae、原始花被亚纲 Archichlamydeae、蓼目Polygonales、蓼科Polygonaceae、酸模亚科Subfam. Rumicoideae、酸模族Trib. Rumiceae、酸模属Rumex、巴天酸亚属Subgen. Rumex的一年生草本植物,具有以下植物学特征:

根：直根系,主根粗壮,侧根短而少,呈红色。

茎：茎直立,高15～60 cm,自中下部分,具深沟槽。

叶：茎下部叶披针形或披针状长圆形,长4～15(20) cm,宽1～3(4) cm,顶端急尖,基部狭楔形,边缘微波状;叶柄长1～2.5 cm,茎上部近无柄;托叶鞘膜,早落。

花：花序圆锥状,具叶,花两性,多花轮生;花梗基部具关节;外花被椭圆形,长约2 mm;内花被片果时增大,狭三角状卵形,长2.5～3 mm,宽约1.5 mm,顶端急尖;基部截形,边缘每近具2～3针刺,针刺长2～2.5 mm,全部具长圆形小瘤,小瘤长约1.5 mm;花期5～6月。

刺酸模——全株

刺酸模——根

刺酸模——花

刺酸模——茎　　　　　　　　　　　刺酸模——叶

果：瘦果椭圆形，两端尖，具3锐棱，黄褐色，有光泽，长1.5 mm。果期6～7月。
生物学特征：

产于我国东北、华北、陕西北部及新疆。生于河边湿地、田边路旁，海拔40～1 800 m。高加索、哈萨克斯坦、俄罗斯(西伯利亚、远东)、蒙古、欧洲及北美洲也有分布。

雨 久 花

学　　　名：*Monochoria korsakowii* Regel et Maack
别　　　名：浮蔷、蓝花菜、蓝鸟花。
采集地点：乌裕尔河中游草甸草原,北纬47°51′,东经124°52′,土壤主要为草甸沼泽土,其次是潜育草甸土和碳酸盐草甸土,气候为温带湿润大陆性季风气候。年平均降水量为427.4 mm,最少只有284 mm,降水最多的月份一般在7月,最少的月份一般在1月。年平均气温3.1 ℃,最低气温出现在1月,平均气温-19.2 ℃,极端最低气温-39.5 ℃。最高气温出现在7月,平均气温22.8 ℃,平均最高气温27.8 ℃,极端最高气温39.9 ℃。平均无霜期为130 d左右,降雪期为150 d左右。雪量平均20～30 cm,积雪日期为120 d左右,最大可出现50 cm以上积雪。冻土日期最短年份为182 d,最长年份为216 d。冻土深度,最大深度为1.8 m,最小深度为1.2 m,年平均深度为1.5 m。

植物学特征：

雨久花为被子植物门Angiospermae、单子叶植物纲 Monocotyledoneae、粉状胚乳目Farinosae、雨久花亚目Subordo Pontederiineae、雨久花科Pontederiaceae、雨久花属Monochoria。雨久花为直立水生草本植物,具有以下植物学特征:

根：根状茎粗壮,具柔软须根。

茎：株高30～70 cm,茎直立,全株光滑无毛,基部有时带紫红。

叶：叶基生和茎生;基生叶宽卵状心形,长4～10 cm,宽3～8 cm,顶端急尖或渐尖,基部心形,全缘,具多数弧状脉;叶柄长达30 cm,有时膨大成囊状;茎生叶叶柄渐短,基部增大成鞘,抱茎。

花：总状花序顶生,有时再聚成圆锥花序;花10余朵,具5～10 mm长的花梗;花被片椭圆形,长10～14 mm,顶端圆钝,蓝色;雄蕊6枚,其中1枚较大,花药长圆形,浅

雨久花——全株

雨久花——叶

雨久花——花

雨久花——花

蓝色,其余各枚较小,花药黄色,花丝丝状;花期7~8月。

果:蒴果长卵圆形,长10~12 mm。种子长圆形,长约1.5 mm,有纵棱。果期9~10月。

生物学特征:

产自我国东北、华北、华中、华东和华南。生于池塘、湖沼靠岸的浅水处和稻田中,雨久花喜光照充足,稍耐荫蔽。为了保证开花繁茂,每天应保证植株接受4小时以上的直射日光,在18~32 ℃的温度范围内生长良好。朝鲜、日本、俄罗斯西伯利亚地区也有分布。

食用价值:

雨久花嫩茎叶可作蔬菜食用,营养丰富。鲜品每百克含水分92.3 g、蛋白质1.6 g、脂肪0.4 g、纤维素1.75 g、钙110 mg、磷10 mg,还含有多种维生素。

饲用价值:

雨久花全株可作为鸡、鸭、鹅、鱼、猪的饲料。

药用价值:

雨久花全草药用,味甘,性凉。清热解毒,止咳平喘,祛湿消肿。用于高烧咳喘、小儿丹毒。

园林价值:

雨久花花大而美丽,淡蓝色,像只飞舞的蓝鸟,叶色翠绿、光亮、素雅,在园林水景布置中常与其他水生观赏植物搭配使用,单独成片种植效果也好,沿着池边、水体的边缘,按照园林水景的要求可做带形或方形栽种。

马 齿 苋

学　　名：*Portulaca oleracea* L.

别　　名：马苋(《名医别录》)，五行草(《图经本草》《救荒本草》)，长命菜、五方草(《本草纲目》)，瓜子菜(《岭南采药录》)，麻绳菜(北京)，马齿草、马苋菜(内蒙古)，蚂蚱菜、马齿菜、瓜米菜(陕西)，马蛇子菜、蚂蚁菜(东北)，猪母菜、瓠子菜、狮岳菜、酸菜、五行菜(福建)，猪肥菜(海南)，胖娃娃菜、马耳菜。

采集地点：乌裕尔河中游草甸草原，北纬47°51′，东经124°52′，土壤主要为草甸沼泽土，其次是潜育草甸土和碳酸盐草甸土，气候为温带湿润大陆性季风气候。年平均降水量为427.4 mm，最少只有284 mm，降水最多的月份一般在7月，最少的月份一般在1月。年平均气温3.1 ℃，最低气温出现在1月，平均气温−19.2 ℃，极端最低气温−39.5 ℃。最高气温出现在7月，平均气温22.8 ℃，平均最高气温27.8 ℃，极端最高气温39.9 ℃。平均无霜期为130 d左右，降雪期为150 d左右。雪量平均20~30 cm，积雪日期为120 d左右，最大可出现50 cm以上积雪。冻土日期最短年份为182 d，最长年份为216 d。冻土深度，最大深度为1.8 m，最小深度为1.2 m，年平均深度为1.5 m

植物学特征

马齿苋为被子植物门Angiospermae、双子叶植物纲 Dicotyledoneae、原始花被亚纲Archichlamydeae、中央种子目 Centrospermae、马齿苋科Portulacaceae、马齿苋属Portulaca的一年生草本植物，具有以下植物学特征：

根：主根垂直粗壮，侧根多而长，呈淡黄色。

茎：茎平卧或斜倚，伏地铺散，多分枝，圆柱形，长10~15 cm，淡绿色或带暗红色。

叶：叶互生，有时近对生，叶片扁平，肥厚，倒卵形，似马齿状，长1~3 cm，宽0.6~1.5 cm，顶端圆钝或平截，有时微凹，基部楔形，全缘，上面暗绿色，下面淡绿色或带暗红色，中脉微隆起；叶柄粗短。

马齿苋——全株

马齿苋——根

花：花无梗，直径4~5 mm，常3~5朵簇生枝端，午时盛开；苞片2~6，叶状，膜质，近轮生；萼片2，对生，绿色，盔形，左右压扁，长约4 mm，顶端急尖，背部具龙骨状凸起，基部合生；花瓣5，稀4，黄色，倒卵形，长3~5 mm，顶端微凹，基部合生；雄蕊通常8，或更多，长约12 mm，花药黄色；子房无毛，花柱比雄蕊稍长，柱头4~6裂，线形；花期5~8月。

果：蒴果卵球形，长约5 mm，盖裂，果期6~9月。

种子：种子细小，多数，偏斜球形，黑褐色，有光泽，直径不及1 mm，具小疣状凸起。

马齿苋——茎、叶

生物学特征：

我国南北各地均产。性喜肥沃土壤，耐旱亦耐涝，生命力强，生于菜园、农田、路旁，为田间常见杂草。广布全世界温带和热带地区。

药用价值：

全草供药用，有清热利湿、解毒消肿、消炎、止渴、利尿作用，种子明目，还可作兽药和农药。

食用价值：

马齿苋可作蔬菜，味酸，生食、烹食均可，柔软的茎可像菠菜一样烹制。不过如果对它强烈的味道不太习惯的话，就不要用太多。马齿苋茎顶部的叶子很柔软，可以像豆瓣菜一样烹食，可用来做汤或用于做沙司、蛋黄酱和炖菜。马齿苋和碎萝卜或马铃薯泥一起做，也可以和洋葱或番茄一起烹饪，其茎和叶可用醋腌泡食用。

饲用价值：

马齿苋是很好的饲料。

篦齿眼子菜

学　　名：*Potamogeton pectinatus* Linn. var. pectinatus

采集地点：乌裕尔河中游草甸草原，北纬47°51′，东经124°52′，土壤主要为草甸沼泽土，其次是潜育草甸土和碳酸盐草甸土，气候为温带湿润大陆性季风气候。年平均降水量为427.4 mm，最少只有284 mm，降水最多的月份一般在7月，最少的月份一般在1月。年平均气温3.1 ℃，最低气温出现在1月，平均气温-19.2 ℃，极端最低气温-39.5 ℃。最高气温出现在7月，平均气温22.8 ℃，平均最高气温27.8 ℃，极端最高气温39.9 ℃。平均无霜期为130 d左右，降雪期为150 d左右。雪量平均20～30 cm，积雪日期为120 d左右，最大可出现50 cm以上积雪。冻土日期最短年份为182 d，最长年份为216 d。冻土深度，最大深度为1.8 m，最小深度为1.2 m，年平均深度为1.5 m。

植物学特征：

篦齿眼子菜为被子植物门Angiospermae、单子叶植物纲Monocotyledoneae、沼生目Helobiae、眼子菜亚目Potamogetonineae、眼子菜科Potamogetonaceae、眼子菜属Potamogeton、鞘叶亚属Subgen. Coleogeton。篦齿眼子菜为沉水草本植物，具有以下植物学特征：

根：根茎发达。白色，直径1～2 mm，具分枝，常于春末夏初至秋季之间在根茎及其分枝的顶端形成长0.7～1 cm的小块茎状的卵形休眠芽体。

茎：茎长50～200 cm，近圆柱形，纤细，直径0.5～1 mm，下部分枝稀疏，上部分枝稍密集。

叶：叶线形，长2～10 cm，宽0.3～1 mm，先端渐尖或急尖，基部与托叶贴生成鞘；鞘长1～4 cm，绿色，边缘叠压而抱茎，顶端具长4～8 mm的无色膜质小舌片；叶脉3条，平行，顶端连接，中脉显著，有与之近于垂直的次级叶脉，边缘脉细弱而不明显。

花：穗状花序顶生，具花4～7轮，间断排列；花序梗细长，与茎近等粗；花被片4，圆形或宽卵形，直径约1 mm；雌蕊4枚，通常仅1～2枚可发育为成熟果实。

果：果实倒卵形，长3.5～5 mm，宽2.2～3 mm，顶端斜生长约0.3 mm的喙，背部钝

篦齿眼子菜——全株

篦齿眼子菜——茎、叶

圆,花果期5～10月。

生物学特征:

我国南北各省区均产。生于河沟、水渠、池塘等各类水体,水体多呈微酸性或中性,在西北地区亦见于少数微碱性水体及咸水中。全球分布,尤以两半球温带水域较为习见。本种生态幅相当宽,在淡水与咸水中均可繁茂生长,为属内少数几个在全球各洲均有分布的种类之一。其形态,特别是在营养体形态上有较大幅度的连续变异,果实形态亦常因雌蕊发育为成熟果实的数目不同而表现出一定的差异。分布于我国黑龙江省、辽宁省、内蒙古自治区、北京市、天津市、河北省、山西省、陕西省、宁夏回族自治区、甘肃省、青海省、新疆维吾尔自治区、山东省、江苏省、安徽省、上海市、浙江省、江西省、湖北省、湖南省、四川省、云南省、西藏自治区、台湾地区。

药用价值:

全草可入药,性凉,味微苦,有清热解毒之功效,治肺炎、疮疖。

狼 尾 花

学　　名：*Lysimachia barystachys* Bunge

别　　名：重穗排草(《江苏南部种子植物手册》)、虎尾草(云南)、狼尾巴花、野鸡脸、珍珠菜。

采集地点：乌裕尔河中游草甸草原，北纬47°51′，东经124°52′，土壤主要为草甸沼泽土，其次是潜育草甸土和碳酸盐草甸土，气候为温带湿润大陆性季风气候。年平均降水量为427.4 mm，最少只有284 mm，降水最多的月份一般在7月，最少的月份一般在1月。年平均气温3.1 ℃，最低气温出现在1月，平均气温-19.2 ℃，极端最低气温-39.5 ℃。最高气温出现在7月，平均气温22.8 ℃，平均最高气温27.8 ℃，极端最高气温39.9 ℃。平均无霜期为130 d左右，降雪期为150 d左右。雪量平均20～30 cm，积雪日期为120 d左右，最大可出现50 cm以上积雪。冻土日期最短年份为182 d，最长年份为216 d。冻土深度，最大深度为1.8 m，最小深度为1.2 m，年平均深度为1.5 m。

植物学特征：

狼尾花为被子植物门Angiospermae、双子叶植物纲 Dicotyledoneae、合瓣花亚纲Sympetalae、报春花目Primulales、报春花科Primulaceae、珍珠菜族Trib. Lysimachieae、珍珠菜属 Lysimachia、珍珠菜亚属Subgen. Palladia、穗花组Sect. spicatae (R. Knuth) Hand. –Mazz.。狼尾花为多年生草本植物，具有以下植物学特征：

根茎：有根状地下茎，具横走的根茎，全株密被卷曲柔毛。茎直立，高30～100 cm。

叶：叶互生或近对生，长圆状披针形、倒披针形以至线形，长4～10 cm，宽

狼尾花——全株

狼尾花——根

狼尾花——叶

6～22 mm，先端钝或锐尖，基部楔形，近于无柄。

狼尾花——茎

狼尾花——花

花： 总状花序顶生，花密集，常转向一侧；花序轴长4～6 cm，后渐伸长，果时长可达30 cm；苞片线状钻形，花梗长4～6 mm，通常稍短于苞片；花萼长3～4 mm，分裂近达基部，裂片长圆形，周边膜质，顶端圆形，略呈啮蚀状；花冠白色，长7～10 mm，基部合生部分长约2 mm，裂片舌状狭长圆形，宽约2 mm，先端钝或微凹，常有暗紫色短腺条；雄蕊内藏，花丝基部约1.5 mm连合并贴生于花冠基部，分离部分长3 mm，具腺毛；花药椭圆形，长约1 mm；花粉粒具3孔沟，长球形 [(29～31.5) μm×(20～24) μm]，表面近于平滑；子房无毛，花柱短，长3～3.5 mm；花期5～8月。

果： 蒴果球形，直径2.5～4 mm，果期8～10月。

生物学特征：

产于我国黑龙江、吉林、辽宁、内蒙古、河北、山西、陕西、甘肃、四川、云南、贵州、湖北、河南、安徽、山东、江苏、浙江等省区。生于草甸、山坡、路旁灌丛间，垂直分布上限可达海拔2 000 m。俄罗斯、朝鲜、日本也有分布。

药用价值：

云南民间用全草治疮疖、刀伤。

黄 连 花

学　　名：*Lysimachia davurica* Ledeb.

采集地点：乌裕尔河中游草甸草原，北纬47°51′，东经124°52′，土壤主要为草甸沼泽土，其次是潜育草甸土和碳酸盐草甸土，气候为温带湿润大陆性季风气候。年平均降水量为427.4 mm，最少只有284 mm，降水最多的月份一般在7月，最少的月份一般在1月。年平均气温3.1 ℃，最低气温出现在1月，平均气温-19.2 ℃，极端最低气温-39.5 ℃。最高气温出现在7月，平均气温22.8 ℃，平均最高气温27.8 ℃，极端最高气温39.9 ℃。平均无霜期为130 d左右，降雪期为150 d左右。雪量平均20~30 cm，积雪日期为120 d左右，最大可出现50 cm以上积雪。冻土日期最短年份为182 d，最长年份为216 d。冻土深度，最大深度为1.8 m，最小深度为1.2 m，年平均深度为1.5 m。

植物学特征：

黄连花为被子植物门Angiospermae、双子叶植物纲Dicotyledoneae、合瓣花亚纲Sympetalae、报春花目Primulales、报春花科Primulaceae、珍珠菜族Trib. Lysimachieae、珍珠菜属Lysimachia、黄连花亚属Subgen. Lysimachia、黄连花组Sect. Lysimachia。黄连花为多年生草本植物，具有以下植物学特征：

根茎：直根系，主根粗壮，侧根少而短，具横走的根茎。

茎：株高40~80 cm。茎直立，粗壮，下部无毛，上部被褐色短腺毛，不分枝或有少

黄连花——全株

黄连花——根

黄连花——茎

数分枝。

叶：叶对生或3～4枚轮生，椭圆状披针形至线状披针形，长4～12 cm，宽5～40 mm，先端锐尖至渐尖，基部钝至近圆形，上面绿色，近于无毛，下面常带粉绿色，无毛，仅沿中肋被小腺毛，两面均散生黑色腺点，侧脉通常超过10对，网脉明显，无柄或具极短的柄。

花：总状花序顶生，通常复出而成圆锥花序；苞片线形，密被小腺毛；花梗长7～12 mm；花萼长约3.5 mm，分裂近达基部，裂片狭卵状三角形，沿边缘有一圈黑色线条，有腺状缘毛；花冠深黄色，长约8 mm，分裂近达基部，裂片长圆形，先端圆钝，有明显脉纹，内面密布淡黄色小腺体；雄蕊比花冠短，花丝基部合生成高约1.5 mm的筒，分离部分长2～3 mm，密被小腺体；花药卵状长圆形，长约1 mm；花粉粒具3孔沟，近长圆形，表面具网状纹饰；子房无毛，花柱长4～5 mm；花期6～8月。

果：蒴果褐色，直径2～4 mm，果期8～9月。

黄连花——花

黄连花——叶

黄连花——花

生物学特征：

产于我国内蒙古、黑龙江、吉林、辽宁、山东、江苏、浙江、云南。俄罗斯（远东地区）、朝鲜和日本也有分布。生于草甸、林缘和灌丛中，垂直分布上限可达海拔2 100 m。

药用价值：

全草可入药。夏、秋季采收全草，晒干。具有镇静，降压的功效，适用于高血压，失眠。

观赏价值：

黄连花的花黄色，花径或花序大，花期长，是理想的城市园林地被植物，值得推广应用。

粉 报 春

学　　名：*Primula farinosa* L.

别　　名：红花粉叶报春(《中国高等植物图鉴》)。

采集地点：乌裕尔河中游草甸草原，北纬47°51′，东经124°52′，土壤主要为草甸沼泽土，其次是潜育草甸土和碳酸盐草甸土，气候为温带湿润大陆性季风气候。年平均降水量为427.4 mm，最少只有284 mm，降水最多的月份一般在7月，最少的月份一般在1月。年平均气温3.1 ℃，最低气温出现在1月，平均气温-19.2 ℃，极端最低气温-39.5 ℃。最高气温出现在7月，平均气温22.8 ℃，平均最高气温27.8 ℃，极端最高气温39.9 ℃。平均无霜期为130 d左右，降雪期为150 d左右。雪量平均20～30 cm，积雪日期为120 d左右，最大可出现50 cm以上积雪。冻土日期最短年份为182 d，最长年份为216 d。冻土深度，最大深度为1.8 m，最小深度为1.2 m，年平均深度为1.5 m。

植物学特征：

粉报春为被子植物门Angiospermae、双子叶植物纲Dicotyledoneae、合瓣花亚纲Sympetalae、报春花目Primulales、报春花科Primulaceae、报春花族Trib. Primuleae、报春花属Primula、粉报春组Sect. Aleuritia。粉报春为多年生草本植物，具有以下植物学特征：

根：具极短的根状茎和多数须根。

叶：叶多数，形成较密的莲座丛，叶片矩圆状倒卵形、窄椭圆形或矩圆状披针形，长1～7 cm，宽0.3～4 mm，先端近圆形或钝，基部渐狭窄，边缘具稀疏小牙齿或近全缘，下面被青白色或黄色粉；叶柄甚短或与叶片近等长。

花：花葶稍纤细，高3～15(30) cm，无毛，近顶端通常被青白色粉；伞形花序顶生，通常多花；苞片多数，狭披针形或先端渐尖成钻形，长3～8 mm，基部增宽并稍膨大呈

粉报春——全株

粉报春——茎、叶

浅囊状；花梗长3～15 mm，长短不等，花后伸长可达2.5 cm；花萼钟状，长4～6 mm，具5棱，内面通常被粉，分裂达全长的1/3～1/2，裂片卵状矩圆形或三角形，有时带紫黑色，边缘具短腺毛；花冠淡紫红色，冠筒口周围黄色，冠筒长5～6 mm，冠檐直径8～10 mm，裂片楔状倒卵形，先端2深裂；长花柱花雄蕊着生于冠筒中部，花柱长约3 mm；短花柱花雄蕊着生于冠筒中上部，花柱长约1.2 mm；花期5～6月。

果：蒴果筒状，长7～8 mm，长于花萼。

粉报春——根　　　　粉报春——花　　　　　粉报春——花

生物学特征：

产于我国吉林长白山地区。生长于低湿草地、沼泽化草甸和沟谷灌丛中。分布于蒙古、俄罗斯和欧洲。

观赏价值：

粉报春是人们常见的一种花草，是具有观赏价值的植物之一，常用来美化家居环境。

植物文化：

花语：初恋、希望、不悔。

送花对象：朋友、恋人、情人。

赠花礼仪：用素色的大浅盘装入各种色彩的小盆报春，包上玻璃纸，再将缎带打成十字花结做配饰。

南宋与范成大、陆游等合称南宋"中兴四大诗人"的杨万里，留有词作《嘲报春花》：嫩黄老碧已多时，骇紫痴红略万枝。始有报春三两朵，春深犹自不曾知。

海 乳 草

学　　名：*Glaux maritima* L.
别　　名：西尚（青海藏族土名译音）。
采集地点：乌裕尔河中游草甸草原，北纬47°51′，东经124°52′，土壤主要为草甸沼泽土，其次是潜育草甸土和碳酸盐草甸土，气候为温带湿润大陆性季风气候。年平均降水量为427.4 mm，最少只有284 mm，降水最多的月份一般在7月，最少的月份一般在1月。年平均气温3.1 ℃，最低气温出现在1月，平均气温-19.2 ℃，极端最低气温-39.5 ℃。最高气温出现在7月，平均气温22.8 ℃，平均最高气温27.8 ℃，极端最高气温39.9 ℃。平均无霜期为130 d左右，降雪期为150 d左右。雪量平均20～30 cm，积雪日期为120 d左右，最大可出现50 cm以上积雪。冻土日期最短年份为182 d，最长年份为216 d。冻土深度，最大深度为1.8 m，最小深度为1.2 m，年平均深度为1.5 m。

植物学特征：

海乳草为被子植物门Angiospermae、双子叶植物纲Dicotyledoneae、合瓣花亚纲Sympetalae、报春花目Primulales、报春花科Primulaceae、珍珠菜族Trib. Lysimachieae、海乳草属Glaux的多年生草本植物，具有以下植物学特征：

根：根常数条束生，较粗壮，直径1～2 mm；根状茎横走，粗达2 mm，节部被对生

海乳草——全株

海乳草——根

海乳草——茎

海乳草——叶

海乳草——花

的卵状膜质鳞片。

茎：茎高3~25 cm，直立或下部匍伏，节间短，通常有分枝。

叶：叶近于无柄，交互对生或有时互生，间距极短，仅1 mm，或有时稍疏离，相距可达1 cm，近茎基部的3~4对鳞片状，膜质，上部叶肉质，线形、线状长圆形或近匙形，长4~15 mm，宽1.5~3.5(5) mm，先端钝或稍锐尖，基部楔形，全缘。

花：花单生于茎中上部叶腋；花梗长可达1.5 mm，有时极短，不明显；花萼钟形，白色或粉红色，花冠状，长约4 mm，分裂达中部，裂片倒卵状长圆形，宽1.5~2 mm，先端圆形；雄蕊5，稍短于花萼；子房卵珠形，上半部密被小腺点，花柱与雄蕊等长或稍短；

花期6月。

果：蒴果卵状球形，长2.5～3 mm，先端稍尖，略呈喙状，果期7～8月。

生物学特征：

常生于潮湿草地、河边、渠沿、湖岸及绿洲、村旁，生境土壤潮湿甚至低洼积水，土壤轻中度盐渍化。产于我国黑龙江、辽宁、内蒙古、河北、山东、陕西、甘肃、新疆、青海、四川(西部)、西藏等省区。生于海边及内陆河漫滩盐碱地和沼泽草甸中。日本、俄罗斯以及欧洲、北美洲均有分布。

饲用价值：

茎细柔软，多汁，羊、兔、猪及禽类喜食，马、牛、骆驼也采食。生长于高寒草甸、沼泽草甸、矮生草场，是牲畜采食的主要牧草之一。从化学成分看，无氮浸出物丰富，灰分含量高，能值含量为中等水平，海乳草为中等饲用植物。

药用价值：

种子、果实含齐墩果酸、甘露醇、棕榈酸、三萜类等，可充药用，根有散气止痛功效，皮可退热，叶能祛风、明目、消肿、止痛。

经济价值：

种子含油10%～15%，可作肥皂原料。

点 地 梅

学　　名：*Androsace umbellata* (Lour.) Merr.
别　　名：喉咙草（江苏、浙江），佛顶珠、白花草、清明花（贵州），天星花（云南）。
采集地点：乌裕尔河中游草甸草原，北纬47°51′，东经124°52′，土壤主要为草甸沼泽土，其次是潜育草甸土和碳酸盐草甸土，气候为温带湿润大陆性季风气候。年平均降水量为427.4 mm，最少只有284 mm，降水最多的月份一般在7月，最少的月份一般在1月。年平均气温3.1 ℃，最低气温出现在1月，平均气温-19.2 ℃，极端最低气温-39.5 ℃。最高气温出现在7月，平均气温22.8 ℃，平均最高气温27.8 ℃，极端最高气温39.9 ℃。平均无霜期为130 d左右，降雪期为150 d左右。雪量平均20～30 cm，积雪日期为120 d左右，最大可出现50 cm以上积雪。冻土日期最短年份为182 d，最长年份为216 d。冻土深度，最大深度为1.8 m，最小深度为1.2 m，年平均深度为1.5 m。

植物学特征：

点地梅为被子植物门Angiospermae、双子叶植物纲Dicotyledoneae、合瓣花亚纲Sympetalae、报春花目Primulales、报春花科Primulaceae、报春花族Trib. Primuleae、点地梅属Androsace、裂叶组Sect. Samuelia。点地梅为一年生或两年生草本植物，具有以下植物学特征：

根：主根不明显，具多数须根。

叶：叶全部基生，叶片近圆形或卵圆形，直径5～20 mm，先端钝圆，基部浅心形至

点地梅——全株

点地梅——茎、叶

近圆形,边缘具三角状钝牙齿,两面均被贴伏的短柔毛;叶柄长1~4 cm,被开展的柔毛。

花:花葶通常数枚自叶丛中抽出,高4~15 cm,被白色短柔毛。伞形花序4~15花;苞片卵形至披针形,长3.5~4 mm;花梗纤细,长1~3 cm,果时伸长可达6 cm,被柔毛并杂生短柄腺体;花萼杯状,长3~4 mm,密被短柔毛,分裂近达基部,裂片菱状卵圆形,具3~6纵脉,果期增大,呈星状展开;花冠白色,直径4~6 mm,筒部长约2 mm,短于花萼,喉部黄色,裂片倒卵状长圆形,长2.5~3 mm,宽1.5~2 mm;花期2~4月。

果:蒴果近球形,直径2.5~3 mm,果皮白色,近膜质,果期5~6月。

点地梅——根

点地梅——花

生物学特征:

产于我国东北、华北和秦岭以南各省区。生于林缘、草地和疏林下。朝鲜、日本、菲律宾、越南、缅甸、印度均有分布。点地梅喜湿润、温暖、向阳环境和肥沃土壤,常生于山野草地或路旁。但是不论是在高山草原,还是在河谷滩地,只要有一丁点瘠薄的土壤它就能生根发芽。它的种子能自播繁殖,也可在冰天雪地中生存。

药用价值:

点地梅在民间用全草或果实入药、药名:喉咙草,可清热解毒,消肿止痛,味苦、辛、性微寒、归肺经、肝经、脾经。主治:咽喉肿痛、口疮、牙痛、头痛、赤眼、风湿痹痛、哮喘、淋浊、疔疮肿毒、烫火伤、蛇咬伤、跌打损伤。内服:煎汤,9~15 g,或研末,或泡酒,或开水泡代饮。外用:适量,鲜品捣敷,或煎水洗、含漱。春季开花时采集,除去泥土晒干备用。

短梗箭头唐松草

学　　名：*Thalictrum simplex* var. brevipes Hara

采集地点：乌裕尔河中游草甸草原，北纬47°51′，东经124°52′，土壤主要为草甸沼泽土，其次是潜育草甸土和碳酸盐草甸土，气候为温带湿润大陆性季风气候。年平均降水量为427.4 mm，最少只有284 mm，降水最多的月份一般在7月，最少的月份一般在1月。年平均气温3.1 ℃，最低气温出现在1月，平均气温-19.2 ℃，极端最低气温-39.5 ℃。最高气温出现在7月，平均气温22.8 ℃，平均最高气温27.8 ℃，极端最高气温39.9 ℃。平均无霜期为130 d左右，降雪期为150 d左右。雪量平均20~30 cm，积雪日期为120 d左右，最大可出现50 cm以上积雪。冻土日期最短年份为182 d，最长年份为216 d。冻土深度，最大深度为1.8 m，最小深度为1.2 m，年平均深度为1.5 m。

植物学特征：

短梗箭头唐松草为被子植物门Angiospermae、双子叶植物纲 Dicotyledoneae、原始花被亚纲Archichlamydeae、毛茛目Ranales、毛茛科Ranunculaceae、唐松草亚科Subfam. Thalictroideae、唐松草族Trib. Thalictreae、唐松草属Thalictrum、唐松草亚属Subgen. Thalictrum、腺毛唐松草组Sect. Thalictrum、腺毛唐松草系Ser. Flexuosa、箭头唐松草属Thalictrum simplex。短梗箭头唐松草为多年生草本植物，具有以下植物学特征：

根：主根不明显，根数条，根的长短粗细基本均等。

茎：茎高54~100 cm，不分枝或在下部分枝。

叶：茎生叶向上近直展，为二回羽状复叶；茎下部的叶片长达20 cm，小叶较大，圆菱形、菱状宽卵形或倒卵形，长2~4 cm，宽1.4~4 cm，基部圆形，三裂，裂片顶端钝或圆形，有圆齿，脉在背面隆起，脉网明显，茎上部叶渐变小，小叶倒卵形或楔状倒卵形，基部圆形、钝或楔形，裂片顶端急尖；茎下部叶有稍长柄，上部叶无柄。

短梗箭头唐松草——全株

短梗箭头唐松草——茎、叶

花：圆锥花序长9～30 cm，分枝与轴成45°角斜上层；花梗长达7 mm；萼片4，早落，狭椭圆形，长约2.2 mm；雄蕊约15，长约5 mm，花药狭长圆形，长约2 mm，顶端有短尖头，花丝丝形；心皮3～6，无柄，柱头宽三角形；7月开花。

果：瘦果狭椭圆球形或狭卵球形，长约2 mm，有8条纵肋。

短梗箭头唐松草——根

短梗箭头唐松草——花

生物学特征：

分布于我国四川、青海东部、甘肃、陕西、湖北西部、山西、河北、内蒙古、辽宁、吉林。生于平原或低山草地或沟边。朝鲜、日本也有分布。

药用价值：

全草可治黄疸、泻痢等症（《四川中药志》）；花和果可治肝炎、肝肿大等症。

展枝唐松草

学　　名：*Thalictrum squarrosum* Steph. et Willd.
别　　名：猫爪子(东北)。
采集地点：乌裕尔河中游草甸草原,北纬47°51′,东经124°52′,土壤主要为草甸沼泽土,其次是潜育草甸土和碳酸盐草甸土,气候为温带湿润大陆性季风气候。年平均降水量为427.4 mm,最少只有284 mm,降水最多的月份一般在7月,最少的月份一般在1月。年平均气温3.1 ℃,最低气温出现在1月,平均气温-19.2 ℃,极端最低气温-39.5 ℃。最高气温出现在7月,平均气温22.8 ℃,平均最高气温27.8 ℃,极端最高气温39.9 ℃。平均无霜期为130 d左右,降雪期为150 d左右。雪量平均20～30 cm,积雪日期为120 d左右,最大可出现50 cm以上积雪。冻土日期最短年份为182 d,最长年份为216 d。冻土深度,最大深度为1.8 m,最小深度为1.2 m,年平均深度为1.5 m。

植物学特征：

展枝唐松草为被子植物门Angiospermae、双子叶植物纲 Dicotyledoneae、原始花被亚纲Archichlamydeae、毛茛目Ranales、毛茛科Ranunculaceae、唐松草亚科Subfam. Thalictroideae、唐松草族Trib. Thalictreae、唐松草属Thalictrum、唐松草亚属Subgen.

展枝唐松草——全株

展枝唐松草——根

Thalictrum、腺毛唐松草组Sect. Thalictrum、腺毛唐松草系Ser. Flexuosa。展枝唐松草为多年生草本植物,具有以下植物学特征:

根: 根状茎细长,自节生出长须根。

茎: 茎高60～600 cm,有细纵槽,通常自中部近二歧状分枝。植株全部无毛。

叶: 基生叶在开花时枯萎;茎下部及中部叶有短柄,为二至三回羽状复叶;叶片长8～18 cm;小叶坚纸质或薄革质,顶生小叶楔状倒卵形、宽倒卵形、长圆形或圆卵形,长0.8～2(～3.5)cm,宽0.6～1.5(～2.6)cm,顶端急尖,基部楔形至圆形,通常三浅裂,裂片全缘或有2～3个小齿,表面脉常稍下陷,背面有白粉,脉平或稍隆起,脉网稍明显;叶柄长1～4 cm。

花: 花序圆锥状,近二歧状分枝;花梗细,长1.5～3 cm,在结果时稍增长;萼片4,淡黄绿色,狭卵形,长约3 mm,宽约0.8 mm,脱落;雄蕊5～14,长3～5 mm,花药长圆形,长约2.2 mm,有短尖头,花丝丝形;心皮1～3(～5),无柄,柱头箭头状;7～8月开花。

果: 瘦果狭倒卵球形或近纺锤形,稍斜,长4～5.2 mm,有8条粗纵肋,柱头长约1.6 mm。

展枝唐松草——茎　　　展枝唐松草——叶　　　展枝唐松草——花

生物学特征:

分布于我国陕西北部、山西、河北北部、内蒙古、辽宁、吉林、黑龙江。生于海拔200～1 900 m平原草地、田边或干燥草坡。在蒙古,俄罗斯西伯利亚东部和远东地区也有分布。

药用价值:

全草可药用,味苦,性平。清热解毒,健胃制酸,发汗,治湿、止痢、治目赤等作用。

经济价值:

本种的叶含鞣质,可提制栲胶。

芍 药

学　　名： *Paeonia lactiflora* Pall.

别　　名： 野芍药、土白芍、芍药花、山芍药、山赤芍、金芍药、将离、红芍药、含巴高、殿春、川白药、川白芍、赤药、赤芍药、赤芍、查那−其其格、草芍药、白药、白苔、白芍药、白芍、毛果芍药、离草、婪尾春、余容、犁食、没骨花、黑牵夷、红药。

采集地点： 乌裕尔河中游草甸草原，北纬47°51′，东经124°52′，土壤主要为草甸沼泽土，其次是潜育草甸土和碳酸盐草甸土，气候为温带湿润大陆性季风气候。年平均降水量为427.4 mm，最少只有284 mm，降水最多的月份一般在7月，最少的月份一般在1月。年平均气温3.1 ℃，最低气温出现在1月，平均气温-19.2 ℃，极端最低气温-39.5 ℃。最高气温出现在7月，平均气温22.8 ℃，平均最高气温27.8 ℃，极端最高气温39.9 ℃。平均无霜期为130 d左右，降雪期为150 d左右。雪量平均20～30 cm，积雪日期为120 d左右，最大可出现50 cm以上积雪。冻土日期最短年份为182 d，最长年份为216 d。冻土深度，最大深度为1.8 m，最小深度为1.2 m，年平均深度为1.5 m。

植物学特征：

芍药为被子植物门Angiospermae、双子叶植物纲Dicotyledoneae、原始花被亚纲Archichlamydeae、毛茛目Ranales、毛茛科Ranunculaceae、芍药亚科Subfam. Paeonioideae、芍药属Paeonia、芍药组Sect. Paeonia。芍药属多年生草本植物，具有以

芍药——全株

芍药——根

下植物学特征：

根：根由3部分组成：根颈、块根、须根。根颈头（区别于"根茎"，根颈是根，根茎是茎）是根的最上部，颜色较深，着生有芽；块根由根颈下方生出，肉质，粗壮，呈纺锤形或长柱形，粗0.6～3.5 cm，外表浅黄褐色或灰紫色，内部白色，富有营养，块根一般不直接生芽，断裂后却可萌生较小的新芽，因此秋季收集5 cm以上的断根也可繁殖；须根主要从块根上生出，是吸收水分和养料的主要器官，并可逐渐演化成块根。芍药的根按外观形状不同，一般又可分为三型：粗根型、坡根型、匀根型。粗根型，根较稀疏，粗大直伸；坡根型，根向四周伸展，粗细不匀；匀根型，根条疏密适宜，粗细均匀等。根可入药。

芽：芽生在根颈上，肉质，冬季在地下越冬，春初随气温上升，萌芽出土，初生时水红色至浅紫红色，也有黄色的，长出地面后，颜色加深，一般成为深紫红色，外有鳞片保护。芍药的芽为混合芽，既发育成生殖器官——花，又形成营养器官——茎和叶。萌芽前，芽长为2.5～4 cm。芽生出地面之后的颜色与形态也因品种不同会有所差异，颜色从深紫红色到黄褐色不等，芽形则可分为三种：短圆形、竹笋形、笔尖形。短圆形，芽体较短，端部钝圆形；竹笋形，芽体较长，端部急尖，呈竹笋状；笔尖形，芽体较长，端部渐尖，状如毛笔的笔尖。芍药发芽是最壮观的场面之一，因为它体现了生命的萌发与活力，因此具有较高的欣赏价值。

茎：茎由根部簇生，高约50～110 cm，草本，茎基部圆柱形，上端多棱角，有的扭曲，有的直伸，向阳部分多呈紫红晕。

叶：下部茎生叶为二回三出复叶，上部茎生叶为三出复叶；小叶狭卵形、椭圆形或披针形，顶端渐尖，基部楔形或偏斜，边缘具白色骨质细齿，两面无毛，背面沿叶脉疏生短柔毛。

花：花数朵，生茎顶和叶腋，有时仅顶端一朵开放，而近顶端叶腋处有发育不好的花芽，直径8～11.5 cm；苞片4～5，披针形，大小不等；萼片4，宽卵形或近圆形，长1～1.5 cm，宽1～1.7 cm；花瓣9～13，倒卵形，长3.5～6 cm，宽1.5～4.5 cm，白色，有时

芍药——叶

芍药——花

芍药——果

基部具深紫色斑块；花丝长0.7～1.2 cm，黄色；花盘浅杯状，包裹心皮基部，顶端裂片钝圆；心皮4～5(～2)，无毛；蓇葖长2.5～3 cm，直径1.2～1.5 cm，顶端具喙；花期5～6月。

果： 蓇葖果，呈纺锤形、椭圆形、瓶形等；光滑，或有细茸毛，有小突尖。2～8枚离生，由单心皮构成，子房1室，内含种子5～7粒。具有药用价值，果期8月。

种子： 种子黑色或黑褐色，种子大型，呈圆形、长圆形或尖圆形。

生物学特征：

芍药喜光照，耐旱。芍药植株在一年当中，随着气候节律的变化而产生的阶段性发育变化，主要表现为生长期和休眠期的交替变化。其中以休眠期的春化阶段和生长期的光照阶段最为关健。芍药的春化阶段，要求在0 ℃低温下，经过40 d左右才能完成，然后混合芽方可萌动生长，芍药属长日照植物，花芽要在长日照下发育开花，混合芽萌发后，若光照时间不足，或在短日照条件下通常只长叶不开花或开花异常。在我国分布于东北、华北、陕西及甘肃南部。在东北分布于海拔480～700 m的山坡、草地及林下，在其他各省分布于海拔1 000～2 300 m的山坡、草地。在朝鲜、日本、蒙古及俄罗斯西伯利亚地区也有分布。在我国四川、贵州、安徽、山东、浙江等省及各城市公园也有栽培，栽培的芍药花瓣各色。

食用价值：

芍药花粥：选取色白阴干的芍药花6 g，粳米50 g，白糖少许。用粳米加适量水煮熟,放入芍药花瓣再煮2~3 min即可出锅,加入白糖即成。清爽可口,香醇诱人,饮用芍药花粥可以养血调经。

芍药花饼:清代德龄女士在《御香缥缈录》中曾叙述慈禧太后为了养颜益寿,特将芍药的花瓣与鸡蛋面粉混合后用油炸成薄饼食用。此外,芍药花还可以制作芍药花羹、芍药花酒、芍药鲤鱼汤、芍药花煎等,制作方法简便,美味可口,功效颇佳。

芍药花茶:摘取芍药花置于室内阴凉干燥处,饮用时取一茶匙干燥花瓣,用滚烫开水冲泡,可调入冰糖、蜂蜜、绿茶、红糖等一起饮用。另外芍药花生地茶可以养阴清热,柔肝舒肝,取芍药花2 g,生地3 g,绿茶3 g,用开水冲泡后饮用。

药用价值:

芍药的根鲜脆多汁,可供药用。根据分析,芍药根含有芍药甙和安息香酸,用途因种而异。中医认为:中药里的白芍主要是指芍药的根,它具有镇痉、镇痛、通经作用。对妇女的腹痛、胃痉挛、眩晕、痛风、利尿等病症有效。

园林价值:

芍药可作专类园、切花、花坛用花等,芍药花大色艳,观赏性佳,和牡丹搭配可在视觉效果上延长花期,因此常和牡丹搭配种植。芍药属于十大名花之一,也可作切花。

经济价值:

芍药的种子可榨油供制肥皂和掺和油漆作涂料用。根和叶富有鞣质,可提制栲胶,也可用作土农药,可以杀大豆蚜虫和防治小麦秆锈病等。

细叶白头翁

学　　名：*Pulsatilla turczaninovii* Kryl. et Serg.

别　　名：羊胡子花、老冠花、将军草、大碗花、老公花、老姑子花、毛姑朵花。

采集地点：乌裕尔河中游草甸草原，北纬47°51′，东经124°52′，土壤主要为草甸沼泽土，其次是潜育草甸土和碳酸盐草甸土，气候为温带湿润大陆性季风气候。年平均降水量为427.4 mm，最少只有284 mm，降水最多的月份一般在7月，最少的月份一般在1月。年平均气温3.1 ℃，最低气温出现在1月，平均气温-19.2 ℃，极端最低气温-39.5 ℃。最高气温出现在7月，平均气温22.8 ℃，平均最高气温27.8 ℃，极端最高气温39.9 ℃。平均无霜期为130 d左右，降雪期为150 d左右。雪量平均20~30 cm，积雪日期为120 d左右，最大可出现50 cm以上积雪。冻土日期最短年份为182 d，最长年份为216 d。冻土深度，最大深度为1.8 m，最小深度为1.2 m，年平均深度为1.5 m。

植物学特征：

细叶白头翁为被子植物门Angiospermae、双子叶植物纲 Dicotyledoneae、原始花被亚纲Archichlamydeae、毛茛目Ranales、毛茛科Ranunculaceae、毛茛亚科SUBFAM. Ranunculoideae、银莲花族 Trib. Anemoneae、银莲花亚族Subtrib. Anemoninae、白头翁属 Pulsatilla、白头翁亚属Subgen. Pulsatilla。细叶白头翁为多年生草本植物，具有以下植物学特征：

根：直根系，根茎粗壮，少分枝。

茎：植株高15~25 cm。根状茎粗0.8~1.5 cm。

叶：基生叶4~5，有长柄，为三回羽状复叶，在开花时开始发育；叶片狭椭圆形，有时卵形，长7~8.5 cm，宽2.5~4 cm，羽片3~4对，下部的有柄，上部的无柄，卵形，二回羽状细裂，末回裂片线状披针形或线形，有时卵形，宽1~1.5（~2.5）mm，顶端常锐尖，边缘稍反卷，表面变无毛，背面疏被柔毛；叶柄长5~8 cm，有柔毛。

花：花葶有柔毛；总苞钟形，长2.8~3.4 cm，筒长5~6 mm，苞片细裂，末回裂片线

细叶白头翁——全株

细叶白头翁——根

细叶白头翁——茎

形或线状披针形,宽1～1.5 mm,背面有柔毛;花梗长约1.5 cm,结果时长达15 cm;花直立,萼片蓝紫色,卵状长圆形或椭圆形,长2.2～4.2 cm,宽1～1.3 cm,顶端微尖或钝,背面有长柔毛;花期5月。

细叶白头翁——叶　　　　　细叶白头翁——花　　　　　细叶白头翁——果

果: 聚合果直径约5 cm;瘦果纺锤形,长约4 mm,密被长柔毛,宿存花柱长约3 cm,有向上斜展的长柔毛;果期6月。

生物学特征:

在我国分布于宁夏(贺兰山)、内蒙古、河北北部、辽宁西部、吉林西部和黑龙江西部。生于草原或山地草坡或林边。在蒙古、俄罗斯西伯利亚地区也有分布。

药用价值:

根状茎药用,治细菌性痢疾、阿米巴痢疾、痔疮出血、淋巴结核等症;全草可治风湿性关节炎。

兴安白头翁

学　　名：*Pulsatilla dahurica* (Fisch.) Spreng.

别　　名：羊胡子花(陕西),老冠花、将军草、大碗花(江苏)、老公花、老姑子花(山东)、毛姑朵花(东北)、毫笔花、记性草。

采集地点：乌裕尔河中游草甸草原,北纬47°51′,东经124°52′,土壤主要为草甸沼泽土,其次是潜育草甸土和碳酸盐草甸土,气候为温带湿润大陆性季风气候。年平均降水量为427.4 mm,最少只有284 mm,降水最多的月份一般在7月,最少的月份一般在1月。年平均气温3.1 ℃,最低气温出现在1月,平均气温−19.2 ℃,极端最低气温−39.5 ℃。最高气温出现在7月,平均气温22.8 ℃,平均最高气温27.8 ℃,极端最高气温39.9 ℃。平均无霜期为130 d左右,降雪期为150 d左右。雪量平均20～30 cm,积雪日期为120 d左右,最大可出现50 cm以上积雪。冻土日期最短年份为182 d,最长年份为216 d。冻土深度,最大深度为1.8 m,最小深度为1.2 m,年平均深度为1.5 m。

植物学特征：

兴安白头翁为被子植物门Angiospermae、双子叶植物纲Dicotyledoneae、原始花被亚纲Archichlamydeae、毛茛目Ranales、毛茛科Ranunculaceae、毛茛亚科SUBFAM. Ranunculoideae、银莲花族Trib. Anemoneae、银莲花亚族Subtrib. Anemoninae、白头翁属Pulsatilla、白头翁亚属Subgen. Pulsatilla。兴安白头翁为多年生草本植物,具有以下植物学特征：

根和根茎：植株高25～40 cm。根状茎长达16 cm,粗5～7 mm。

叶：基生叶7～9,有长柄;叶片卵形,长4.5～7.5 cm,宽3～6 cm,基部近截形,三全裂或近似羽状分裂,一回中全裂片有细长柄,又三全裂,二回裂片深裂,深裂片狭楔

兴安白头翁——全株

兴安白头翁——叶

形或宽线形，全缘或上部有2～3小裂片或牙齿，一回侧全裂片无柄或近无柄，不等三深裂，表面近无毛，背面沿脉疏被柔毛；叶柄长2.8～15 cm，有柔毛。

花： 花葶2～4，直立，有柔毛；总苞钟形，长4～5 cm，筒长1.2～1.4 cm，裂片似基生叶的裂片，背面有密柔毛；花梗长约7.5 cm，有密柔毛，结果时增长；花近直立；萼片紫色，椭圆状卵形，长约2 cm，宽0.5～1 cm，顶端微钝，外面密被短柔毛；5～6月开花。

果： 聚合果直径约10 cm；瘦果狭倒卵形，长约3 mm，密被柔毛，宿存花柱长5～6 cm，有近平展的长柔毛。

兴安白头翁——根

兴安白头翁——果

生物学特征：

在我国分布于吉林东部、黑龙江。生于山地、草坡。在朝鲜、俄罗斯西伯利亚东部地区也有分布。

药用价值：

根状茎药用，治疗阿米巴痢疾功效显著(《东北草本植物志》)。

园林价值：

可作为观赏花卉。

植物文化：

传说唐代诗人杜甫困守京华之际，生活异常艰辛，往往是："残杯不与冷炙，到处潜悲辛。"一日早晨，杜甫喝下一碗两天前的剩粥，不久便呕吐不止，腹部剧痛难耐。但他蜗居茅屋，身无分文，根本无钱求医问药。这时，一位白发老翁刚好路过他家门前，见此情景，十分同情杜甫，询问完病情后说道："你稍待片刻，待老夫采药来为你治疗。"过不多久，白发老翁采摘了一把长着白色柔毛的野草，将其煎汤让杜甫服下。杜甫服完之后，病痛慢慢消除了，数日后痊愈。因"自怜白头无人问，怜人乃为白头翁"，杜甫就将此草起名为"白头翁"，以表达对那位白发老翁的感激之情。

三角叶驴蹄草

学　　名：*Caltha palustris* var. *Sibirica* Regel

采集地点：乌裕尔河中游草甸草原，北纬47°51′，东经124°52′，土壤主要为草甸沼泽土，其次是潜育草甸土和碳酸盐草甸土，气候为温带湿润大陆性季风气候。年平均降水量为427.4 mm，最少只有284 mm，降水最多的月份一般在7月，最少的月份一般在1月。年平均气温3.1 ℃，最低气温出现在1月，平均气温-19.2 ℃，极端最低气温-39.5 ℃。最高气温出现在7月，平均气温22.8 ℃，平均最高气温27.8 ℃，极端最高气温39.9 ℃。平均无霜期为130 d左右，降雪期为150 d左右。雪量平均20～30 cm，积雪日期为120 d左右，最大可出现50 cm以上积雪。冻土日期最短年份为182 d，最长年份为216 d。冻土深度，最大深度为1.8 m，最小深度为1.2 m，年平均深度为1.5 m。

植物学特征：

三角叶驴蹄草为被子植物门Angiospermae、双子叶植物纲Dicotyledoneae、原始花被亚纲Archichlamydeae、毛茛目Ranales、毛茛科Ranunculaceae、金莲花亚科Subfam. Helleboroideae、金莲花族Trib. Trollieae、驴蹄草属Caltha、驴蹄草Caltha palustris。三角叶驴蹄草为多年生草本植物，具有以下植物学特征：

根：有多数肉质须根。

茎：茎高(10～)20～48 cm，粗(1.5～)3～6 mm，实心，具细纵沟，在中部或中部以上分枝，稀不分枝。

叶：基生叶3～7，有长柄；叶片圆形、圆肾形或心形，长(1.2～)2.5～5 cm，宽(2～)3～9 cm，顶端圆形，基部深心形或基部二裂片互相覆压，边缘全部密生正三角形小牙齿；叶柄长(4～)7～24 cm。茎生叶通常向上逐渐变小，稀与基生叶近等大，圆肾形或三角状心形，具较短的叶柄或最上部叶完全不具柄。

花：茎或分枝顶部有由2朵花组成的简单的单歧聚伞花序；苞片三角状心形，

三角叶驴蹄草——全株

三角叶驴蹄草——根

三角叶驴蹄草——叶

边缘生牙齿；花梗长(1.5～)2～10 cm；萼片5，黄色，倒卵形或狭倒卵形，长1～1.8(～2.5)cm，宽0.6～1.2(～1.5)cm，顶端圆形；雄蕊长4.5～7(～9)mm，花药长圆形，长1～1.6 mm，花丝狭线形；心皮(5～)7～12，与雄蕊近等长，无柄，有短花柱。蓇葖长约1 cm，宽约3 mm，具横脉，喙长约1 mm；5～9月开花。

果：种子狭卵球形，长1.5～2 mm，黑色，有光泽，有少数纵皱纹，6月开始结果。

三角叶驴蹄草——花

三角叶驴蹄草——花蕾

三角叶驴蹄草——花

生物学特征：

在我国分布于山东东部、辽宁、吉林、黑龙江、内蒙古。生于沼泽中、河边草地或山谷沟边或浅水中。在朝鲜、日本、俄罗斯远东地区也有分布。

药用价值：

全草可供药用，有祛风、散寒、清热、消炎、止咳之功效，内用于热病、瘰疬、痛经；外用于烧伤、化脓性创伤、皮肤病。

经济价值：

三角叶驴蹄草全草含白头翁素和其他植物碱，有毒，可试制土农药。

水葫芦苗

学　　名：*Halerpestes cymbalaria* (Pursh) Green
别　　名：圆叶碱毛茛。
采集地点：乌裕尔河中游草甸草原，北纬47°51′，东经124°52′，土壤主要为草甸沼泽土，其次是潜育草甸土和碳酸盐草甸土，气候为温带湿润大陆性季风气候。年平均降水量为427.4 mm，最少只有284 mm，降水最多的月份一般在7月，最少的月份一般在1月。年平均气温3.1 ℃，最低气温出现在1月，平均气温-19.2 ℃，极端最低气温-39.5 ℃。最高气温出现在7月，平均气温22.8 ℃，平均最高气温27.8 ℃，极端最高气温39.9 ℃。平均无霜期为130 d左右，降雪期为150 d左右。雪量平均20~30 cm，积雪日期为120 d左右，最大可出现50 cm以上积雪。冻土日期最短年份为182 d，最长年份为216 d。冻土深度，最大深度为1.8 m，最小深度为1.2 m，年平均深度为1.5 m。

植物学特征：

水葫芦苗为被子植物门Angiospermae、双子叶植物纲Dicotyledoneae、原始花被亚纲Archichlamydeae、毛茛目Ranales、毛茛科Ranunculaceae、毛茛亚科SUBFAM. Ranunculoideae、毛茛族Trib. Ranunculeae、毛茛亚族Subtrib. Ranunculinae、碱毛茛属Halerpestes。水葫芦苗为多年生草本植物，具有以下植物学特征：

根：根系发达，主根不明显，多分枝，须根多而长，呈白色。

茎：匍匐茎细长，横走。

叶：叶多数；叶片纸质，多近圆形，或肾形、宽卵形，长0.5~2.5 cm，宽稍大于长，基部圆心形、截形或宽楔形，边缘有3~7(~11)个圆齿，有时3~5裂，无毛；叶柄长

水葫芦苗——全株

水葫芦苗——根

2～12 cm，稍有毛。

花：花序2～3回二歧状分枝，一回分枝近等长或不等长，长9～14 cm，二回分枝长1～10 cm；小总苞苞片似总苞苞片，近等大或较小。花葶1～4条，高5～15 cm，无毛；苞片线形；花小，直径6～8 mm；萼片绿色，卵形，长3～4 mm，无毛，反折；花瓣5，狭椭圆形，与萼片近等长，顶端圆形，基部有长约1 mm的爪，爪上端有点状蜜槽；花药长0.5～0.8 mm，花丝长约2 mm；花托圆柱形，长约5 mm，有短柔毛。

果：聚合果椭圆球形，直径约5 mm；瘦果小而极多，斜倒卵形，长1.2～1.5 mm，两面稍臌起，有3～5条纵肋，无毛，喙极短，呈点状；花果期5～9月。

水葫芦苗——叶　　　　　　　　　水葫芦苗——花

生物学特征：

在我国分布于西藏、四川西北部、陕西、甘肃、青海、新疆、内蒙古、山西、河北、山东、辽宁、吉林、黑龙江。适生于盐碱地上。生于海边或河边盐碱性沼泽或盐碱土的湿草地上。在亚洲和北美洲的温带广布。

药用价值：

以全草入药，具有利水消肿，祛风除湿之功效，用于水肿、腹水、小便不利、风湿痹痛。

二歧银莲花

学　　名：*Anemone dichotoma* L.
别　　名：草玉梅。
采集地点：乌裕尔河中游草甸草原,北纬47°51′,东经124°52′,土壤主要为草甸沼泽土,其次是潜育草甸土和碳酸盐草甸土,气候为温带湿润大陆性季风气候。年平均降水量为427.4 mm,最少只有284 mm,降水最多的月份一般在7月,最少的月份一般在1月。年平均气温3.1 ℃,最低气温出现在1月,平均气温-19.2 ℃,极端最低气温-39.5 ℃。最高气温出现在7月,平均气温22.8 ℃,平均最高气温27.8 ℃,极端最高气温39.9 ℃。平均无霜期为130 d左右,降雪期为150 d左右。雪量平均20~30 cm,积雪日期为120 d左右,最大可出现50 cm以上积雪。冻土日期最短年份为 182 d,最长年份为216 d。冻土深度,最大深度为1.8 m,最小深度为1.2 m,年平均深度为1.5 m。

植物学特征：

二歧银莲花为被子植物门Angiospermae、双子叶植物纲 Dicotyledoneae、原始花被亚纲Archichlamydeae、毛茛目Ranales、毛茛科Ranunculaceae、毛茛亚科SUBFAM. Ranunculoideae、银莲花族Trib. Anemoneae、银莲花亚族Subtrib. Anemoninae、银莲花属 Anemone、二歧银莲花组Sect. Anemonidium。二歧银莲花为多年生草本植物,具有以下植物学特征：

根：根多分枝,弯曲细长,暗褐色。

茎：株高35~60 cm。根茎横生,细长,暗褐色。茎直立,上部通常2叉状分枝。

叶：基生叶1,通常不存在。花葶有稀疏贴伏的短柔毛；总苞苞片2,扇形,长3~6 cm,宽4.5~10 cm,三深裂近基部,深裂片近等长,狭楔形或线状倒披针形,宽0.7~2.3 cm,不明三浅裂,或不分裂而有少数锐牙齿,表面近无毛,背面有短柔毛。

花：花序 2~3 回二歧状分枝,一回分枝近等长或不等长,长 9~14 cm,二回分枝长 1~10 cm；小总苞苞片似总苞苞片,近等大或较小。花单生于花序分枝处；萼片5,

二歧银莲花——全株

二歧银莲花——根

白色或带粉红色，倒卵形或椭圆形，长0.7～1.2 cm，宽7～8 mm；雄蕊长达4 mm；心皮约30，无毛，长约2.2 mm，子房长圆形，有向外弯的短花柱。6月开花。

果：瘦果扁平，卵形或椭圆形，长5～7 mm，有边缘和稍弯的宿存花柱，果期7～8月。

二歧银莲花——叶

二歧银莲花——花蕾

二歧银莲花——花

生物学特征：

在我国分布于吉林、黑龙江。在亚洲北部、欧洲广布。生于丘陵、山坡湿草地或林下。

药用价值：

根具有舒筋活血、清热解毒的功效。主治跌打损伤、风湿性关节炎、痢疾、疮痈。

蓝 堇 草

学　　名：Leptopyrum fumarioides(L.)Reichb.

采集地点：乌裕尔河中游草甸草原，北纬47°51′，东经124°52′，土壤主要为草甸沼泽土，其次是潜育草甸土和碳酸盐草甸土，气候为温带湿润大陆性季风气候。年平均降水量为427.4 mm，最少只有284 mm，降水最多的月份一般在7月，最少的月份一般在1月。年平均气温3.1 ℃，最低气温出现在1月，平均气温-19.2 ℃，极端最低气温-39.5 ℃。最高气温出现在7月，平均气温22.8 ℃，平均最高气温27.8 ℃，极端最高气温39.9 ℃。平均无霜期为130 d左右，降雪期为150 d左右。雪量平均20～30 cm，积雪日期为120 d左右，最大可出现50 cm以上积雪。冻土日期最短年份为182 d，最长年份为216 d。冻土深度，最大深度为1.8 m，最小深度为1.2 m，年平均深度为1.5 m。

植物学特征：

蓝堇草为被子植物门Angiospermae、双子叶植物纲 Dicotyledoneae、原始花被亚纲Archichlamydeae、毛茛目Ranales、毛茛科Ranunculaceae、唐松草亚科Subfam. Thalictroideae、耧斗菜族Trib. Isopyreae、蓝堇草属Leptopyrum。蓝堇草为一年生草本植物，具有以下植物学特征：

根：直根系，直根细长，径粗2～3.5 mm，生少数侧根。

茎：蓝堇草的茎(2～)4～9(～17)条，多少斜升，生少数分枝，高8～30 cm。基生叶多数，无毛。

叶：叶片轮廓三角状卵形，长0.8～2.7 cm，宽1～3 cm，三全裂，中全裂片等边菱形，长达12 mm，宽达11 mm，下延成的细柄，常再三深裂，深裂片长椭圆状倒卵形至线状狭倒卵形，常具1～4个钝锯齿，侧全裂片通常无柄，不等二深裂；叶柄长2.5～13 cm，

蓝堇草——全株

蓝堇草——根

茎生叶1~2，小。

花：花小，直径3~5 mm；花梗纤细，长3~30 mm；萼片椭圆形，淡黄色，长3~4.5 mm，宽1.7~2 mm，具3条脉，顶端钝或急尖；花瓣长约1 mm，近二唇形，上唇顶端圆，下唇较短；雄蕊通常10~15，花药淡黄色，长0.5 mm左右，花丝长约2.5 mm；心皮6~20，长约2 mm，无毛；5~6月开花。

果：蓇葖直立，线状长椭圆形，长8~10 mm；6~7月结果。

种子：种子4~14粒，卵球形或狭卵球形，长0.5~0.7 mm。

蓝堇草——叶　　　　　蓝堇草——花　　　　　蓝堇草——果

生物学特征：

在我国分布于新疆、青海东北部、甘肃、陕西、山西、河北、内蒙古、辽宁、吉林、黑龙江。生于海拔100~1 440 m的田边、路边或干燥草地上。在朝鲜、俄罗斯西伯利亚地区、蒙古和欧洲也有分布。

药用价值：

全草药用，可治疗心血管疾病，有时用于治疗胃肠道疾病和伤寒（《东北草本植物志》）。

棉团铁线莲

学　　名：*Clematis hexapetala* Pall.
别　　名：山蓼(《中国高等植物图鉴》)、棉花子花(黑龙江)、野棉花(辽宁)。
采集地点：乌裕尔河中游草甸草原，北纬47°51′，东经124°52′，土壤主要为草甸沼泽土，其次是潜育草甸土和碳酸盐草甸土，气候为温带湿润大陆性季风气候。年平均降水量为427.4 mm，最少只有284 mm，降水最多的月份一般在7月，最少的月份一般在1月。年平均气温3.1 ℃，最低气温出现在1月，平均气温-19.2 ℃，极端最低气温-39.5 ℃。最高气温出现在7月，平均气温22.8 ℃，平均最高气温27.8 ℃，极端最高气温39.9 ℃。平均无霜期为130 d左右，降雪期为150 d左右。雪量平均20～30 cm，积雪日期为120 d左右，最大可出现50 cm以上积雪。冻土日期最短年份为182 d，最长年份为216 d。冻土深度，最大深度为1.8 m，最小深度为1.2 m，年平均深度为1.5 m。

植物学特征：

棉团铁线莲为被子植物门Angiospermae、双子叶植物纲Dicotyledoneae、原始花被亚纲Archichlamydeae、毛茛目Ranales、毛茛科Ranunculaceae、毛茛亚科SUBFAM. Ranunculoideae、银莲花族Trib. Anemoneae、铁线莲亚族Subtrib. Clematidinae、铁线莲属Clematis、威灵仙组Sect. Clematis、棉团铁线莲亚组Subsect. Angustifolise。棉团铁线莲为多年生直立草本植物，具有以下植物学特征：

根：根多数，新根白色。
茎：株高30～100 cm，老枝圆柱形，有纵沟，茎疏生柔毛，后变无毛。
叶：棉团铁线莲的叶片近革质绿色，干后常变黑色，单叶至复叶，一至二回羽状深裂，裂片线状披针形，长椭圆状披针形至椭圆形，或线形，长1.5～10 cm，宽0.1～2 cm，

棉团铁线莲——全株

棉团铁线莲——花蕾

顶端锐尖或凸尖,有时钝,全缘,两面或沿叶脉疏生长柔毛或近无毛,网脉突出。

花:花序顶生,聚伞花序或为总状、圆锥状聚伞花序,有时花单生,花直径2.5~5 cm;萼片4~8,通常6,白色,长椭圆形或狭倒卵形,长1~2.5 cm,宽0.3~1(~1.5)cm,外面密生棉毛,花蕾时像棉花球,内面无毛;雄蕊无毛;花期6~8月。

果:瘦果倒卵形,扁平,密生柔毛,宿存花柱长1.5~3 cm,有灰白色长柔毛,果期7~10月。

棉团铁线莲——根

棉团铁线莲——叶

生物学特征:

在我国分布于甘肃东部、陕西、山西、河北、内蒙古、辽宁、吉林、黑龙江。生于固定沙丘、干山坡或山坡草地,尤以东北及内蒙古草原地区较为普遍。朝鲜、蒙古、俄罗斯西伯利亚东部也有分布。本种分布于干旱的沙丘、荒漠地区。虽然叶裂片一般偏狭,甚至宽仅达1 mm,而分布于草原地区的叶裂片宽可达2 cm,但因绝大部分是中间类型,且宽、狭之间无明显界限,同时在同一植株上,裂片也有宽有狭,故作同一类型处理。

药用价值:

以干燥的根及根茎入药,中药名为威灵仙,药材主产于山东及东北等地,味辛、咸、微苦,性温,小毒,具祛风除湿、通络止痛等功效,主治风湿痹痛、屈伸不利、筋脉拘挛、

棉团铁线莲——花

肢体麻木、脚气肿痛、骨哽咽喉、痰饮积聚等症状，现代药理研究表明棉团铁线莲具抗微生物、抗利尿、镇痛、引产、保护心肌缺血、促进胆汁分泌等作用。

园林价值：

棉团铁线莲花大美丽，可作观赏植物。

经济价值：

棉团铁线莲作农药，对马铃薯疫病和红蜘蛛有良好防治作用(《东北草本植物志》)。

毛柄水毛茛

学　　名：*Batrachium trichophyllum* (Chaix) Bossche

采集地点：乌裕尔河中游草甸草原，北纬47°51′，东经124°52′，土壤主要为草甸沼泽土，其次是潜育草甸土和碳酸盐草甸土，气候为温带湿润大陆性季风气候。年平均降水量为427.4 mm，最少只有284 mm，降水最多的月份一般在7月，最少的月份一般在1月。年平均气温3.1 ℃，最低气温出现在1月，平均气温−19.2 ℃，极端最低气温−39.5 ℃。最高气温出现在7月，平均气温22.8 ℃，平均最高气温27.8 ℃，极端最高气温39.9 ℃。平均无霜期为130 d左右，降雪期为150 d左右。雪量平均20～30 cm，积雪日期为120 d左右，最大可出现50 cm以上积雪。冻土日期最短年份为182 d，最长年份为216 d。冻土深度，最大深度为1.8 m，最小深度为1.2 m，年平均深度为1.5 m。

植物学特征：

毛柄水毛茛为被子植物门Angiospermae、双子叶植物纲 Dicotyledoneae、原始花被亚纲Archichlamydeae、毛茛目Ranales、毛茛科Ranunculaceae、毛茛亚科SUBFAM. Ranunculoideae、毛茛族 Trib. Ranunculeae、毛茛亚族Subtrib. Ranunculinae、水毛茛属Batrachium。毛柄水毛茛为多年生沉水草本植物，具有以下植物学特征：

根：根由茎节生出不定根。

茎：茎圆柱形，细长而柔软，长约30 cm或更长，无毛或在节上有疏毛。

叶：叶有极短柄；叶片轮廓近半圆形，直径1～2 cm，3～4回2～3裂，小裂片近丝形，在水外叉开，无毛；叶柄长约2.5 mm，或只有鞘状部分，有密或疏的短伏毛。

花：花直径1.1～1.5 cm；花梗长2～3.5 cm，无毛；萼片近椭圆形，长2.5～3.5 mm，边缘膜质，反折，无毛；花瓣白色，下部黄色，宽倒卵形或倒卵形，长6～7 mm，基部有

毛柄水毛茛——全株

毛柄水毛茛——花

短爪,蜜槽点状;雄蕊约15,花药长0.6~1 mm;花托近圆球形,有毛;花期6~7月。

果: 聚合果卵球形,直径约4 mm;瘦果椭圆形,长约1 mm,有横皱纹。

毛柄水毛茛——茎、叶

生物学特征:

在我国产自黑龙江。生于海拔580~700 m河边水中或沼泽水中。在亚洲北部、欧洲及北美洲广布。

茴 茴 蒜

学　　名：*Ranunculus chinensis* Bunge.

别　　名：水胡椒、蝎虎草、黄花草、土细辛、鹅巴掌、水杨梅、小桑子、糯虎掌、野桑椹、小回回蒜、鸭脚板、山辣椒、小虎掌草、青果草、水虎掌草。

采集地点：乌裕尔河中游草甸草原，北纬47°51′，东经124°52′，土壤主要为草甸沼泽土，其次是潜育草甸土和碳酸盐草甸土，气候为温带湿润大陆性季风气候。年平均降水量为427.4 mm，最少只有284 mm，降水最多的月份一般在7月，最少的月份一般在1月。年平均气温3.1 ℃，最低气温出现在1月，平均气温–19.2 ℃，极端最低气温–39.5 ℃。最高气温出现在7月，平均气温22.8 ℃，平均最高气温27.8 ℃，极端最高气温39.9 ℃。平均无霜期为130 d左右，降雪期为150 d左右。雪量平均20～30 cm，积雪日期为120 d左右，最大可出现50 cm以上积雪。冻土日期最短年份为182 d，最长年份为216 d。冻土深度，最大深度为1.8 m，最小深度为1.2 m，年平均深度为1.5 m。

植物学特征：

茴茴蒜为被子植物门Angiospermae、双子叶植物纲Dicotyledoneae、原始花被亚纲Archichlamydeae、毛茛目Ranales、毛茛科Ranunculaceae、毛茛亚科SUBFAM. Ranunculoideae、毛茛族Trib. Ranunculeae、毛茛亚族Subtrib. Ranunculinae、毛茛属Ranunculus、毛茛组Sect. Ranunculus。茴茴蒜为一年生草本植物，具有以下植物学特征：

根：须根，多数簇生。

茎：茎直立粗壮，高20～70 cm，直径在5 mm以上，中空，有纵条纹，分枝多，与叶

茴茴蒜——全株

茴茴蒜——根

柄均密生开展的淡黄色糙毛。

叶：基生叶与下部叶有长达12 cm的叶柄，为3出复叶，叶片宽卵形至三角形，长3～8(～12)cm，小叶2～3深裂，裂片倒披针状楔形，宽5～10 mm，上部有不等的粗齿或缺刻或2～3裂，顶端尖，两面伏生糙毛，小叶柄长1～2 cm或侧生小叶柄较短，生开展的糙毛。上部叶较小，叶片3全裂，裂片有粗齿牙或再分裂。

茴茴蒜——茎　　　　　　　　　　　茴茴蒜——叶

茴茴蒜——花　　　　　　　　　　　茴茴蒜——果

花：花序有较多疏生的花，花梗贴生糙毛；花直径6～12 mm；萼片狭卵形，长3～5 mm，外面生柔毛；花瓣5，宽卵圆形，与萼片近等长或稍长，黄色或上面白色，基部有短爪，蜜槽有卵形小鳞片；花药长约1 mm；花托在果期显著伸长，圆柱形，长达1 cm，密生白短毛。

果： 聚合果长圆形，直径6～10 mm；瘦果扁平，长3～3.5 mm，宽约2 mm，为厚的5倍以上，无毛，边缘有宽约0.2 mm的棱，喙极短，呈点状，长0.1～0.2 mm；花果期5～9月。

生物学特征：

分布于我国广大地区，西藏、云南、四川、陕西、甘肃、青海、新疆、内蒙古、黑龙江、吉林、辽宁、河北、山西、河南、山东、湖北、湖南、江西、江苏、安徽、浙江、广东、广西、贵州均有分布。生于海拔700～2 500 m的平原与丘陵、溪边、田旁的水湿草地。印度、朝鲜、日本及俄罗斯西伯利亚、远东地区也有分布。

药用价值：

全草可入药，有消炎、止痛、截疟、杀虫等功效，治肝炎、肝硬化、疟疾、胃炎、溃疡、哮喘、疮癞、牛皮癣、风湿关节痛、腰痛等；内服需久煎，外用可用鲜草捣汁或煎水洗。

茴茴蒜的全草有毒。误食后会致口腔灼热、恶心、呕吐、腹部剧痛，严重者呼吸衰竭而致死亡。

匍枝毛茛

学　　名: *Ranunculus repens* L.
别　　名: 伏生毛茛、匍枝毛茛、鸭爪芹、鸭巴掌、鸭爪子。
采集地点: 乌裕尔河中游草甸草原，北纬47°51′，东经124°52′，土壤主要为草甸沼泽土，其次是潜育草甸土和碳酸盐草甸土，气候为温带湿润大陆性季风气候。年平均降水量为427.4 mm，最少只有284 mm，降水最多的月份一般在7月，最少的月份一般在1月。年平均气温3.1 ℃，最低气温出现在1月，平均气温-19.2 ℃，极端最低气温-39.5 ℃。最高气温出现在7月，平均气温22.8 ℃，平均最高气温27.8 ℃，极端最高气温39.9 ℃。平均无霜期为130 d左右，降雪期为150 d左右。雪量平均20～30 cm，积雪日期为120 d左右，最大可出现50 cm以上积雪。冻土日期最短年份为182 d，最长年份为216 d。冻土深度，最大深度为1.8 m，最小深度为1.2 m，年平均深度为1.5 m。

植物学特征：

匍枝毛茛为被子植物门Angiospermae、双子叶植物纲Dicotyledoneae、原始花被亚纲Archichlamydeae、毛茛目Ranales、毛茛科Ranunculaceae、毛茛亚科SUBFAM. Ranunculoideae、毛茛族Trib. Ranunculeae、毛茛亚族Subtrib. Ranunculinae、毛茛属Ranunculus、毛茛组Sect. Ranunculus。匍枝毛茛为多年生草本植物，具有以下植物学特征：

根：须根，簇生，多数粗而长，根白色。

茎：根状茎短，茎下部匍匐地面，节处生根并分枝，上部直立，高30～60 cm，粗壮，中空，有纵条纹，通常无毛。

叶：叶为三出复叶，基生叶和下部叶有长柄；叶片宽卵圆形，长与宽为3～9 cm，小叶有长0.5～3 cm的小叶柄，3深裂或3全裂，裂片菱状楔形，不等地2～3中裂，边缘有

匍枝毛茛——全株

匍枝毛茛——根

匍枝毛茛——叶

粗锯齿或缺刻，顶端尖，大多无毛；叶柄长3～6 cm，基部扩大呈膜质宽鞘，无毛。下部叶与基生叶相似；上部叶较小，裂片线形，有短柄至无柄。

花：花序有疏花；花直径2～2.5 cm；萼片卵形，长5～7 mm，无毛或疏生柔毛；花瓣5～8，橙黄色至黄色，卵形至宽倒卵形，长8～12 mm，宽6～8 mm，基部渐狭成爪，蜜槽有鳞片覆盖；花药长约1.2 mm，花丝长约3 mm；花托长圆形，生白柔毛。

果：聚合果卵球形，直径约8 mm；瘦果扁平，长2～3 mm，无毛，边缘有棱，喙直或外弯，长0.5～1 mm，花果期5～8月。

匍枝毛茛——花　　　　　　匍枝毛茛——果

生物学特征：

生长在沟边草地。生长迅速，耐寒，喜湿，喜阳又耐阴，不耐践踏。在我国分布于新疆、河北、山西、内蒙古、辽宁、吉林、黑龙江。在亚洲北部、欧洲广布。

药用价值：

民间药用。

园林价值：

可用作城市绿化的地被材料。2008北京奥运会用作地被植物。

路 边 青

学　　名：*Geum aleppicum* Jacq.
别　　名：水杨梅(《本草纲目》)、兰布政(云南)、草本水杨梅。
采集地点：乌裕尔河中游草甸草原，北纬47°51′，东经124°52′，土壤主要为草甸沼泽土，其次是潜育草甸土和碳酸盐草甸土，气候为温带湿润大陆性季风气候。年平均降水量为427.4 mm，最少只有284 mm，降水最多的月份一般在7月，最少的月份一般在1月。年平均气温3.1 ℃，最低气温出现在1月，平均气温-19.2 ℃，极端最低气温-39.5 ℃。最高气温出现在7月，平均气温22.8 ℃，平均最高气温27.8 ℃，极端最高气温39.9 ℃。平均无霜期为130 d左右，降雪期为150 d左右。雪量平均20～30 cm，积雪日期为120 d左右，最大可出现50 cm以上积雪。冻土日期最短年份为182 d，最长年份为216 d。冻土深度，最大深度为1.8 m，最小深度为1.2 m，年平均深度为1.5 m。

植物学特征：

路边青为被子植物门Angiospermae、双子叶植物纲Dicotyledoneae、原始花被亚纲Archichlamydeae、蔷薇目Rosales、蔷薇亚目Rosineae、蔷薇科Rosaceae、蔷薇亚科Rosoideae、路边青属Geum。路边青为多年生草本植物，具有以下植物学特征：

根：须根系，须根簇生。
茎：茎直立，高30～100 cm，被开展粗硬毛稀几无毛。
叶：基生叶为大头羽状复叶，通常有小叶2～6对，连叶柄长10～25 cm，叶柄被粗硬毛，小叶大小极不相等，顶生小叶最大，菱状广卵形或宽扁圆形，长4～8 cm，宽5～10 cm，顶端急尖或圆钝，基部宽心形至宽楔形，边缘常浅裂，有不规则粗大锯齿，

路边青——全株

路边青——根

路边青——茎

锯齿急尖或圆钝,两面绿色,疏生粗硬毛;茎生叶羽状复叶,有时重复分裂,向上小叶逐渐减少,顶生小叶披针形或倒卵披针形,顶端常渐尖或短渐尖,基部楔形;茎生叶托叶大,绿色,叶状,卵形,边缘有不规则粗大锯齿。

花:花序顶生,疏散排列,花梗被短柔毛或微硬毛;花直径1～1.7 cm;花瓣黄色,几圆形,比萼片长;萼片卵状三角形,顶端渐尖,副萼片狭小,披针形,顶端渐尖稀2裂,比萼片短1倍多,外面被短柔毛及长柔毛;花柱顶生,在上部1/4处扭曲,成熟后自扭曲处脱落,脱落部分下部被疏柔毛。

果:聚合果倒卵球形,瘦果被长硬毛,花柱宿存部分无毛,顶端有小钩;果托被短硬毛,长约1 mm,花果期7～10月。

路边青——叶　　　　路边青——花　　　　路边青——果

生物学特征:

产于我国黑龙江、吉林、辽宁、内蒙古、山西、陕西、甘肃、新疆、山东、河南、湖北、四川、贵州、云南、西藏等地,广泛分布北半球温带及暖温带。生在山坡草地、沟边、地边、河滩、林间隙地及林缘,海拔200～3 500 m。喜温暖湿润和阳光充足环境,较耐寒,不耐高温和干旱,但耐水淹,以肥沃酸性的沙壤土为佳。

药用价值:

以全草或根入药。夏季采挖,切碎晒干。性辛、甘、平,可清热解毒,消肿止痛,跌打损伤等,外用治疗疮、痈肿。

园林价值:

路边青也可作观赏植物,因其枝条披散,婀娜多姿,秀丽夺目,适用于低洼地等。

地 蔷 薇

学　　名：*Chamaerhodos erecta* (L.) Bge.
别　　名：追风蒿。
采集地点：乌裕尔河中游草甸草原，北纬47°51′，东经124°52′，土壤主要为草甸沼泽土，其次是潜育草甸土和碳酸盐草甸土，气候为温带湿润大陆性季风气候。年平均降水量为427.4 mm，最少只有284 mm，降水最多的月份一般在7月，最少的月份一般在1月。年平均气温3.1 ℃，最低气温出现在1月，平均气温-19.2 ℃，极端最低气温-39.5 ℃。最高气温出现在7月，平均气温22.8 ℃，平均最高气温27.8 ℃，极端最高气温39.9 ℃。平均无霜期为130 d左右，降雪期为150 d左右。雪量平均20～30 cm，积雪日期为120 d左右，最大可出现50 cm以上积雪。冻土日期最短年份为182 d，最长年份为216 d。冻土深度，最大深度为1.8 m，最小深度为1.2 m，年平均深度为1.5 m。

植物学特征：

地蔷薇为被子植物门Angiospermae、双子叶植物纲Dicotyledoneae、原始花被亚纲Archichlamydeae、蔷薇目Rosales、蔷薇亚目Rosineae、蔷薇科Rosaceae、蔷薇亚科Rosoideae Focke、地蔷薇属Chamaerhodos Bge。地蔷薇为两年生或一年生草本植物，具有以下植物学特征：

地蔷薇——全株

地蔷薇——根

根：根木质，直根，纺锤形，主根上有小分枝，分枝上有根须。

茎：株高20～50 cm，具长柔毛及腺毛。茎直立或弧曲上升，单一，少有多茎丛生，基部稍木质化，常在上部分枝。

叶：基生叶密生，莲座状，长1～2.5 cm，二回羽状三深裂，侧裂片二深裂，中央裂片常三深裂，二回裂片具缺刻或三浅裂，小裂片条形，长1～2 mm，先端圆钝，基部楔形，全缘，果期枯萎；叶柄长1～2.5 cm；托叶形状似叶，三至多深裂；茎生叶似基生叶，三深裂，近无柄。

花：聚伞花序顶生，具多花，二歧分枝形成圆锥花序，直径1.5～3 cm；苞片及小苞片2～3裂，裂片条形；花梗细，长3～6 mm；花直径2～3 mm；萼筒倒圆锥形或钟形，长1 mm，萼片卵状披针形，长1～2 mm，先端渐尖；花瓣倒卵形，长2～3 mm，白色或粉红色，无毛，先端圆钝，基部有短爪；花丝比花瓣短；心皮10～15，离生，花柱侧基生，子房卵形或长圆形。

果：瘦果卵形或长圆形，长1～1.5 mm，深褐色，无毛，平滑，先端具尖头，花果期6～8月。

地蔷薇——茎　　　　　地蔷薇——叶　　　　　地蔷薇——花

生物学特征：

产于我国黑龙江、吉林、辽宁、内蒙古、河北、山西、河南、陕西、甘肃、宁夏、青海、新疆。生于山坡、丘陵或干旱河滩，海拔2 500 m。朝鲜、蒙古、俄罗斯也有分布。

药用价值：

地蔷薇味苦微辛，性温。全草供药用，有祛风湿功效，主治风湿性关节炎；夏、秋采收，晒干备用。

龙芽草

学　　名：Agrimonia pilosa Ldb.

别　　名：瓜香草(《救荒本草》),老鹤嘴,毛脚茵,施州龙芽草(《植物名实图考》),石打穿、金顶龙芽(《本草纲目拾遗》),仙鹤草(《中国药学大辞典》),路边黄(陕西),地仙草(黑龙江)。

采集地点：乌裕尔河中游草甸草原,北纬47°51′,东经124°52′,土壤主要为草甸沼泽土,其次是潜育草甸土和碳酸盐草甸土,气候为温带湿润大陆性季风气候。年平均降水量为427.4 mm,最少只有284 mm,降水最多的月份一般在7月,最少的月份一般在1月。年平均气温3.1 ℃,最低气温出现在1月,平均气温-19.2 ℃,极端最低气温-39.5 ℃。最高气温出现在7月,平均气温22.8 ℃,平均最高气温27.8 ℃,极端最高气温39.9 ℃。平均无霜期为130 d左右,降雪期为150 d左右。雪量平均20~30 cm,积雪日期为120 d左右,最大可出现50 cm以上积雪。冻土日期最短年份为182 d,最长年份为216 d。冻土深度,最大深度为1.8 m,最小深度为1.2 m,年平均深度为1.5 m。

植物学特征：

龙芽草为被子植物门Angiospermae、双子叶植物纲Dicotyledoneae、原始花被亚纲Archichlamydeae、蔷薇目Rosales、蔷薇亚目Rosineae、蔷薇科Rosaceae、蔷薇亚科

龙芽草——全株

龙芽草——根

Rosoideae Focke、龙芽草属Agrimonia。龙芽草为多年生草本植物,具有以下植物学特征:

根:根多数,根多呈块茎状,周围长出若干侧根,根茎短,基部常有1至数个地下芽。

茎:茎高35~120 cm,被疏柔毛及短柔毛,稀下部被稀疏长硬毛。

叶:叶为间断奇数羽状复叶,有小叶3~5对,最上部小叶减少到1~2对;小叶片无柄或偶有短柄,椭圆形、长圆形或倒卵椭圆形,长2~7 cm,宽1.5~4 cm,顶端圆钝或急尖,基部圆钝或宽楔形,边缘有粗大圆钝锯齿,上面伏生疏柔毛,下面被短柔毛及疏柔毛;托叶阔大,草质,半圆形,边缘有粗大急尖锯齿或浅裂片。

花:花序通常不分枝,花序轴较粗,被短柔毛及长柔毛,花梗极短,长约1 mm;苞片深3~4裂,裂片带形,中间裂片特别长,小苞片1对,卵形,3齿裂;花直径12~13 mm;萼片5,三角状卵形;花瓣黄色,倒卵椭圆形;雄蕊11~12枚;花柱2,柱头显著扩大;花期6月。

果:果实钟形,萼筒外面有10条肋,被疏柔毛,顶端有数层钩刺,外层反折,内层开展,连刚毛长8~10 mm,最宽处直径5 mm,果期7月。

龙芽草——叶

龙芽草——茎　　　　　　　　　龙芽草——花

生物学特征：

在我国南北各省区均产。常生于溪边、路旁、草地、灌丛、林缘及疏林下，海拔100～3 800 m。欧洲中部以及俄罗斯、蒙古、朝鲜、日本和越南北部均有分布。

饲用价值：

可作饲料用，适口性中等。青草期马、羊少量采食，牛乐食。

药用价值：

全草可入药，性味苦、平、涩，为强壮性收敛止血剂，具有收敛止血、解毒杀虫、益气强心功能。

地　　榆

学　　名：*Sanguisorba officinalis* L.
别　　名：一串红、山枣子、玉札、黄爪香、豚榆系、山地瓜、猪人参、血箭草。
采集地点：乌裕尔河中游草甸草原，北纬47°51′，东经124°52′，土壤主要为草甸沼泽土，其次是潜育草甸土和碳酸盐草甸土，气候为温带湿润大陆性季风气候。年平均降水量为427.4 mm，最少只有284 mm，降水最多的月份一般在7月，最少的月份一般在1月。年平均气温3.1 ℃，最低气温出现在1月，平均气温-19.2 ℃，极端最低气温-39.5 ℃。最高气温出现在7月，平均气温22.8 ℃，平均最高气温27.8 ℃，极端最高气温39.9 ℃。平均无霜期为130 d左右，降雪期为150 d左右。雪量平均20～30 cm，积雪日期为120 d左右，最大可出现50 cm以上积雪。冻土日期最短年份为182 d，最长年份为216 d。冻土深度，最大深度为1.8 m，最小深度为1.2 m，年平均深度为1.5 m。

植物学特征：

地榆为被子植物门Angiospermae、双子叶植物纲 Dicotyledoneae、原始花被亚纲Archichlamydeae、蔷薇目Rosales、蔷薇亚目Rosineae、蔷薇科Rosaceae、蔷薇亚科Rosoideae、地榆属 Sanguisorba。地榆为多年生草本植物，具有以下植物学特征：

根：根粗壮，多呈纺锤形，稀圆柱形，表面棕褐色或紫褐色，有纵皱及横裂纹，横切面黄白或紫红色，较平正。

茎：株高30～120 cm。茎直立，有棱，无毛或基部有稀疏腺毛。

叶：基生叶为羽状复叶，有小叶4～6对，叶柄无毛或基部有稀疏腺毛；小叶片有短柄，卵形或长圆状卵形，长1～7 cm，宽0.5～3 cm，顶端圆钝稀急尖，基部心形至浅心形，边缘有多数粗大圆钝稀急尖的锯齿，两面绿色，无毛；茎生叶较少，小叶片有短柄至几无柄，长圆形至长圆披针形，狭长，基部微心形至圆形，顶端急尖；基生叶托叶膜质，褐色，外面无毛或被稀疏腺毛，茎生叶托叶大，草质，半卵形，外侧边缘有尖锐锯齿。

地榆——全株　　　　　　　　　地榆——根　　　　　　　　　地榆——茎

花：穗状花序椭圆形、圆柱形或卵球形，直立，通常长1～3(4)cm，横径0.5～1 cm，从花序顶端向下开放，花序梗光滑或偶有稀疏腺毛；苞片膜质，披针形，顶端渐尖至尾尖，比萼片短或近等长，背面及边缘有柔毛；萼片4枚，紫红色，椭圆形至宽卵形，背面被疏柔毛，中央微有纵棱脊，顶端常具短尖头；雄蕊4枚，花丝丝状，不扩大，与萼片近等长或稍短；子房外面无毛或基部微被毛，柱头顶端扩大，盘形，边缘具流苏状乳头。

地榆——叶

地榆——花

果：果实包藏在宿存萼筒内，外面有斗棱，花果期7～10月。

生物学特征：

地榆的生命力旺盛，对栽培条件要求不严格，其地下部耐寒，地上部又耐高温多雨，不择土壤，中国南北各地均能栽培。产自我国黑龙江、吉林、辽宁、内蒙古、河北、山西、陕西、甘肃、青海、新疆、山东、河南、江西、江苏、浙江、安徽、湖南、湖北、广西、四川、贵州、云南、西藏。生于草原、草甸、山坡草地、灌丛中、疏林下，喜沙性土壤，海拔30～3 000 m。广布于欧洲、亚洲北温带。

食用价值：

一般春夏季采集嫩苗、嫩茎叶或花穗，用沸水烫后换清水浸泡，去掉苦味，一般用于炒食、做汤和腌菜，也可做色拉，因其具有黄瓜清香，做汤时放几片地榆叶更加鲜美；还可将其浸泡在啤酒或清凉饮料里增加风味。

药用价值：

地榆也是中草药。性寒，味苦酸，无毒；归肝、肺、肾和大肠经。有凉血止血、清热解毒、培清养阴、消肿敛疮等功效。本种根为止血要药及治疗烧伤、烫伤。

经济价值：

有些地区用来提制栲胶。

园林价值：

地榆叶形美观，其紫红色穗状花序摇曳于翠叶之间，高贵典雅，可作花境背景或栽植于庭园、花园供观赏。

翻白蚊子草

学　　名：*Filipendula intermedia* (Glehn) Juzep.
别　　名：阿拉嘎–塔布拉嘎(蒙名)、合叶子。

采集地点：乌裕尔河中游草甸草原，北纬47°51′，东经124°52′，土壤主要为草甸沼泽土，其次是潜育草甸土和碳酸盐草甸土，气候为温带湿润大陆性季风气候。年平均降水量为427.4 mm，最少只有284 mm，降水最多的月份一般在7月，最少的月份一般在1月。年平均气温3.1 ℃，最低气温出现在1月，平均气温–19.2 ℃，极端最低气温–39.5 ℃。最高气温出现在7月，平均气温22.8 ℃，平均最高气温27.8 ℃，极端最高气温39.9 ℃。平均无霜期为130 d左右，降雪期为150 d左右。雪量平均20～30 cm，积雪日期为120 d左右，最大可出现50 cm以上积雪。冻土日期最短年份为182 d，最长年份为216 d。冻土深度，最大深度为1.8 m，最小深度为1.2 m，年平均深度为1.5 m。

植物学特征：

翻白蚊子草为被子植物门Angiospermae、双子叶植物纲Dicotyledoneae、原始花被亚纲Archichlamydeae、蔷薇目Rosales、蔷薇亚目Rosineae、蔷薇科Rosaceae、蔷薇亚科Rosoideae、蚊子草属Filipendula。翻白蚊子草为多年生草本植物，具有以下植物学特征：

根：根多数，主根不明显，侧根纤细。

茎：株高约80～100 cm。茎几无毛，有棱。

叶：叶为羽状复叶，有小叶2～5对，叶柄几无毛，顶生小叶稍比侧生小叶大或几相等，常7～9裂，裂片狭窄，带形或披针形，边缘有整齐或不规则锯齿，顶端渐尖，上面无毛，下面被白色绒毛，沿脉有疏柔毛，侧生小叶与顶生小叶相似，唯向下较小及裂片

翻白蚊子草——全株

翻白蚊子草——花

较少；托叶草质，扩大，半心形，边缘有锯齿。

花：圆锥花序顶生，花梗常被短柔毛；萼片卵形，顶端急尖或钝，外面密被短柔毛；花瓣白色，倒卵形。

果：瘦果基部有短柄，直立，周围有一圈糙毛，花果期6~8月。

翻白蚊子草——根

翻白蚊子草——叶

生物学特征：

主要产于我国黑龙江、吉林，俄罗斯及远东地区也有分布。生长于海拔300~800 m的山岗灌木丛、草甸及河岸边。

药用价值：

味苦、辛，性温，民间主要用于治疗风湿、痛风、癫痫等症，在止痢、止血、治疗烧伤和冻伤等方面也具有较好疗效。

其他：

翻白蚊子草与细叶蚊子草相近，细叶蚊子草叶下面不被绒毛，花梗几无毛或被稀疏柔毛，萼片外面无毛，瘦果大多无柄，周围无毛，稀边缘有柔毛，可以区别。

委 陵 菜

学　　名：*Potentilla chinensis* Ser.

别　　名：一白草、生血丹、扑地虎、五虎噙血、天青地白(陕西)、萎陵菜(东北植物检索表)。

采集地点：乌裕尔河中游草甸草原,北纬47°51′,东经124°52′,土壤主要为草甸沼泽土,其次是潜育草甸土和碳酸盐草甸土,气候为温带湿润大陆性季风气候。年平均降水量为427.4 mm,最少只有284 mm,降水最多的月份一般在7月,最少的月份一般在1月。年平均气温3.1 ℃,最低气温出现在1月,平均气温-19.2 ℃,极端最低气温-39.5 ℃。最高气温出现在7月,平均气温22.8 ℃,平均最高气温27.8 ℃,极端最高气温39.9 ℃。平均无霜期为130 d左右,降雪期为150 d左右。雪量平均20～30 cm,积雪日期为120 d左右,最大可出现50 cm以上积雪。冻土日期最短年份为182 d,最长年份为216 d。冻土深度,最大深度为1.8 m,最小深度为1.2 m,年平均深度为1.5 m。

植物学特征：

委陵菜为被子植物门Angiospermae、双子叶植物纲 Dicotyledoneae、原始花被亚纲Archichlamydeae、蔷薇目Rosales、蔷薇亚目Rosineae、蔷薇科Rosaceae、蔷薇亚科Rosoideae、委陵菜属 Potentilla、锥状花柱组Sect. Conostylae、多裂系Ser. Multifidae。委陵菜为多年生草本植物,具有以下植物学特征:

根：主根粗壮,圆锥形,有少量侧根,稍木质化,呈深褐色。

茎：花茎直立或上升,高20～70 cm,被稀疏短柔毛及白色绢状长柔毛。

叶：基生叶为羽状复叶,有小叶5～15对,间隔0.5～0.8 cm,连叶柄长4～25 cm,

委陵菜——全株

委陵菜——叶

叶柄被短柔毛及绢状长柔毛；小叶片对生或互生，上部小叶较长，向下逐渐减小，无柄，长圆形、倒卵形或长圆披针形，长1～5 cm，宽0.5～1.5 cm，边缘羽状中裂，裂片三角卵形、三角状披针形或长圆披针形，顶端急尖或圆钝，边缘向下反卷，上面绿色，被短柔毛或脱落几无毛，中脉下陷，下面被白色绒毛，沿脉被白色绢状长柔毛，茎生叶与基生叶相似，唯叶片对数较少；基生叶托叶近膜质，褐色，外面被白色绢状长柔毛，茎生叶托叶草质，绿色，边缘锐裂。

花： 伞房状聚伞花序，花梗长0.5～1.5 cm，基部有披针形苞片，外面密被短柔毛；花直径通常0.8～1 cm，稀达1.3 cm；萼片三角卵形，顶端急尖，副萼片带形或披针形，顶端尖，比萼片短约1倍且狭窄，外面被短柔毛及少数绢状柔毛；花瓣黄色，宽倒卵形，顶端微凹，比萼片稍长；花柱近顶生，基部微扩大，稍有乳头或不明显，柱头扩大。

果： 瘦果卵球形，深褐色，有明显皱纹，花果期4～10月。

委陵菜——根　　　委陵菜——茎　　　　　　委陵菜——花

生物学特征：

在中国广泛分布于黑龙江、吉林、辽宁、内蒙古、河北、山西、陕西、甘肃、山东、河南、江苏、安徽、江西、湖北、湖南、台湾、广东、广西、四川、贵州、云南、西藏等地，俄罗斯远东地区、日本、朝鲜也均有分布。生于山坡草地、沟谷、林缘、灌丛或疏林下，海拔400～3 200 m。委陵菜气候适应性较为广泛，适宜生长在气候寒冷、日温差较大的地区；对土壤的适应性较为广泛，主要适宜土壤类型有黑土、栗钙土、高山草甸土、亚高山草甸土等。

饲用价值：

可作猪饲料。

药用价值：
全草入药，能清热解毒、止血、止痢。

经济价值：
该种根含鞣质，可提制栲胶。

食用价值：
嫩苗可食。春季采嫩苗，夏、秋季采全草，洗净鲜用；全草亦可晒干备用。

委陵菜木槿花汤：委陵菜30 g，白木槿花15 g，加水煎汤服。亦可略加油、盐调味，作汤菜食。白木槿花能清湿热、凉血以治痢，该方用以增强委陵菜的疗效。用于湿热痢疾或腹泻。

根头菜汤：委陵菜根60～120 g，加水煎汤服。该方有清热解毒疗疮的功效，用于疔疮痈肿初起，疼痛灼热。

翻 白 草

学　　名：*Potentilla discolor* Bge.

别　　名：鸡腿根、天藕(陕西)，翻白萎陵菜(东北植物检索表)，叶下白，鸡爪参(湖南)，鸡拔腿。

采集地点：乌裕尔河中游草甸草原，北纬47°51′，东经124°52′，土壤主要为草甸沼泽土，其次是潜育草甸土和碳酸盐草甸土，气候为温带湿润大陆性季风气候。年平均降水量为427.4 mm，最少只有284 mm，降水最多的月份一般在7月，最少的月份一般在1月。年平均气温3.1 ℃，最低气温出现在1月，平均气温-19.2 ℃，极端最低气温-39.5 ℃。最高气温出现在7月，平均气温22.8 ℃，平均最高气温27.8 ℃，极端最高气温39.9 ℃。平均无霜期为130 d左右，降雪期为150 d左右。雪量平均20~30 cm，积雪日期为120 d左右，最大可出现50 cm以上积雪。冻土日期最短年份为182 d，最长年份为216 d。冻土深度，最大深度为1.8 m，最小深度为1.2 m，年平均深度为1.5 m。

植物学特征：

翻白草为被子植物门Angiospermae、双子叶植物纲Dicotyledoneae、原始花被亚纲Archichlamydeae、蔷薇目Rosales、蔷薇亚目Rosineae、蔷薇科Rosaceae、蔷薇亚科Rosoideae、委陵菜属Potentilla、锥状花柱组Sect. Conostylae、多齿系Ser. Discolorae。

翻白草——全株

翻白草——根

翻白草为多年生草本植物，具有以下植物学特征：

根：根粗壮，下部常肥厚呈纺锤形，为直根系。

茎：茎直立，上升或微铺散，高10～45 cm，密被白色绵毛。

翻白草——茎

翻白草——果

翻白草——叶（正面）

翻白草——叶（背面）

叶：翻白草的基生叶有小叶2～4对，间隔0.8～1.5 cm，连叶柄长4～20 cm，叶柄密被白色绵毛，有时并有长柔毛；小叶对生或互生，无柄，小叶片长圆形或长圆披针形，长1～5 cm，宽0.5～0.8 cm，顶端圆钝，稀急尖，基部楔形、宽楔形或偏斜圆形，边缘具圆钝锯齿，稀急尖，上面暗绿色，被稀疏白色绵毛或脱落几无毛，下面密被白色或灰白色绵毛，脉不显或微显，茎生叶1～2，有掌状3～5小叶；基生叶托叶膜质，褐色，外面被白色长柔毛，茎生叶托叶草质，绿色，卵形或宽卵形，边缘常有缺刻状牙齿，稀全缘，下面密被白色绵毛。

花：聚伞花序有花数朵至多朵,疏散,花梗长1～2.5 cm,外被绵毛;花直径1～2 cm;萼片三角状卵形,副萼片披针形,比萼片短,外面被白色绵毛;花瓣黄色,倒卵形,顶端微凹或圆钝,比萼片长;花柱近顶生,基部具乳头状膨大,柱头稍微扩大。

果：瘦果近肾形,宽约1 mm,光滑,花果期5～9月。

生物学特征：

主产于我国黑龙江、辽宁、内蒙古、河北、山西、陕西、山东、河南、江苏、安徽、浙江、江西、湖北、湖南、四川、福建、台湾、广东。生于荒地、山谷、沟边、山坡草地、草甸及疏林下,海拔100～1 850 m。日本、朝鲜也有分布。

食用价值：

嫩苗可食,块根含丰富淀粉,亦可生食。

饲用价值：

各种牲畜均食其嫩叶,是良好的饲用植物。

药用价值：

全草入药,以根为最佳。有清热、解毒、消肿、止血作用,主治痈疮、疔肿、吐血、便血、妇女血崩、疟疾、阿米巴痢疾及小儿疳积等症。翻白草在治疗颈淋巴结结核方面也有一定疗效。此外,不是胰岛素依赖的糖尿病患者每天以草代茶喝,能收到降血糖、尿糖的效果,使口渴、尿频等症状得到缓解。

园林价值：

春观花、秋赏叶、夏季一片绿,适于各种花坛配料,草坪地被,也可用作封闭式观赏草坪,是一种极为理想的绿化材料。

朝天委陵菜

学　　名：*Potentilla supina* L.
别　　名：伏萎陵菜、仰卧委陵菜、铺地委陵菜、鸡毛菜。
采集地点：乌裕尔河中游草甸草原，北纬47°51′，东经124°52′，土壤主要为草甸沼泽土，其次是潜育草甸土和碳酸盐草甸土，气候为温带湿润大陆性季风气候。年平均降水量为427.4 mm，最少只有284 mm，降水最多的月份一般在7月，最少的月份一般在1月。年平均气温3.1 ℃，最低气温出现在1月，平均气温-19.2 ℃，极端最低气温-39.5 ℃。最高气温出现在7月，平均气温22.8 ℃，平均最高气温27.8 ℃，极端最高气温39.9 ℃。平均无霜期为130 d左右，降雪期为150 d左右。雪量平均20～30 cm，积雪日期为120 d左右，最大可出现50 cm以上积雪。冻土日期最短年份为182 d，最长年份为216 d。冻土深度，最大深度为1.8 m，最小深度为1.2 m，年平均深度为1.5 m。

植物学特征：

朝天委陵菜为被子植物门Angiospermae、双子叶植物纲 Dicotyledoneae、原始花被亚纲Archichlamydeae、蔷薇目Rosales、蔷薇亚目Rosineae、蔷薇科Rosaceae、蔷薇亚科Rosoideae、委陵菜属 Potentilla、锥状花柱组Sect. Conostylae、掌叶系Ser. Kleinianae。朝天委陵菜为一年生或两年生草本植物，具有以下植物学特征：

根：直根系，主根细长，并有稀疏侧根。

茎：茎平展，上升或直立，叉状分枝，长20～50 cm，被疏柔毛或脱落几无毛。

叶：基生叶羽状复叶，有小叶2～5对，间隔0.8～1.2 cm，连叶柄长4～15 cm，叶柄被疏柔毛或脱落几无毛；小叶互生或对生，无柄，最上面1～2对小叶基部下延与叶轴合生，小叶片长圆形或倒卵状长圆形，通常长1～2.5 cm，宽0.5～1.5 cm，顶端圆钝或急尖，基部楔形或宽楔形，边缘有圆钝或缺刻状锯齿，两面绿色，被稀疏柔毛或脱落几无毛；茎生叶与基生叶相似，向上小叶对数逐渐减少；基生叶托叶膜质，褐色，外面被

朝天委陵菜——全株

朝天委陵菜——根

疏柔毛或几无毛，茎生叶托叶草质，绿色，全缘，有齿或分裂。

花：花茎上多叶，下部花自叶腋生，顶端呈伞房状聚伞花序；花梗长0.8～1.5 cm，常密被短柔毛；花直径0.6～0.8 cm；萼片三角卵形，顶端急尖，副萼片长椭圆形或椭圆披针形，顶端急尖，比萼片稍长或近等长；花瓣黄色，倒卵形，顶端微凹，与萼片近等长或较短；花柱近顶生，基部乳头状膨大，花柱扩大。

果：瘦果长圆形，先端尖，表面具脉纹，腹部鼓胀若翅或有时不明显，花果期3～10月。

朝天委陵菜——花

朝天委陵菜——叶

生物学特征：

产于我国黑龙江、吉林、辽宁、内蒙古、河北、山西、陕西、宁夏、甘肃、新疆、山东、河南、江苏、浙江、安徽、江西、湖北、湖南、广东、四川、贵州、云南、西藏。生于田边、荒地、河岸沙地、草甸、山坡湿地，海拔100～2 000 m。广布于北半球温带及部分亚热带地区。

食用价值：

3～6月摘嫩茎叶，先用开水烫过，冷水浸泡去涩味然后炒食；秋季或早春才挖块根煮稀饭，味香甜；也可酿酒。

药用价值：

全草含黄酮类化合物，6～9月枝叶繁茂时割取全草，晾干或鲜用。秋季可采收，洗净，鲜用或晒干。药性苦，寒。归肝、大肠经。功能主治清热解毒、凉血、止痢。治疗感冒发热、肠炎、热毒泻痢、痢疾、血热、各种出血，鲜品外用于疮毒痈肿及蛇虫咬伤。用法与用量：10～20 g，水煎服。外用适量鲜品捣敷。

莓叶委陵菜

学　　名：*Potentilla fragarioides* L.

别　　名：雉子筵、毛猴子。

采集地点：乌裕尔河中游草甸草原，北纬47°51′，东经124°52′，土壤主要为草甸沼泽土，其次是潜育草甸土和碳酸盐草甸土，气候为温带湿润大陆性季风气候。年平均降水量为427.4 mm，最少只有284 mm，降水最多的月份一般为7月，最少的月份一般在1月。年平均气温3.1 ℃，最低气温出现在1月，平均气温-19.2 ℃，极端最低气温-39.5 ℃。最高气温出现在7月，平均气温22.8 ℃，平均最高气温27.8 ℃，极端最高气温39.9 ℃。平均无霜期为130 d左右，降雪期为150 d左右。雪量平均20～30 cm，积雪日期为120 d左右，最大可出现50 cm以上积雪。冻土日期最短年份为182 d，最长年份为216 d。冻土深度，最大深度为1.8 m，最小深度为1.2 m，年平均深度为1.5 m。

植物学特征：

莓叶委陵菜为被子植物门Angiospermae、双子叶植物纲Dicotyledoneae、原始花被亚纲Archichlamydeae、蔷薇目Rosales、蔷薇亚目Rosineae、蔷薇科Rosaceae、蔷薇亚科Rosoideae、委陵菜属Potentilla、钉状花柱组Sect. Potentilla、莓叶系Ser. Fragarioides。莓叶委陵菜为多年生草本植物，具有以下植物学特征：

根：根极多，簇生。

茎：茎多数，丛生，上升或铺散，长8～25 cm，被开展长柔毛。

叶：基生叶羽状复叶，有小叶2～3对，间隔0.8～1.5 cm，稀4对，连叶柄长5～22 cm，叶柄被开展疏柔毛，小叶有短柄或几无柄；小叶片倒卵形、椭圆形或长椭圆形，长0.5～7 cm，宽0.4～3 cm，顶端圆钝或急尖，基部楔形或宽楔形，边缘有多数急尖或圆钝锯齿，近基部全缘，两面绿色，被平铺疏柔毛，下面沿脉较密，锯齿边缘有时密被缘毛；茎生叶，常有3小叶，小叶与基生叶小叶相似或长圆形顶端有锯齿而下半部全缘，叶柄短或几无柄；基生叶托叶膜质，褐色，外面有稀疏开展长柔毛，茎生叶托叶草质，绿色，卵形，全缘，顶端急尖，外被平铺疏柔毛。

花：伞房状聚伞花序顶生，多花，松散，花梗纤细，长1.5～2 cm，外被疏柔毛；花直

莓叶委陵菜——全株

莓叶委陵菜——根

径1~1.7 cm；萼片三角卵形，顶端急尖至渐尖，副萼片长圆披针形，顶端急尖，与萼片近等长或稍短；花瓣黄色，倒卵形，顶端圆钝或微凹；花柱近顶生，上部大，基部小；花期4~6月。

果： 成熟瘦果近肾形，直径约1 mm，表面有脉纹，果期6~8月。

莓叶委陵菜——叶

莓叶委陵菜——花蕾

莓叶委陵菜——花

生物学特征：
产于我国黑龙江、吉林、辽宁、内蒙古、河北、山西、陕西、甘肃、山东、河南、安徽、江苏、浙江、福建、湖南、四川、云南、广西。生于地边、沟边、草地、灌丛及疏林下，海拔350~2 400 m。日本、朝鲜、蒙古、俄罗斯西伯利亚等地均有分布。

药用价值：
根茎入药。味微苦，性平。具有补阴虚、止血的功效，常用于疝气、月经过多、功能性子宫出血、产后出血等病症。一般多在秋季采集，挖取根，除去地上部分，除去杂质，洗净，切段，晒干。

菊叶委陵菜

学　　名：*Potentilla tanacetifolia* Willd. ex Schlecht.

别　　名：叉菊萎陵菜(东北植物检索表)、蒿叶委陵菜(《东北草本植物志》)、沙地萎陵菜。

采集地点：乌裕尔河中游草甸草原,北纬47°51′,东经124°52′,土壤主要为草甸沼泽土,其次是潜育草甸土和碳酸盐草甸土,气候为温带湿润大陆性季风气候。年平均降水量为427.4 mm,最少只有284 mm,降水最多的月份一般在7月,最少的月份一般在1月。年平均气温3.1 ℃,最低气温出现在1月,平均气温-19.2 ℃,极端最低气温-39.5 ℃。最高气温出现在7月,平均气温22.8 ℃,平均最高气温27.8 ℃,极端最高气温39.9 ℃。平均无霜期为130 d左右,降雪期为150 d左右。雪量平均20～30 cm,积雪日期为120 d左右,最大可出现50 cm以上积雪。冻土日期最短年份为182 d,最长年份为216 d。冻土深度,最大深度为1.8 m,最小深度为1.2 m,年平均深度为1.5 m。

植物学特征：

菊叶委陵菜为被子植物门Angiospermae、双子叶植物纲Dicotyledoneae、原始花被亚纲Archichlamydeae、蔷薇目Rosales、蔷薇亚目Rosineae、蔷薇科Rosaceae、蔷薇亚科Rosoideae、委陵菜属Potentilla、锥状花柱组Sect. Conostylae、羽叶系Ser. Tanacetifoliae。菊叶委陵菜为多年生草本植物,具有以下植物学特征：

根：根粗壮,圆柱形,有分枝,木质化。

茎：花茎直立或上升,高15～65 cm,被长柔毛、短柔毛或卷曲柔毛,并被稀疏腺体,有时脱落。

菊叶委陵菜——全株

菊叶委陵菜——茎

菊叶委陵菜——根

菊叶委陵菜——花

菊叶委陵菜——叶

叶：基生叶羽状复叶，有小叶5～8对，间隔0.3～1 cm，连叶柄长5～20 cm，叶柄被长柔毛、短柔毛或卷曲柔毛，有稀疏腺体，稀脱落；小叶互生或对生，顶生小叶有短柄或无柄，最上面1～3对小叶基部下延与叶轴汇合，小叶片长圆形、长圆披针形或长圆倒卵披针形，长1～5 cm，宽0.5～1.5 cm，顶端圆钝，基部楔形，边缘有缺刻状锯齿，上面伏生疏柔毛或密被长柔毛，或脱落几无毛，下面被短柔毛，叶脉伏生柔毛，或被稀疏腺毛；茎生叶与基生叶相似，唯小叶对数较少；基生叶托叶膜质，褐色，外被疏柔毛，茎生叶托叶草质，绿色，边缘深撕裂状，下面被短柔毛或长柔毛。

花：伞房状聚伞花序，多花，花梗长0.5～2 cm，被短柔毛；花直径1～1.5 cm；萼片三角卵形，顶端渐尖或急尖，副萼片披针形或椭圆披针形，顶端圆钝或急尖，比萼片短或近等长，外被短柔毛和腺毛；花瓣黄色，倒卵形，顶端微凹，比萼片长约1倍；花柱近顶生，圆锥形，柱头稍扩大。

果：瘦果卵球形，长2.5 mm，具脉纹，花果期5～10月。

生物学特征：

产于我国黑龙江、吉林、辽宁、内蒙古、河北、山西、陕西、甘肃、山东。俄罗斯西伯利亚、蒙古均有分布。生于山坡草地、低洼地、沙地、草原、丛林边及黄土高原，海拔400～2 600 m。菊叶委陵菜为中旱生植物，多生长在沙性强的丘陵坡地、有砾石的沙丘上。为草原、森林草原带中沙质草原中的常见种。常出现在大针茅、糙隐子草组成的群落中。散生于克氏针茅、冰草、落草群丛的杂类草层片中。在草原植被中往往与阿尔泰狗哇花、葱属、知母、兴安天门冬等组成优势层片。菊叶委陵菜也常因生境与某些生态因子的变化，而在小的地域内形成以其为主的杂类草层片。菊叶委陵菜的根颈短粗，木质化。主根粗壮。它的生长随着生态条件的变化，差异性很大。在水分条件较好的淡栗钙土上，植株高大，侧根多集中在18 cm以上的土层中，主根分布也浅，地上高度与地下根的入土深度近相等；生长在低洼湿度大、轻盐渍化土壤中，植株矮小，主根入土可达40 cm左右，但根纤细而根长超过株高的20倍。菊叶委陵菜在4月上旬开始萌发，6月下旬孕蕾，7～9月开花，10月结实成熟。

饲用价值：

菊叶委陵菜为中等饲用植物。夏季和秋季牛与马采食，干枯后几乎不采食。绵羊与山羊在春季仅采食其嫩枝叶。在花果期粗蛋白质和粗纤维的含量中等，而无氮浸出物较丰富。

药用价值：

全草可入药，能清热解毒、消炎止血。主治肠炎、痢疾、便血、疮痈肿毒等症。

其他：

菊叶委陵菜的根含鞣质27%。

轮叶委陵菜

学　　名：*Potentilla verticillaris* Steph. ex Willd.
别　　名：轮叶萎陵菜(东北植物检索表)。
采集地点：乌裕尔河中游草甸草原，北纬47°51′，东经124°52′，土壤主要为草甸沼泽土，其次是潜育草甸土和碳酸盐草甸土，气候为温带湿润大陆性季风气候。年平均降水量为427.4 mm，最少只有284 mm，降水最多的月份一般在7月，最少的月份一般在1月。年平均气温3.1 ℃，最低气温出现在1月，平均气温-19.2 ℃，极端最低气温-39.5 ℃。最高气温出现在7月，平均气温22.8 ℃，平均最高气温27.8 ℃，极端最高气温39.9 ℃。平均无霜期为130 d左右，降雪期为150 d左右。雪量平均20～30 cm，积雪日期为120 d左右，最大可出现50 cm以上积雪。冻土日期最短年份为182 d，最长年份为216 d。冻土深度，最大深度为1.8 m，最小深度为1.2 m，年平均深度为1.5 m。

植物学特征：

轮叶委陵菜为被子植物门Angiospermae、双子叶植物纲Dicotyledoneae、原始花被亚纲Archichlamydeae、蔷薇目Rosales、蔷薇亚目Rosineae、蔷薇科Rosaceae、蔷薇亚科Rosoideae、委陵菜属Potentilla、锥状花柱组Sect. Conostylae、多裂系Ser. Multifidae。轮叶委陵菜为多年生草本植物，具有以下植物学特征：

根：根长圆柱形，多分枝，向下延伸生长深达20 cm以上。

茎：花茎丛生，直立，高5～16 cm，被白色绒毛及长柔毛。

叶：基生叶3～5，小叶片羽状深裂或掌状深裂几达叶轴形成假轮生状，下部小叶片比上部小叶片稍短，裂片带形或窄带形，通常长0.5～3 cm，宽0.1～0.3 cm，顶端急

轮叶委陵菜——全株

轮叶委陵菜——叶

轮叶委陵菜——根

轮叶委陵菜——花蕾

轮叶委陵菜——花

蔷薇科 Rosaceae

尖或圆钝,基部楔形,叶边反卷,上面绿色,被疏柔毛或脱落几无毛,下面被白色绒毛,沿脉疏被白色长柔毛;茎生叶1~2,掌状3~5全裂,裂片带形;基生叶托叶膜质,褐色,外面密被白色长柔毛,茎生叶托叶卵状披针形,全缘,下面密被白色绒毛。

花:聚伞花序疏散,少花,花梗长1~1.5 cm,外被白色绒毛;花直径0.8~1.5 cm;萼片长卵形,顶端渐尖,副萼片狭披针形,急尖至渐尖,比萼片短或近等长,外被白色绒毛及长柔毛;花瓣黄色,宽倒卵形,顶端微凹,比萼片稍长或几达1倍;花柱近顶生,基部膨大,柱头扩大。

果:瘦果光滑,花果期5~8月。

生物学特征:

产自我国黑龙江、吉林、内蒙古、河北。生于干旱山坡、河滩沙地、草原及灌丛下,海拔600~1 900 m。俄罗斯西伯利亚、蒙古、朝鲜和日本均有分布。本种较为特殊,植株一般比较矮小,花朵较少,小叶片深裂为带形,在叶轴上呈假轮生状,叶柄、花梗、萼片和副萼片外面均被白色绒毛及长柔毛,易于识别。

蕨 麻

学　　名：*Potentilla anserina* L.

别　　名：人参果、延寿草、蕨麻委陵菜(《秦岭植物志》)、莲花菜、鹅绒委陵菜(《中国高等植物图鉴》)、无毛蕨麻、灰叶蕨麻。

采集地点：乌裕尔河中游草甸草原,北纬47°51′,东经124°52′,土壤主要为草甸沼泽土,其次是潜育草甸土和碳酸盐草甸土,气候为温带湿润大陆性季风气候。年平均降水量为427.4 mm,最少只有284 mm,降水最多的月份一般在7月,最少的月份一般在1月。年平均气温3.1 ℃,最低气温出现在1月,平均气温–19.2 ℃,极端最低气温–39.5 ℃。最高气温出现在7月,平均气温22.8 ℃,平均最高气温27.8 ℃,极端最高气温39.9 ℃。平均无霜期为130 d左右,降雪期为150 d左右。雪量平均20~30 cm,积雪日期为120 d左右,最大可出现50 cm以上积雪。冻土日期最短年份为182 d,最长年份为216 d。冻土深度,最大深度为1.8 m,最小深度为1.2 m,年平均深度为1.5 m。

植物学特征：

蕨麻为被子植物门Angiospermae、双子叶植物纲 Dicotyledoneae、原始花被亚纲Archichlamydeae、蔷薇目Rosales、蔷薇亚目Rosineae、蔷薇科Rosaceae、蔷薇亚科Rosoideae、委陵菜属Potentilla、枝状花柱组Sect. Leptostylae、单花系Ser. Anserinae的多年生草本植物,具有以下植物学特征:

根：根向下延长,有时在根的下部长成纺锤形或椭圆形块根。

茎：茎匍匐,在节处生根,常着地长出新植株,外被伏生或半开展疏柔毛或脱落几无毛。

叶：基生叶为间断羽状复叶,有小叶6~11对,连叶柄长2~20 cm,叶柄被伏生或半

蕨麻——全株

蕨麻——根

开展疏柔毛,有时脱落几无毛。小叶对生或互生,无柄或顶生小叶有短柄,最上面一对小叶基部下延与叶轴汇合,基部小叶渐小呈附片状;小叶片通常椭圆形、倒卵椭圆形或长椭圆形,长1~2.5 cm,宽0.5~1 cm,顶端圆钝,基部楔形或阔楔形,边缘有多数尖锐锯齿或呈裂片状,上面绿色,被疏柔毛或脱落几无毛,下面密被紧贴银白色绢毛,叶脉明显或不明显,茎生叶与基生叶相似,唯小叶对数较少;基生叶和下部茎生叶托叶膜质,褐色,和叶柄连成鞘状,外面被疏柔毛或脱落几无毛,上部茎生叶托叶草质,多分裂。

花:单花腋生;花梗长2.5~8 cm,被疏柔毛;花直径1.5~2 cm;萼片三角卵形,顶端急尖或渐尖,副萼片椭圆形或椭圆披针形,常2~3裂,稀不裂,与副萼片近等长或稍短;花瓣黄色,倒卵形,顶端圆形,比萼片长1倍;花柱侧生,小枝状,柱头稍扩大。

蕨麻——叶

蕨麻——花

生物学特征:
产于我国黑龙江、吉林、辽宁、内蒙古、河北、山西、陕西、甘肃、宁夏、青海、新疆、四川、云南、西藏。生于河岸、路边、山坡草地及草甸,海拔500~4 100 m。本种分布较广,横跨欧亚美三洲北半球温带,以及南美智利、大洋洲新西兰及塔斯马尼亚岛等地。

饲用价值:
蕨麻是蜜源植物和饲料植物。

食用价值:
可供甜制食品及酿酒用。

药用价值:
根含鞣料,可提制栲胶,并可入药,作收敛剂。根含丰富淀粉,市称"蕨麻"或"人参果",主治贫血和营养不良等。

经济价值:
茎叶可提取黄色染料。

绢毛匍匐委陵菜

学　　名：*Potentilla reptans* var. *sericophylla* Franch.
别　　名：绢毛细蔓萎陵菜(《秦岭植物志》),金金棒、金棒锤、五爪龙(陕西)。
采集地点：乌裕尔河中游草甸草原,北纬47°51′,东经124°52′,土壤主要为草甸沼泽土,其次是潜育草甸土和碳酸盐草甸土,气候为温带湿润大陆性季风气候。年平均降水量为427.4 mm,最少只有284 mm,降水最多的月份一般在7月,最少的月份一般在1月。年平均气温3.1 ℃,最低气温出现在1月,平均气温-19.2 ℃,极端最低气温-39.5 ℃。最高气温出现在7月,平均气温22.8 ℃,平均最高气温27.8 ℃,极端最高气温39.9 ℃。平均无霜期为130 d左右,降雪期为150 d左右。雪量平均20～30 cm,积雪日期为120 d左右,最大可出现50 cm以上积雪。冻土日期最短年份为182 d,最长年份为216 d。冻土深度,最大深度为1.8 m,最小深度为1.2 m,年平均深度为1.5 m。

植物学特征：

绢毛匍匐委陵菜为被子植物门Angiospermae、双子叶植物纲Dicotyledoneae、原始花被亚纲Archichlamydeae、蔷薇目Rosales、蔷薇亚目Rosineae、蔷薇科Rosaceae、蔷薇亚科Rosoideae、委陵菜属Potentilla、钉状花柱组Sect. Potentilla、匍匐系Ser. Tormentillae、匍匐委陵菜Potentilla reptans的多年生匍匐草本植物,具有以下植物学特征:

根:根多分枝,常具纺锤状块根。
茎:匍匐枝长20～100 cm,节上生不定根,被稀疏柔毛或脱落几无毛。

绢毛匍匐委陵菜——全株

绢毛匍匐委陵菜——根

绢毛匍匐委陵菜——叶

绢毛匍匐委陵菜——茎

绢毛匍匐委陵菜——花

叶：基生叶为鸟足状5出复叶，连叶柄长7～12 cm，叶柄被疏柔毛或脱落几无毛，小叶有短柄或几无柄；小叶片倒卵形至倒卵圆形，顶端圆钝，基部楔形，边缘有急尖或圆钝锯齿，两面绿色，上面几无毛，下面被疏柔毛；纤匍枝上叶与基生叶相似；基生叶托叶膜质，褐色，外面几无毛，匍匐枝上托叶草质，绿色，卵状长圆形或卵状披针形，全缘稀有1～2齿，顶端渐尖或急尖。

花：单花自叶腋生或与叶对生，花梗长6～9 cm，被疏柔毛；花直径1.5～2.2 cm；萼片卵状披针形，顶端急尖，副萼片长椭圆形或椭圆披针形，顶端急尖或圆钝，与萼片近等长，外面被疏柔毛，果时显著增大；花瓣黄色，宽倒卵形，顶端显著下凹，比萼片稍长；花柱近顶生，基部细，柱头扩大。

果：瘦果黄褐色，卵球形，外面被显著点纹，花果期4～9月。

生物学特征：

分布于我国内蒙古、河北、山西、陕西、甘肃、河南、山东、江苏、浙江、四川、云南。生长于海拔300～3 500 m的山坡草地、渠旁、溪边灌丛中及林缘。

药用价值：

块根甘。生津止渴，补阳，除虚热。用于虚劳白带、虚喘。 全草淡，平。止血排脓。用于肺瘀血、崩漏。 块根供药用，能收敛解毒，生津止渴，也作利尿剂。全草入药，有发表、止咳作用；鲜品捣烂外敷，可治疮疖。

匍枝委陵菜

学　　名：*Potentilla flagellaris* Willd. ex Schlecht.
别　　名：蔓委陵菜、鸡儿头苗。

采集地点：乌裕尔河中游草甸草原,北纬47°51′,东经124°52′,土壤主要为草甸沼泽土,其次是潜育草甸土和碳酸盐草甸土,气候为温带湿润大陆性季风气候。年平均降水量为427.4 mm,最少只有284 mm,降水最多的月份一般在7月,最少的月份一般在1月。年平均气温3.1 ℃,最低气温出现在1月,平均气温-19.2 ℃,极端最低气温-39.5 ℃。最高气温出现在7月,平均气温22.8 ℃,平均最高气温27.8 ℃,极端最高气温39.9 ℃。平均无霜期为130 d左右,降雪期为150 d左右。雪量平均20～30 cm,积雪日期为120 d左右,最大可出现50 cm以上积雪。冻土日期最短年份为182 d,最长年份为216 d。冻土深度,最大深度为1.8 m,最小深度为1.2 m,年平均深度为1.5 m。

植物学特征：

匍枝委陵菜为被子植物门 Angiospermae、双子叶植物纲 Dicotyledoneae、原始花被亚纲 Archichlamydeae、蔷薇目 Rosales、蔷薇亚目 Rosineae、蔷薇科 Rosaceae、蔷薇亚科 Rosoideae、委陵菜属 Potentilla、钉状花柱组 Sect. Potentilla、匍匐系 Ser. Tormentillae。匍枝委陵菜为多年生匍匐草本植物,具有以下植物学特征:

根：根细而簇生。

匍枝委陵菜——全株

匍枝委陵菜——叶

茎：匍匐枝长8~60 cm，被伏生短柔毛或疏柔毛。

叶：基生叶掌状5出复叶，连叶柄长4~10 cm，叶柄被伏生柔毛或疏柔毛，小叶无柄；小叶片披针形、卵状披针形或长椭圆形，长1.5~3 cm，宽0.7~1.5 cm，顶端急尖或渐尖，基部楔形，边缘有3~6缺刻状、大小不等、急尖锯齿，下部两个小叶有时2裂，两面绿色，伏生稀疏短毛，以后脱落或在下面沿脉伏生疏柔毛；匍匐枝上叶与基生叶相似；基生叶托叶膜质，褐色，外面被稀疏长硬毛，纤匍枝上托叶草质，绿色，卵披针形，常深裂。

花：单花与叶对生，花梗长1.5~4 cm，被短柔毛；花直径1~1.5 cm；萼片卵状长圆形，顶端急尖，与萼片近等长稀稍短，外面被短柔毛及疏柔毛；花瓣黄色，顶端微凹或圆钝，比萼片稍长；花柱近顶生，基部细，柱头稍微扩大。

果：成熟瘦果长圆状卵形，表面呈泡状突起，花果期5~9月。

匍枝委陵菜——根

匍枝委陵菜——花

生物学特征：

产自我国黑龙江、吉林、辽宁、河北、山西、甘肃、山东。生于阴湿草地、水泉旁边及疏林下，海拔300~2 100 m。俄罗斯、蒙古和朝鲜也有分布。

食用价值：

匍枝委陵菜的嫩苗可食。

饲用价值：

匍枝委陵菜可作饲料。

二裂委陵菜

学　　名：*Potentilla bifurca* L.
别　　名：痔疮草（陕北）、叉叶委陵菜（东北植物检索表）。

采集地点：乌裕尔河中游草甸草原，北纬47°51′，东经124°52′，土壤主要为草甸沼泽土，其次是潜育草甸土和碳酸盐草甸土，气候为温带湿润大陆性季风气候。年平均降水量为427.4 mm，最少只有284 mm，降水最多的月份一般在7月，最少的月份一般在1月。年平均气温3.1 ℃，最低气温出现在1月，平均气温–19.2 ℃，极端最低气温–39.5 ℃。最高气温出现在7月，平均气温22.8 ℃，平均最高气温27.8 ℃，极端最高气温39.9 ℃。平均无霜期为130 d左右，降雪期为150 d左右。雪量平均20～30 cm，积雪日期为120 d左右，最大可出现50 cm以上积雪。冻土日期最短年份为182 d，最长年份为216 d。冻土深度，最大深度为1.8 m，最小深度为1.2 m，年平均深度为1.5 m。

植物学特征：

二裂委陵菜为被子植物门Angiospermae、双子叶植物纲Dicotyledoneae、原始花被亚纲Archichlamydeae、蔷薇目Rosales、蔷薇亚目Rosineae、蔷薇科Rosaceae、蔷薇亚科Rosoideae、委陵菜属Potentilla、棒状花柱组Sect. Rhopalostylae、二裂系Ser. Bifurcae。二裂委陵菜为多年生草本或亚灌木植物，具有以下植物学特征：

根：根圆柱形，纤细，木质。

茎：茎直立或上升，高5～20 cm，密被疏柔毛或微硬毛。

二裂委陵菜——全株

叶：羽状复叶，有小叶5～8对，最上面2～3对小叶基部下延与叶轴汇合，连叶柄长3～8 cm；叶柄密被疏柔毛或微硬毛，小叶片无柄，对生稀互生，椭圆形或倒卵椭圆形，长0.5～1.5 cm，宽0.4～0.8 cm，顶端常2裂，稀3裂，基部楔形或宽楔形，两面绿色，伏生疏柔毛；下部叶托叶膜质，褐色，外面被微硬毛，稀脱落几无毛，上部茎生叶托叶草质，绿色，卵状椭圆形，常全缘稀有齿。

花：近伞房状聚伞花序，顶生，疏散；花直径0.7～1 cm；萼片卵圆形，顶端急尖，副萼片椭圆形，顶端急尖或钝，比萼片短或近等长，外面被疏柔毛；花瓣黄色，倒卵形，顶端圆钝，比萼片稍长；心皮沿腹部有稀疏柔毛；花柱侧生，棒形，基部较细，顶端缢缩，柱头扩大。

果：瘦果表面光滑，花果期5～9月。

二裂委陵菜——根

二裂委陵菜——叶

二裂委陵菜——花

生物学特征：
产自我国黑龙江、内蒙古、河北、山西、陕西、甘肃、宁夏、青海、新疆、四川。生于地边、道旁、沙滩、山坡草地、黄土坡上、半干旱荒漠草原及疏林下，海拔800～3 600 m。蒙古、俄罗斯、朝鲜也有分布。

药用价值：
二裂委陵菜的幼芽密集簇生，形成红紫色的垫状丛，内蒙古土名称"地红花"，据传可入药能止血，主治功能性子宫出血、产后出血过多。

饲用价值：
二裂委陵菜为中等饲料植物，羊与骆驼均喜食。

蓬 子 菜

学　　名：*Galium verum* L.

别　　名：蛇望草、铁尺草、老鼠针(四川)、柳绒蒿、疗毒蒿、鸡肠草、黄米花(东北)、重台草(陕西蓝田)、蓬子草(陕西洋县)、乌如木杜乐(蒙名)。

采集地点：乌裕尔河中游草甸草原，北纬47°51′，东经124°52′，土壤主要为草甸沼泽土，其次是潜育草甸土和碳酸盐草甸土，气候为温带湿润大陆性季风气候。年平均降水量为427.4 mm，最少只有284 mm，降水最多的月份一般在7月，最少的月份一般在1月。年平均气温3.1 ℃，最低气温出现在1月，平均气温-19.2 ℃，极端最低气温-39.5 ℃。最高气温出现在7月，平均气温22.8 ℃，平均最高气温27.8 ℃，极端最高气温39.9 ℃。平均无霜期为130 d左右，降雪期为150 d左右。雪量平均20～30 cm，积雪日期为120 d左右，最大可出现50 cm以上积雪。冻土日期最短年份为182 d，最长年份为216 d。冻土深度，最大深度为1.8 m，最小深度为1.2 m，年平均深度为1.5 m。

植物学特征：

蓬子菜为被子植物门Angiospermae、双子叶植物纲 Dicotyledoneae、合瓣花亚纲 Sympetalae、茜草目Rubiales、茜草科 Rubiaceae、茜草亚科Subfam. Rubioideae、茜草族 Trib. Rubieae、拉拉藤属Galium、拉拉藤组Sect. Galium、蓬子菜系Ser. Galium。蓬子菜为多年生近直立草本植物，具有以下植物学特征：

根：直根系，根茎粗短，根圆柱形，粗长而弯曲，稍木质，茎基部多须根。

茎：株高25～45 cm；茎丛生，基部稍木质化，四棱形，幼时有柔毛。

叶：叶纸质，6～10片轮生，线形，通常长1.5～3 cm，宽1～1.5 mm，顶端短尖，边缘极反卷，常卷成管状，上面无毛，稍有光泽，下面有短柔毛，稍苍白，干时常变黑色，1脉，无柄。

蓬子菜——全株

蓬子菜——根

花：聚伞花序顶生和腋生，较大，多花，通常在枝顶结成带叶的长可达15 cm、宽可达12 cm的圆锥花序状；总花梗密被短柔毛；花小，稠密；花梗有疏短柔毛或无毛，长1～2.5 mm；萼管无毛；花冠黄色，辐状，无毛，直径约3 mm，花冠裂片卵形或长圆形，顶端稍钝，长约1.5 mm；花药黄色，花丝长约0.6 mm；花柱长约0.7 mm，顶部2裂；花期4～8月。

果：果小，果爿双生，近球状，直径约2 mm，无毛，果期5～10月。

蓬子菜——茎

蓬子菜——叶

蓬子菜——花

蓬子菜——花

生物学特征：
生于山坡灌丛及旷野草地。分布于我国东北、西北至长江流域。产自我国黑龙江、吉林、辽宁、内蒙古、河北、山西、陕西、宁夏、甘肃、青海、新疆、山东、江苏、安徽、浙江、河南、湖北、四川、西藏。生于山地、河滩、旷野、沟边、草地、灌丛或林下，海拔40～4 000 m。日本、朝鲜、印度、巴基斯坦、亚洲西部、欧洲、美洲北部也有分布。

药用价值：

全草入药，味微辛、苦，性微寒。以叶多、色黑绿、带花果者为佳。蓬子菜具有清热解毒，活血通经，祛风止痒之功效。常用于肝炎、腹水、咽喉肿痛、疮疖肿毒、跌打损伤、妇女经闭、带下、毒蛇咬伤、荨麻疹、稻田皮炎。

内服，煎汤，10～15 g；外用适量，捣敷或熬膏涂。夏、秋季采收，鲜用或晒干。

钝叶拉拉藤

学　　名：*Galium tokyoense* Makino

采集地点：乌裕尔河中游草甸草原，北纬47°51′，东经124°52′，土壤主要为草甸沼泽土，其次是潜育草甸土和碳酸盐草甸土，气候为温带湿润大陆性季风气候。年平均降水量为427.4 mm，最少只有284 mm，降水最多的月份一般在7月，最少的月份一般在1月。年平均气温3.1 ℃，最低气温出现在1月，平均气温–19.2 ℃，极端最低气温–39.5 ℃。最高气温出现在7月，平均气温22.8 ℃，平均最高气温27.8 ℃，极端最高气温39.9 ℃。平均无霜期为130 d左右，降雪期为150 d左右。雪量平均20～30 cm，积雪日期为120 d左右，最大可出现50 cm以上积雪。冻土日期最短年份为182 d，最长年份为216 d。冻土深度，最大深度为1.8 m，最小深度为1.2 m，年平均深度为1.5 m。

植物学特征：

钝叶拉拉藤为被子植物门Angiospermae、双子叶植物纲Dicotyledoneae、合瓣花亚纲Sympetalae、茜草目Rubiales、茜草科Rubiaceae、茜草亚科Subfam. Rubioideae、茜草族Trib. Rubieae、拉拉藤属Galium、细长拉拉藤组Sect. Leptogalium、糙茎系Ser. Uliginosa、大叶猪殃殃Galium davuricum。钝叶拉拉藤为多年生草本植物，具有以下植物学特征：

根：直根系，主根上密布须根，根干微红色。

钝叶拉拉藤——全株

钝叶拉拉藤——根

钝叶拉拉藤——花

钝叶拉拉藤——叶

茎：株高30～70 cm。茎直立，柔弱，纤细，在上部多分枝，具4角棱，在棱上有倒向的疏小刺。

叶：叶纸质，5～6片轮生，倒卵状长圆形至近匙形，长1.1～4 cm，宽2～9 mm，顶端钝圆至微缺，具短尖头，基部渐狭，边缘常向上地具小皮刺或粗糙，两面常无毛，具1中脉；叶柄长约1 mm或近无柄。

花：伞房状的聚伞花序顶生和生于上部叶腋，花序较密，无毛，常2～3歧分枝；总花梗毛发状，总花梗不伸长，较短，在果时常极叉开，长约2 cm；苞片和小苞片匙状狭长圆形；花多数，小，直径3～4 mm；花梗纤细，毛发状，长1～2.5 mm，果时可长达10 mm，稍弯；花冠白色，辐状，开展，花冠裂片4，卵状椭圆形，顶端急尖或稍急尖，长约1 mm；雄蕊4枚，短，花丝丝状，较花药长；花柱2，柱头头状；花期6月。

果：果密被紧贴的钩状刚毛，在节上和叶缘有倒向的刚毛、小瘤状凸起；果爿广椭圆形或近肾形，直径约2 mm，单生或双生；果柄纤细；果期10月。

生物学特征：

产自我国黑龙江、吉林、辽宁、内蒙古、河北、山东。生于山地、河边、旷野的林下或草地，海拔200～830 m。分布于日本、朝鲜。

茜 草

学　　名：*Rubia cordifolia* L.
别　　名：血见愁、地血、风车草、八仙草、破血草、红内消、红根草、拉拉藤、鸿茅。
采集地点：乌裕尔河中游草甸草原，北纬47°51′，东经124°52′，土壤主要为草甸沼泽土，其次是潜育草甸土和碳酸盐草甸土，气候为温带湿润大陆性季风气候。年平均降水量为427.4 mm，最少只有284 mm，降水最多的月份一般在7月，最少的月份一般在1月。年平均气温3.1 ℃，最低气温出现在1月，平均气温-19.2 ℃，极端最低气温-39.5 ℃。最高气温出现在7月，平均气温22.8 ℃，平均最高气温27.8 ℃，极端最高气温39.9 ℃。平均无霜期为130 d左右，降雪期为150 d左右。雪量平均20～30 cm，积雪日期为120 d左右，最大可出现50 cm以上积雪。冻土日期最短年份为182 d，最长年份为216 d。冻土深度，最大深度为1.8 m，最小深度为1.2 m，年平均深度为1.5 m。

植物学特征：

茜草为被子植物门Angiospermae、双子叶植物纲Dicotyledoneae、合瓣花亚纲Sympetalae、茜草目Rubiales、茜草科Rubiaceae、茜草亚科Subfam. Rubioideae、茜草族Trib. Rubieae、茜草属Rubia。茜草为草质攀援藤木植物，具有以下植物学特征：

茜草——全株

根：根状茎和其节上的须根均红色。

茎：株高1.5～3.5 m。茎数至多条，从根状茎的节上发出，细长，方柱形，有4棱，棱上生倒生皮刺，中部以上多分枝。

茜草——根　　　　　　　　茜草——花

茜草——茎　　　　　　　　茜草——叶

叶：叶通常4片轮生，纸质，披针形或长圆状披针形，长0.7～3.5 cm，顶端渐尖，有时钝尖，基部心形，边缘有齿状皮刺，两面粗糙，脉上有微小皮刺；基出脉3条，极少外侧有1对很小的基出脉。叶柄长通常1～2.5 cm，有倒生皮刺。

花：聚伞花序腋生和顶生，多回分枝，有花10余朵至数十朵，花序和分枝均细瘦，有微小皮刺；花冠淡黄色，干时淡褐色，盛开时花冠檐部直径约3～3.5 mm，花冠裂片近卵形，微伸展，长约1.5 mm，外面无毛；花期8～9月。

果：果球形，直径通常4～5 mm，成熟时橘黄色，果期10～11月。

生物学特征：

在我国分布于东北、华北、西北和四川(北部)及西藏(昌都地区)等地。朝鲜、日本和俄罗斯远东地区亦有分布。茜草喜凉爽而湿润的环境。耐寒，怕积水。对土壤要求以疏松肥沃，富含有机质的沙质壤土栽培为好。喜凉爽气候和较湿润的环境，性耐寒。土壤以肥沃、深厚、湿润、含腐殖质丰富的壤土为好。地势高燥、土壤贫瘠以及低洼易积水之地均不宜种植。常生于疏林、林缘、灌丛或草地上。

药用价值：

茜草性寒，能凉血止血，且能化瘀。凡血热妄行之出血症均可选用。凉血活血，祛瘀，通经。用于吐血、衄血、崩漏下血、外伤出血、经闭瘀阻、关节痹痛、跌扑肿痛。凉血止血，活血祛瘀，本品止血而不留瘀，用于热症出血、经闭腹痛、跌打损伤。配乌贼骨止血力更强。茜草还有升高白细胞，镇咳祛痰，对金黄色葡萄球菌有抑制作用，能降低尿石形成、降尿钙作用，对心肌梗死有一定治疗作用等。

经济价值：

茜草是一种历史悠久的植物染料，古时称茹藘、地血，早在商周的时候就已经是主要的红色染料。丝绸经茜草染色后可以得到非常漂亮的红色，在历代文献中也有诸多记载。茜草是一种媒染染料，色素成分是蒽醌类衍生物，主要有茜素、茜紫素、伪茜紫素等，经套染后可以得到从浅红到深红等不同色调。在出土的大量的丝织品文物中，茜草染色占了相当大的比重。

细 枝 柳

学　　名：*Salix gracilior* (Siuz.) Nakai

采集地点：乌裕尔河中游草甸草原，北纬47°51′，东经124°52′，土壤主要为草甸沼泽土，其次是潜育草甸土和碳酸盐草甸土，气候为温带湿润大陆性季风气候。年平均降水量为427.4 mm，最少只有284 mm，降水最多的月份一般在7月，最少的月份一般在1月。年平均气温3.1 ℃，最低气温出现在1月，平均气温-19.2 ℃，极端最低气温-39.5 ℃。最高气温出现在7月，平均气温22.8 ℃，平均最高气温27.8 ℃，极端最高气温39.9 ℃。平均无霜期为130 d左右，降雪期为150 d左右。雪量平均20～30 cm，积雪日期为120 d左右，最大可出现50 cm以上积雪。冻土日期最短年份为182 d，最长年份为216 d。冻土深度，最大深度为1.8 m，最小深度为1.2 m，年平均深度为1.5 m。

植物学特征：

细枝柳为被子植物门Angiospermae、双子叶植物纲 Dicotyledoneae、原始花被亚纲Archichlamydeae、杨柳目 Salicales、杨柳科Salicaceae、柳属Salix、筐柳组 Sect. Helix的多年生灌木，具有以下植物学特征：

茎：高2～3 m，皮灰色。小枝纤细，淡黄或淡绿色，无毛。

叶：叶线形或线状披针形，长3～6 cm，宽3～4 mm，常上部较宽，先端渐尖，基部楔形，边缘有腺齿，上面绿色，下面较淡，成叶无毛，中脉淡黄色，侧脉呈锐角开展；叶柄长3～5 mm，无毛；托叶线形或披针形，常早落。

花：花序几与叶同时开放，细圆柱形，长2～4 cm，粗3～5 mm；果序较粗或很密，花序梗长5～10 mm，或较短，基部具小叶；苞片长倒卵形，淡褐色，同色稀二色，无毛或有疏毛；腺体1，腹生，淡褐色，细小；雄蕊2，花丝合生，基部有柔毛，花药黄色；子房卵形或椭圆形，密被绒毛，柄很短，花柱短，柱头头状；花期5月。

果：蒴果有绒毛，果期5～6月。

细枝柳——全株

细枝柳——茎

细枝柳——叶

生物学特征：
产于我国黑龙江、吉林、辽宁、河北北部、内蒙古东部等地。生于河边、沟渠边、沙区低湿地。

经济价值：
枝条可供编织。

生态价值：
细枝柳还可用作固岸、固沙造林树种。

百 蕊 草

学　　名：*Thesium chinense* Turcz.
别　　名：百乳草、细须草、青龙草、草檀(广西)、积药草(山东)、珍珠草(东北)。
采集地点：乌裕尔河中游草甸草原，北纬47°51′，东经124°52′，土壤主要为草甸沼泽土，其次是潜育草甸土和碳酸盐草甸土，气候为温带湿润大陆性季风气候。年平均降水量为427.4 mm，最少只有284 mm，降水最多的月份一般在7月，最少的月份一般在1月。年平均气温3.1 ℃，最低气温出现在1月，平均气温-19.2 ℃，极端最低气温-39.5 ℃。最高气温出现在7月，平均气温22.8 ℃，平均最高气温27.8 ℃，极端最高气温39.9 ℃。平均无霜期为130 d左右，降雪期为150 d左右。雪量平均20～30 cm，积雪日期为120 d左右，最大可出现50 cm以上积雪。冻土日期最短年份为182 d，最长年份为216 d。冻土深度，最大深度为1.8 m，最小深度为1.2 m，年平均深度为1.5 m。

植物学特征：

百蕊草为被子植物门Angiospermae、双子叶植物纲 Dicotyledoneae、原始花被亚纲 Archichlamydeae、檀香目 Santalales、檀香亚目Santalineae、檀香科Santalaceae、百蕊草族Trib. Thesieae、百蕊草属Thesium、百蕊草组Sect. Thesium。百蕊草为多年生柔弱草本植物，具有以下植物学特征：

根：直根系，根系繁茂，主根短而粗，侧根也很粗壮，多数。

茎：高15～40 cm，全株多少被白粉，无毛；茎细长，簇生，基部以上疏分枝，斜升，有纵沟。

叶：叶线形，长1.5～3.5 cm，宽0.5～1.5 mm，顶端急尖或渐尖，具单脉。

百蕊草——全株

百蕊草——根

花：花单一，5数，腋生；花梗短或很短，长3～3.5 mm；苞片1枚，线状披针形；小苞片2枚，线形，长2～6 mm，边缘粗糙；花被绿白色，长2.5～3 mm，花被管呈管状，花被裂片，顶端锐尖，内弯，内面的微毛不明显；雄蕊不外伸；子房无柄，花柱很短；花期4～5月。

果：坚果椭圆状或近球形，长或宽2～2.5 mm，淡绿色，表面有明显、隆起的网脉；顶端的宿存花被近球形，长约2 mm；果柄长3.5 mm；果期6～7月。

百蕊草——茎、叶

百蕊草——花

生物学特征：

广布于我国各省区，主产于安徽、湖北、江苏、江西等省。日本和朝鲜也有分布。生于荫蔽湿润或潮湿的小溪边、田野、草甸，也见于草甸和沙漠地带边缘、干草原与栎树林的石砾坡地上。

药用价值：

百蕊草含黄酮苷、甘露醇等成分，有清热解暑等功效，可治急性乳腺炎、肺炎、肺脓疡、中暑、扁桃腺炎、呼吸道感染、肾虚、腰痛等症，并作利尿剂。

柳 穿 鱼

学　　名：*Linaria vulgaris* subsp. *chinensis* (Bunge ex Debeaux) D. Y. Hong

别　　名：小金鱼草。

采集地点：乌裕尔河中游草甸草原，北纬47°51′，东经124°52′，土壤主要为草甸沼泽土，其次是潜育草甸土和碳酸盐草甸土，气候为温带湿润大陆性季风气候。年平均降水量为427.4 mm，最少只有284 mm，降水最多的月份一般在7月，最少的月份一般在1月。年平均气温3.1 ℃，最低气温出现在1月，平均气温-19.2 ℃，极端最低气温-39.5 ℃。最高气温出现在7月，平均气温22.8 ℃，平均最高气温27.8 ℃，极端最高气温39.9 ℃。平均无霜期为130 d左右，降雪期为150 d左右。雪量平均20～30 cm，积雪日期为120 d左右，最大可出现50 cm以上积雪。冻土日期最短年份为182 d，最长年份为216 d。冻土深度，最大深度为1.8 m，最小深度为1.2 m，年平均深度为1.5 m。

植物学特征：

柳穿鱼为被子植物门Angiospermae、双子叶植物纲Dicotyledoneae、合瓣花亚纲Sympetalae、管状花目Tubiflorae、玄参科Scrophulariaceae、柳穿鱼属Linaria。柳穿鱼为多年生草本植物，具有以下植物学特征：

根：根系发达，多分枝，对土壤要求不严。

茎：茎叶无毛。茎直立，常在上部分枝，植株高20～80 cm。

叶：叶通常多数而互生，少下部的轮生，上部的互生，更少全部叶都成4枚轮生的，条形，常单脉，少3脉，长2～6 cm，宽2～4(10)mm。

花：花为总状花序，花期短而花密集，果期伸长而果疏离，花序轴及花梗无毛或有少数短腺毛；苞片条形至狭披针形，超过花梗；花梗长2～8 mm；花萼裂片披针形，长

柳穿鱼——全株

柳穿鱼——根

约4 mm，宽1～1.5 mm，外面无毛，内面多少被腺毛；花冠黄色，除去距长10～15 mm，上唇长于下唇，裂片长2 mm，卵形，下唇侧裂片卵圆形，宽3～4 mm，中裂片舌状，距稍弯曲，长10～15 mm；花期6～9月。

果：蒴果卵球状，长约8 mm。

种子：种子盘状，边缘有宽翅，成熟时中央常有瘤状突起。

柳穿鱼——茎、叶

柳穿鱼——花

生物学特征：

主产于我国东北、华北及山东、河南、江苏（北部）、陕西、甘肃（东北部）。生长在沙地、山坡草地及路边。喜光，较耐寒，不耐酷热，适宜中等肥沃、湿润而又排水良好的土壤。在我国北方园林中多做一两年生栽培。

药用价值：

全草可入药。夏季开花时采收全草，晒干并进行加工。以全草干燥、色青、带花者为佳。味甘、微苦，寒，有清热解毒、散瘀消肿、利尿等功效。可用于黄疸、头痛、头晕、痔疮便秘、皮肤病、烫伤等。全草可治风湿性心脏病。

花语：

顽强

柳穿鱼名为二至花，谓之柳穿鱼者，以其枝柔叶细似柳，而花似鱼也。其花发于夏至，敛于冬至，故名二至花，又名如意花。

细叶穗花

学　　名：*Pseudolysimachion linariifolium* (Pallas ex Link) Holub

别　　名：细叶婆婆纳（东北植物检索表）。

采集地点：乌裕尔河中游草甸草原，北纬47°51′，东经124°52′，土壤主要为草甸沼泽土，其次是潜育草甸土和碳酸盐草甸土，气候为温带湿润大陆性季风气候。年平均降水量为427.4 mm，最少只有284 mm，降水最多的月份一般在7月，最少的月份一般在1月。年平均气温3.1 ℃，最低气温出现在1月，平均气温-19.2 ℃，极端最低气温-39.5 ℃。最高气温出现在7月，平均气温22.8 ℃，平均最高气温27.8 ℃，极端最高气温39.9 ℃。平均无霜期为130 d左右，降雪期为150 d左右。雪量平均20～30 cm，积雪日期为120 d左右，最大可出现50 cm以上积雪。冻土日期最短年份为182 d，最长年份为216 d。冻土深度，最大深度为1.8 m，最小深度为1.2 m，年平均深度为1.5 m。

植物学特征：

细叶穗花为被子植物门Angiospermae、双子叶植物纲Dicotyledoneae、合瓣花亚纲Sympetalae、管状花目Tubiflorae、玄参科Scrophulariaceae、婆婆纳属Veronica、穗花组Sect. Pseudolysimachia。细叶穗花为多年生草本植物，具有以下植物学特征：

根：根状茎短，根多数。

细叶穗花——全株

细叶穗花——茎、叶

茎：茎直立，单生，少2枝丛生，常不分枝，高30～80 cm，通常有白色而多卷曲的柔毛。

叶：叶全部互生或下部的对生，条形至条状长椭圆形，长2～6 cm，宽0.2～1 cm，下端全缘而中上端边缘有三角状锯齿，极少整片叶全缘的，两面无毛或被白色柔毛。

花：总状花序单支或数支复出，长穗状；花梗长2～4 mm，被柔毛；花冠蓝色、紫色，少白色，长5～6 mm，筒部长约2 mm，后方裂片卵圆形，其余3枚卵形；花丝无毛，伸出花冠；花期6～9月。

果：蒴果长2～3.5 mm，宽2～3.5 mm。

细叶穗花——根　　细叶穗花——花蕾　　细叶穗花——花

生物学特征：

分布于我国东北和内蒙古。朝鲜、日本、蒙古及俄罗斯东西伯利亚地区也有分布。生于草甸、草地、灌丛及疏林下。

观赏价值：

细叶穗花可种植于岩石庭院和灌木花园，适合花坛地栽，可作边缘绿化植物，可容器栽培，并可作切花生产。

通 泉 草

学　　名：*Mazus pumilus* (N. L. Burman) Steenis

别　　名：绿兰花(《重庆草药》), 脓泡药、汤湿草、猪胡椒、野田菜、鹅肠草、绿蓝花(《全国中草药汇编》)。

采集地点：乌裕尔河中游草甸草原，北纬47°51′，东经124°52′，土壤主要为草甸沼泽土，其次是潜育草甸土和碳酸盐草甸土，气候为温带湿润大陆性季风气候。年平均降水量为427.4 mm，最少只有284 mm，降水最多的月份一般在7月，最少的月份一般在1月。年平均气温3.1 ℃，最低气温出现在1月，平均气温−19.2 ℃，极端最低气温−39.5 ℃。最高气温出现在7月，平均气温22.8 ℃，平均最高气温27.8 ℃，极端最高气温39.9 ℃。平均无霜期为130 d左右，降雪期为150 d左右。雪量平均20～30 cm，积雪日期为120 d左右，最大可出现50 cm以上积雪。冻土日期最短年份为182 d，最长年份为216 d。冻土深度，最大深度为1.8 m，最小深度为1.2 m，年平均深度为1.5 m。

植物学特征：

通泉草为被子植物门Angiospermae、双子叶植物纲Dicotyledoneae、合瓣花亚纲Sympetalae、管状花目Tubiflorae、玄参科Scrophulariaceae、通泉草属Mazus、通泉草组Sect. Mazus的一年生草本植物，具有以下植物学特征：

根：主根伸长，垂直向下或短缩，须根纤细，多数，散生或簇生。

茎：高3～30 cm，茎1～5枝或有时更多，直立，上升或倾卧状上升，着地部分节上常能长出不定根，分枝多而披散，少不分枝。

叶：基生叶少到多数，有时成莲座状或早落，倒卵状匙形至卵状倒披针形，膜质至

通泉草——全株

通泉草——根

薄纸质,长2～6 cm,顶端全缘或有不明显的疏齿,基部楔形,下延成带翅的叶柄,边缘具不规则的粗齿或基部有1～2片浅羽裂;茎生叶对生或互生,少数,与基生叶相似或几乎等大。

花: 总状花序生于茎、枝顶端,常在近基部即生花,伸长或上部成束状,通常3～20朵,花疏稀;花梗在果期长达10 mm,上部的较短;花萼钟状,花期长约6 mm,果期多少增大,萼片与萼筒近等长,卵形,端急尖,脉不明显;花冠白色、紫色或蓝色,长约10 mm,上唇裂片卵状三角形,下唇中裂片较小,稍突出,倒卵圆形;子房无毛。

果: 蒴果球形;种子小而多数,黄色,种皮上有不规则的网纹;花果期4～10月。

通泉草——茎

通泉草——叶

通泉草——花

生物学特征:

遍布全国,仅内蒙古、宁夏、青海及新疆未见标本。越南、俄罗斯、朝鲜、日本(琉球)、菲律宾也有分布。生于海拔2 500 m以下的湿润的草坡、沟边、路旁及林缘。

药用价值:

全草入药,味苦,性平,具有解毒、健胃、止痛的作用。主治偏头痛,消化不良;外用于疔疮、脓疱疮、烫伤。

弹刀子菜

学　　名：*Mazus stachydifolius* (Turcz.) Maxim.

别　　名：水苏叶通泉草、四叶细辛、地菊花、山刀草、大叶山油麻、毛曲菜。

采集地点：乌裕尔河中游草甸草原,北纬47°51′,东经124°52′,土壤主要为草甸沼泽土,其次是潜育草甸土和碳酸盐草甸土,气候为温带湿润大陆性季风气候。年平均降水量为427.4 mm,最少只有284 mm,降水最多的月份一般在7月,最少的月份一般在1月。年平均气温3.1 ℃,最低气温出现在1月,平均气温-19.2 ℃,极端最低气温-39.5 ℃。最高气温出现在7月,平均气温22.8 ℃,平均最高气温27.8 ℃,极端最高气温39.9 ℃。平均无霜期为130 d左右,降雪期为150 d左右。雪量平均20~30 cm,积雪日期为120 d左右,最大可出现50 cm以上积雪。冻土日期最短年份为182 d,最长年份为216 d。冻土深度,最大深度为1.8 m,最小深度为1.2 m,年平均深度为1.5 m。

植物学特征：

弹刀子菜为被子植物门Angiospermae、双子叶植物纲Dicotyledoneae、合瓣花亚纲Sympetalae、管状花目Tubiflorae、玄参科Scrophulariaceae、通泉草属Mazus、毛蕊组Sect. Trichogynus。弹刀子菜为多年生草本植物,具有以下植物学特征:

根：直根系。圆柱形,白色,根状茎短。

茎：株高10~50 cm,全体被多细胞白色长柔毛。茎直立,粗壮,稀上升,圆柱形,不分枝或在基部分2~5枝,老时基部木质化。

叶：基生叶匙形,有短柄,常早枯萎;茎生叶对生,上部的常互生,无柄,长椭圆形至倒卵状披针形,纸质,长2~4(7)cm,以茎中部的较大,边缘具不规则锯齿。

花：总状花序顶生,长2~20 cm,有时稍短于茎,花稀疏;苞片三角状卵形,长约

弹刀子菜——全株

弹刀子菜——叶

1 mm；花萼漏斗状，长5～10 mm，果时增长达16 mm，直径超过1 cm，比花梗长或近等长，萼齿略长于筒部，披针状三角形，顶端长锐尖，10条脉纹明显；花冠蓝紫色，长约15～20 mm，花冠筒与唇部近等长，上部稍扩大，上唇短，顶端2裂，裂片狭长三角形状，端锐尖，下唇宽大，开展，3裂，中裂较侧裂小，近圆形，稍突出，褶襞两条从喉部直通至上下唇裂口，被黄色斑点同稠密的乳头状腺毛；雄蕊4枚，2强，着生在花冠筒的近基部；子房上部被长硬毛；花期4～6月。

果：蒴果扁卵球形，长2～3.5 mm，果期7～9月。

生物学特征：

分布于我国东北、华北，南至广东、台湾，西至四川、陕西。俄罗斯、蒙古及朝鲜也有分布。生于海拔1 500 m以下的较湿润的路旁、草坡及林缘。

药用价值：

味微辛，性凉；可清热解毒，活血消肿。用于跌打损伤、疮疖肿毒、毒蛇咬伤。主治便秘下血等。弹刀子菜以全草入药。花果期采收全草，鲜用或晒干。外用：捣敷；内服：煎汤，15～30 g。

弹刀子菜——根

弹刀子菜——花

弹刀子菜——花蕾

阴 行 草

学　　名：*Siphonostegia chinensis* Benth.

别　　名：刘寄奴(华北)、土茵陈(江西)、金钟茵陈、黄花茵陈、铃茵陈、芝麻蒿(辽宁、山东)、鬼麻油(甘肃、福建)、阴阳连。

采集地点：乌裕尔河中游草甸草原,北纬47°51′,东经124°52′,土壤主要为草甸沼泽土,其次是潜育草甸土和碳酸盐草甸土,气候为温带湿润大陆性季风气候。年平均降水量为427.4 mm,最少只有284 mm,降水最多的月份一般在7月,最少的月份一般在1月。年平均气温3.1 ℃,最低气温出现在1月,平均气温-19.2 ℃,极端最低气温-39.5 ℃。最高气温出现在7月,平均气温22.8 ℃,平均最高气温27.8 ℃,极端最高气温39.9 ℃。平均无霜期为130 d左右,降雪期为150 d左右。雪量平均20～30 cm,积雪日期为120 d左右,最大可出现50 cm以上积雪。冻土日期最短年份为182 d,最长年份为216 d。冻土深度,最大深度为1.8 m,最小深度为1.2 m,年平均深度为1.5 m。

植物学特征：

阴行草为被子植物门Angiospermae、双子叶植物纲Dicotyledoneae、合瓣花亚纲Sympetalae、管状花目Tubiflorae、玄参科Scrophulariaceae、阴行草属Siphonostegia。阴行草为一年生草本植物,具有以下植物学特征:

根：主根不发达或稍伸长,木质,直径约2 mm,有的增粗,直径可达4 mm,很快即

阴行草——全株

阴行草——根

分为多数粗细不等的侧根而消失,侧根长3~7 cm,纤锥状,常水平开展,须根多数,散生。

茎:茎直立,高约30~60 cm,有时可达80 cm,干时变为黑色,密被锈色短毛。茎多单条,中空,基部常有少数宿存膜质鳞片,下部常不分枝,而上部多分枝;枝对生,1~6对,细长,坚挺,多少以45°角叉分,稍具棱角,密被无腺短毛。

叶:叶对生,全部为茎出,下部者常早枯,上部者茂密,相距很近,仅1~2 cm,无柄或有短柄,柄长可达1 cm,叶片基部下延,扁平,密被短毛;叶片厚纸质,广卵形,长约8~55 mm,宽约4~60 mm,两面皆密被短毛,中肋在上面微凹入,背面明显凸出,缘作疏远的二回羽状全裂,裂片仅约3对,仅下方两枚羽状开裂,小裂片1~3枚,外侧者较长,内侧裂片较短或无,线形或线状披针形,宽约1~2 mm,锐尖头,全缘。

花:花对生于茎枝上部,或有时假对生,构成疏稀的总状花序;苞片叶状,较萼短,羽状深裂或全裂,密被短毛;花梗短,长约1~2 mm,纤细,密被短毛,有一对小苞片,线形,长约10 mm;花萼管部很长,顶端稍缩紧,长约10~15 mm,厚膜质,密被短毛,10条主脉质地厚而粗壮,显著凸出,使处于其间的膜质部分凹下成沟,无网纹,齿5枚,绿色,质地较厚,密被短毛,长约为萼管的1/4~1/3,线状披针形或卵状长圆形,近于相等,全缘,或偶有1~2锯齿;花冠上唇红紫色,下唇黄色,长约22~25 mm,外面密被长纤毛,内面被短毛,花管伸直,纤细,长约12~14 mm,顶端略膨大,稍伸出于萼管外,上唇镰状弓曲,顶端截形,额稍圆,前方突然向下前方作斜截形,有时略作啮痕状,其上角有一对短齿,背部密被特长的纤毛,毛长约1~2 mm;下唇约与上唇等长或稍

阴行草——茎

阴行草——叶

长,顶端3裂,裂片卵形,端均具小凸尖,中裂与侧裂等见而较短,向前凸出,褶襞的前部高凸并作袋状伸长,向前伸出与侧裂等长,向后方渐低而终止于管喉,不被长纤毛,沿褶缝边缘质地较薄,并有啮痕状齿;雄蕊2强,着生于花管的中上部,前方1对花丝较短,着生的部位较高,2对花栋下部被短纤毛,花药2室,长椭圆形,背着,纵裂,开裂后常成新月形弯曲;子房长卵形,长约4 mm;柱头头状,常伸出于盔外;花期6~8月。

果:蒴果被包于宿存的萼内,约与萼管等长,披针状长圆形,长约15 mm,直径约2.5 mm,顶端稍偏斜,有短尖头,黑褐色,稍具光泽,并有10条不十分明显的纵沟。

种子:种子多数,黑色,长卵圆形,长约0.8 mm,具微高的纵横凸起,横的约8~12条,纵的约8条,将种皮隔成许多横长的网眼,纵凸中有5条凸起较高成窄翅,一面有1条龙骨状宽厚而肉质半透明之翅,其顶端稍外卷。

阴行草——花

阴行草——花

生物学特征:

生于山坡、丘陵、草丛等处。在我国分布甚广,东北、内蒙古、华北、华中、华南、西南等省区都有,并东至日本、朝鲜,俄罗斯也有分布。

药用价值:

全草可供药用,中药名亦为"阴行草",立秋至白露采割,去净杂质,切段,晒干或鲜用;阴行草味苦,性寒。具有清热利湿、凉血止血、祛瘀止痛之功效;主治黄疸型肝炎、胆囊炎、蚕豆病、泌尿系结石、小便不利、尿血、便血、产后淤血腹痛。内服煎汤,3~9 g;外用治创伤出血、烧伤烫伤,阴行草适量,研末调敷或撒患处。

疗 齿 草

学　　名：*Odontites vulgaris* Moench

别　　名：齿叶草(内蒙古)、哈拉塔日-其其格(内蒙古蒙药名)。

采集地点：乌裕尔河中游草甸草原,北纬47°51′,东经124°52′,土壤主要为草甸沼泽土,其次是潜育草甸土和碳酸盐草甸土,气候为温带湿润大陆性季风气候。年平均降水量为427.4 mm,最少只有284 mm,降水最多的月份一般在7月,最少的月份一般在1月。年平均气温3.1 ℃,最低气温出现在1月,平均气温-19.2 ℃,极端最低气温-39.5 ℃。最高气温出现在7月,平均气温22.8 ℃,平均最高气温27.8 ℃,极端最高气温39.9 ℃。平均无霜期为130 d左右,降雪期为150 d左右。雪量平均20~30 cm,积雪日期为120 d左右,最大可出现50 cm以上积雪。冻土日期最短年份为182 d,最长年份为216 d。冻土深度,最大深度为1.8 m,最小深度为1.2 m,年平均深度为1.5 m。

植物学特征：

疗齿草为被子植物门Angiospermae、双子叶植物纲 Dicotyledoneae、合瓣花亚纲Sympetalae、管状花目Tubiflorae、玄参科Scrophulariaceae、疗齿草属Odontites。疗齿草为一年生草本植物,具有以下植物学特征：

根：主根短,圆柱形,沿主根多生侧根,黄白色。

茎：株高20~60 cm,全株被伏而倒生的白色细硬毛,茎常在中上部分枝,四棱形。

疗齿草——全株

疗齿草——根

叶：叶对生，有时上部的互生；无柄；叶片披针形至条状披针形，长1～4.5 cm，宽0.3～1 cm，先端渐尖，基部渐窄，边缘疏生锯齿。

花：穗状花序顶生，花梗极短；花萼管状或钟状，长4～7 mm，果期略增大，4裂；花冠筒管状，呈紫红色、紫色或淡红色，长8～10 mm，外被白色柔毛，檐部2唇形，上唇稍弓曲，呈不明显盔状，顶端全缘或微凹，边缘不反卷，下唇稍开展，3裂，两侧裂片全缘，中裂片顶端微凹；雄蕊4枚，2强；花药箭形，带橙红色，药室略叉开，基部突尖；柱头头状；花期7～8月。

果：蒴果长矩圆状，长3～7 mm，略高，先端微凹，稍侧扁，有细硬毛，室背开裂。

种子：种子多数，下垂，具纵翅，翅上有横纹，种子椭圆形，长约1.5 mm。

疗齿草——茎

疗齿草——叶

疗齿草——花　　　　　　　　　　疗齿草——花

生物学特征：

生于草原、沙质地、河岸及湿草地。多见于海拔 2 000 m 以下的湿草地。主要分布于我国新疆、甘肃、青海（循化）、宁夏、陕西（北部）、华北及东北（西北部）。欧洲至蒙古也有分布。

药用价值：

全草入药，夏、秋季花时采收，阴干。清热燥湿、凉血止痛。主温病发热、肝火头痛、胁痛、瘀血疼痛之功效。味苦，性凉，有小毒，入肝、胃二经。可治湿热所致的多种病症，如湿温、肝胆湿热所致的黄疸、泻痢、热淋以及肝胆瘀热等症。可外用，适量研末调涂，或鲜品捣烂敷患处。本品有毒，慎用。

管花腹水草

学　　名：*Veronicastrum tubiflorum* (Fisch. et Mey.) Hara
别　　名：柳叶婆婆纳(东北植物检索表)。

采集地点：乌裕尔河中游草甸草原,北纬47°51′,东经124°52′,土壤主要为草甸沼泽土,其次是潜育草甸土和碳酸盐草甸土,气候为温带湿润大陆性季风气候。年平均降水量为427.4 mm,最少只有284 mm,降水最多的月份一般在7月,最少的月份一般在1月。年平均气温3.1 ℃,最低气温出现在1月,平均气温–19.2 ℃,极端最低气温–39.5 ℃。最高气温出现在7月,平均气温22.8 ℃,平均最高气温27.8 ℃,极端最高气温39.9 ℃。平均无霜期为130 d左右,降雪期为150 d左右。雪量平均20～30 cm,积雪日期为120 d左右,最大可出现50 cm以上积雪。冻土日期最短年份为182 d,最长年份为216 d。冻土深度,最大深度为1.8 m,最小深度为1.2 m,年平均深度为1.5 m。

植物学特征：

管花腹水草为被子植物门Angiospermae、双子叶植物纲 Dicotyledoneae、合瓣花亚纲Sympetalae、管状花目Tubiflorae、玄参科Scrophulariaceae、腹水草属Veronicastrum、草本威灵仙组 Sect. Verouicastrum。管花腹水草为多年生草本植物,具有以下植物学特征：

管花腹水草——全株

管花腹水草——根

管花腹水草——叶

玄参科 Scrophulariaceae

根：直根系，无根状茎，根无毛。
茎：植株高40～70 cm，茎不分枝，上部被倒生细柔毛。
叶：叶互生，无柄，条形，单条叶脉，长3～9 cm，宽不超过6 mm，边缘疏生细尖锯齿，上面被短刚毛，下面密生细柔毛，老时两面秃净，厚纸质。
花：花序顶生，单支，长5～15 cm，花序轴及花梗多少被细柔毛；花萼裂片披针形，具短睫毛，长约1.5 mm；花冠蓝色或淡红色，长约6 mm，裂片占1/4长。
果：蒴果卵形，长2～2.5 mm，顶端急尖，花果期6～8月。
生物学特征：
分布于我国黑龙江和吉林。俄罗斯东西伯利亚和远东地区也有分布。生于湿草地和灌丛中。
药用价值：
具有利尿消肿、散瘀解毒之功效。用于腹水、水肿、小便不利、月经不调、闭经、跌打损伤；外用治腮腺炎、疔疮、烧烫伤、毒蛇咬伤。

管花腹水草——花

管花腹水草——花

达乌里芯芭

学　　名：*Cymbaria daurica* Linnaeus

别　　名：芯芭、大黄花、哈蘑乃-额布斯（蒙古族名）。

采集地点：乌裕尔河中游草甸草原，北纬47°51′，东经124°52′，土壤主要为草甸沼泽土，其次是潜育草甸土和碳酸盐草甸土，气候为温带湿润大陆性季风气候。年平均降水量为427.4 mm，最少只有284 mm，降水最多的月份一般在7月，最少的月份一般在1月。年平均气温3.1 ℃，最低气温出现在1月，平均气温-19.2 ℃，极端最低气温-39.5 ℃。最高气温出现在7月，平均气温22.8 ℃，平均最高气温27.8 ℃，极端最高气温39.9 ℃。平均无霜期为130 d左右，降雪期为150 d左右。雪量平均20～30 cm，积雪日期为120 d左右，最大可出现50 cm以上积雪。冻土日期最短年份为182 d，最长年份为216 d。冻土深度，最大深度为1.8 m，最小深度为1.2 m，年平均深度为1.5 m。

植物学特征：

达乌里芯芭为被子植物门Angiospermae、双子叶植物纲Dicotyledoneae、合瓣花亚纲Sympetalae、管状花目Tubiflorae、玄参科Scrophulariaceae、芯芭属Cymbaria的多年生草本植物，具有以下植物学特征：

根：直根系，主根粗壮，入土不深，侧根不发达。根茎垂直或倾卧向下，少有地平伸展者，多少弯曲，表面片状脱落，向上常变多头而有宿存之隔年枯茎。

茎：高6～23 cm，密被白色绢毛，使植体成为银灰白色。茎多条自根茎分枝顶部发出，也偶自横行根茎的节上发出，成丛，基部为紧密的鳞片所覆盖，弯曲上升或直立，老时基部木质化。

叶：叶对生，无柄。线形至线状披针形，全缘或偶有稍分裂，具2～3枚裂片，通常长10～20 mm，宽2～3 mm，位于茎基部者较短，向上较细长，可达23 mm，先端渐尖，

达乌里芯芭——全株

达乌里芯芭——根

达乌里芯芭——茎、叶

末端有一小刺状尖头，两面均被白色丝状柔毛，尤以下面为多。

花：总状花序顶生，花少数，每茎约1～4枚，单生于苞腋，直立或斜伸，具长2～5 mm之短梗；梗与萼管基部连接处有2枚小苞片；小苞片长11～20 mm，宽2～4 mm，线形或披针形，全缘，或有时较宽，开裂而具1～2小齿，被毛，通常与萼管基部紧贴，有时多少分离，而在其筒有长0.5～1 mm之节筒；萼下部筒状，外部密被丝状柔毛，内面有短柔毛，通常有脉11条，管长5～10 mm，上部具枚线形或锥形萼齿，先端渐尖，有一小尖头，各齿近于相等，长9～20 mm，两面均被紧密柔毛，萼齿间常有1～2枚附加小齿花冠黄色，长30～45 mm，二唇形，外被白色柔毛，内面有腺点，下唇3裂，在其两裂后面有褶襞两条，通至管的中部，喉部有长柔毛一撮，裂片长椭圆形，先端钝或略尖，中裂较两侧裂略长，通常长10～16 mm，宽7～13 mm，上唇先端2裂，略弯向前方；雄蕊4枚，2强，微露于花冠喉部，前方一对较长，均着生于花管靠近子房上部处的内面，着生处凸起，质地坚韧，密生长柔毛，花丝基部被毛，花药背着，药室2枚，纵裂，长倒卵形，长4～4.5 mm，宽1 mm，先端渐细，成一小尖头，有时可长达1 mm，顶部钝圆，多少分离，被长柔毛；子房长圆形，花柱细长，自上唇先端伸出，弯向前方，柱头头状；花期6～8月。

果：蒴果革质，长卵圆形，长10～13 mm，宽8～9 mm，先端有嘴，果期7～9月。

种子：种子卵形。长3～4 mm，宽2～2.5 mm，一面较扁平，一面微圆凸，而略带三

达乌里芯芭——花

棱形,周围有狭翅一环。

生物学特征：

产于我国黑龙江(龙江、安达)、内蒙古(满洲里、海拉尔、官村、九峰山、东科后旗、包头)、河北(小五台山、北京)等省区,生于海拔620～1 100 m的干山坡与沙砾草原上。俄罗斯东西伯利亚及蒙古亦有分布。

饲用价值：

达乌里芯芭为中等放牧型牧草,从春至秋羊、骆驼喜食,干燥后也乐食；马稍食,牛不吃或很少吃。在鲜草产量构成中,因其植株矮小,故仅占总重量的3%～4%,每100 kg鲜草风干后可得43～50 kg干草。

药用价值：

全草可入药,能祛风湿、利尿、止血。

龙 葵

学　　名：*Solanum nigrum* L.

别　　名：黑天天(东北)、野辣虎(江苏苏州)、野海椒(四川屏山、南川)、小苦菜(四川会东)、石海椒(四川南川)、野伞子(四川城口)、野海角(四川盐边)、灯龙草(湖北巴东)、山辣椒(河北内邱)、野茄秧(云南蒙自)、小果果(云南河口)、白花菜(广东乐昌、惠阳)、假灯龙草(海南儋县)、地泡子(湖南)、飞天龙(江西)、天茄菜(贵州)、悠悠、天星星、天天豆、颜柔、黑狗眼、滨藜叶龙葵。

采集地点：乌裕尔河中游草甸草原，北纬47°51′，东经124°52′，土壤主要为草甸沼泽土，其次是潜育草甸土和碳酸盐草甸土，气候为温带湿润大陆性季风气候。年平均降水量为427.4 mm，最少只有284 mm，降水最多的月份一般在7月，最少的月份一般在1月。年平均气温3.1 ℃，最低气温出现在1月，平均气温-19.2 ℃，极端最低气温-39.5 ℃。最高气温出现在7月，平均气温22.8 ℃，平均最高气温27.8 ℃，极端最高气温39.9 ℃。平均无霜期为130 d左右，降雪期为150 d左右。雪量平均20～30 cm，积雪日期为120 d左右，最大可出现50 cm以上积雪。冻土日期最短年份为182 d，最长年份为216 d。冻土深度，最大深度为1.8 m，最小深度为1.2 m，年平均深度为1.5 m。

植物学特征：

龙葵为被子植物门Angiospermae、双子叶植物纲Dicotyledoneae、合瓣花亚纲Sympetalae、管状花目Tubiflorae、茄科Solanaceae、茄族Solaneae、茄亚族Solaninae、茄属Solanum、龙葵亚属Subg. Solanum、龙葵组Sect. Solanum。龙葵为一年生直立草本植物，具有以下植物学特征：

根：直根系，但主根并不明显，侧根发达，发育强盛。

茎：茎高0.25～1 m，无棱或棱不明显，绿色或紫色，近无毛或被微柔毛。

叶：叶卵形，长2.5～10 cm，宽1.5～5.5 cm，先端短尖，基部楔形至阔楔形而下延至叶柄，全缘或每边具不规则的波状粗齿，光滑或两面均被稀疏短柔毛，叶脉每边5～6条，叶柄长约1～2 cm。

花：蝎尾状花序腋外生，由3～6(10)花组成，总花梗长1～2.5 cm，花梗长约5 mm，近无毛或具短柔毛；萼小，浅杯状，直径1.5～2 mm，齿卵圆形，先端圆，基部两齿间连

龙葵——根

龙葵——叶

接处成角度；花冠白色，筒部隐于萼内，长不及1 mm，冠檐长约2.5 mm，5深裂，裂片卵圆形，长约2 mm；花丝短，花药黄色，长约1.2 mm，约为花丝长度的4倍，顶孔向内；子房卵形，直径约0.5 mm，花柱长约1.5 mm，中部以下被白色绒毛，柱头小，头状。

果：浆果球形，直径约8 mm，熟时黑色。

种子：种子多数，近卵形，直径1.5~2 mm，两侧压扁。

龙葵——全株

龙葵——茎

龙葵——花

龙葵——果

生物学特征：

在我国几乎全国均有分布。喜生于田边、荒地及村庄附近。广泛分布于欧洲、亚洲、美洲的温带至热带地区，对土壤要求不严，在有机质丰富、保水保肥力强的壤土上生长良好，缺乏有机质、通气不良的黏质土上，根系发育不良，植株长势弱。野生龙葵植株长势慢，嫩梢易纤维老化，人工栽培对气温要求苛刻，种子繁殖。

药用价值：

龙葵为我国传统中药，全株入药，龙葵的根苦、微甘，性寒。用于痢疾、淋浊、带下病、跌打损伤。可散瘀消肿、清热解毒。

植物文化：

龙葵原名苦葵，因味苦得名。后来唐朝甄权作《药性论》时，因其果实黑色，形似龙珠，命名龙葵。采收野生种，在山沟路旁、田间地头、生荒地等地方都可收集到野生的成熟果实；野生种采种后经晾干、筛净后放置于阴凉处贮藏备用。采用野生种做种，植株生长势好，抗病性强，长成的嫩梢吃起来苦味较浓。

曼 陀 罗

学　　名：*Datura stramonium* L.

别　　名：枫茄花(上海)，狗核桃(云南)，万桃花(福建)，洋金花(山东)，野麻子、醉心花(江苏)，闹羊花(广东)，赛斯哈塔肯(维吾尔族语)，沙斯哈多那(哈萨克族语)，土木特张姑(内蒙古)。

采集地点：乌裕尔河中游草甸草原，北纬47°51′，东经124°52′，土壤主要为草甸沼泽土，其次是潜育草甸土和碳酸盐草甸土，气候为温带湿润大陆性季风气候。年平均降水量为427.4 mm，最少只有284 mm，降水最多的月份一般在7月，最少的月份一般在1月。年平均气温3.1 ℃，最低气温出现在1月，平均气温-19.2 ℃，极端最低气温-39.5 ℃。最高气温出现在7月，平均气温22.8 ℃，平均最高气温27.8 ℃，极端最高气温39.9 ℃。平均无霜期为130 d左右，降雪期为150 d左右。雪量平均20～30 cm，积雪日期为120 d左右，最大可出现50 cm以上积雪。冻土日期最短年份为182 d，最长年份为216 d。冻土深度，最大深度为1.8 m，最小深度为1.2 m，年平均深度为1.5 m。

植物学特征：

曼陀罗为被子植物门Angiospermae、双子叶植物纲 Dicotyledoneae、合瓣花亚纲Sympetalae、管状花目Tubiflorae、茄科Solanaceae、曼陀罗族Datureae、曼陀罗属Datura

曼陀罗——全株

的一年生草本或半灌木状植物,具有以下植物学特征:

茎: 高0.5~1.5 m,全体近于平滑或在幼嫩部分被短柔毛。茎粗壮,圆柱状,淡绿色或带紫色,下部木质化。

叶: 叶广卵形,顶端渐尖,基部不对称楔形,边缘有不规则波状浅裂,裂片顶端急尖,有时亦有波状牙齿,侧脉每边3~5条,直达裂片顶端,长8~17 cm,宽4~12 cm;叶柄长3~5 cm。

花: 花单生于枝叉间或叶腋,直立,有短梗;花萼筒状,长4~5 cm,筒部有5棱角,两棱间稍向内陷,基部稍膨大,顶端紧围花冠筒,5浅裂,裂片三角形,花后自近基部断裂,宿存部分随果实而增大并向外反折;花冠漏斗状,下半部带绿色,上部白色或淡紫色,檐部5浅裂,裂片有短尖头,长6~10 cm,檐部直径3~5 cm;雄蕊不伸出花冠,花丝长约3 cm,花药长约4 mm;子房密生柔针毛,花柱长约6 cm;花期6~10月。

果: 蒴果直立生,卵状,长3~4.5 cm,直径2~4 cm,表面生有坚硬针刺或有时无刺而近平滑,成熟后淡黄色,规则4瓣裂,果期7~11月。

种子: 种子卵圆形,稍扁,长约4 mm,黑色。

曼陀罗——叶

曼陀罗——花

生物学特征:

多野生在田间、沟旁、道边、河岸、山坡等地方。喜温暖、向阳及排水良好的沙质壤土。广布于世界各大洲,我国各省区都有分布。

药用价值:

曼陀罗花不仅可用于麻醉,而且还可用于治疗疾病。其叶、花、籽均可入药,味辛,性温,有大毒。花能祛风湿,止喘定痛,可治惊痫和寒哮,煎汤洗治诸风顽痹及寒湿脚气。花瓣的镇痛作用尤佳,可治神经痛等。叶和籽可用于镇咳、镇痛。

曼陀罗——果

曼陀罗——果

经济价值：
种子油可制肥皂与掺和油漆用。

黑 三 棱

学　　名：*Sparganium stoloniferum* (Graebn.) Buch.-Ham. ex Juz.
别　　名：三棱、泡三棱。
采集地点：乌裕尔河中游草甸草原,北纬47°51′,东经124°52′,土壤主要为草甸沼泽土,其次是潜育草甸土和碳酸盐草甸土,气候为温带湿润大陆性季风气候。年平均降水量为427.4 mm,最少只有284 mm,降水最多的月份一般在7月,最少的月份一般在1月。年平均气温3.1 ℃,最低气温出现在1月,平均气温-19.2 ℃,极端最低气温-39.5 ℃。最高气温出现在7月,平均气温22.8 ℃,平均最高气温27.8 ℃,极端最高气温39.9 ℃。平均无霜期为130 d左右,降雪期为150 d左右。雪量平均20～30 cm,积雪日期为120 d左右,最大可出现50 cm以上积雪。冻土日期最短年份为182 d,最长年份为216 d。冻土深度,最大深度为1.8 m,最小深度为1.2 m,年平均深度为1.5 m。

植物学特征：

黑三棱为被子植物门Angiospermae、单子叶植物纲 Monocotyledoneae、露兜树目Pandanales、黑三棱科Sparganiaceae、黑三棱属Sparganium、无柄组Sect. Sparganium。黑三棱为多年生水生或沼生草本植物,具有以下植物学特征:

根：根状茎粗壮,块茎膨大,比茎粗2～3倍,或更粗;在根状茎周边生有很多侧根,呈白色。

茎：茎直立,粗壮,高0.7～1.2 m,或更高,挺水。

叶：叶片长(20～)40～90 cm,宽0.7～16 cm,具中脉,上部扁平,下部背面呈龙骨状凸起,或呈三棱形,基部鞘状。

花：圆锥花序开展,长20～60 cm,具3～7个侧枝,每个侧枝上着生7～11个雄性头状花序和1～2个雌性头状花序,主轴顶端通常具3～5个雄性头状花序,或更多,无

黑三棱——全株

黑三棱——根

黑三棱——茎

黑三棱——叶

黑三棱——果

雌性头状花序；花期雄性头状花序呈球形，直径约10 mm；雄花花被片匙形，膜质，先端浅裂，早落，花丝长约3 mm，丝状，弯曲，褐色，花药近倒圆锥形，长约1~1.2 mm，宽约0.5 mm；雌花花被长5~7 mm，宽约1~1.5 mm，着生于子房基部，宿存，柱头分叉或否，长约3~4 mm，向上渐尖，花柱长约1.5 mm，子房无柄。

果：果实长6~9 mm，倒圆锥形，上部通常膨大呈冠状，具棱，褐色，花果期5~10月。

生物学特征：

产自我国黑龙江、吉林、辽宁、内蒙古、河北、山西、陕西、甘肃、新疆、江苏、江西、湖北、云南等省区。通常生于海拔1 500 m以下的湖泊、河沟、沼泽、水塘边浅水处，仅在我国西藏见于3 600 m高山水域中。阿富汗、朝鲜、日本、中亚地区和西伯利亚及远东其他地区亦有分布。

药用价值：

黑三棱的块茎是我国常用的中药，即"三棱"，是黑三棱科植物黑黑三棱的干燥块茎。三棱味辛、苦，性平，具破瘀、行气、消积、止痛、通经、下乳等功效，主要用于症瘕痞块、痛经、瘀血经闭、胸痹心痛、食积胀痛等病症的治疗。如症瘕鼓胀，用黑三棱根切一石，加水五石煮成三石，去渣，再煮，得汁三培。隔水明显成膏，浓如稠糖。每天早晨服一小匙，酒送下。

园林价值：

用于花卉观赏。

植物文化：

传说古时候一位工人，因肚子长了个瘤，时常会发作，发作时疼痛难忍，他因为穷苦，并没有钱治疗，最后瘤愈长愈大，终于没救了。他在临终之前交代家人，在他死后一定要替他将肚里这个折磨他的瘤取出再下葬；不久后，这个工人死了，家人便按照遗嘱，请人为他开腹，果然在肚子里发现一个比拳头还大的硬块，质地坚硬，就像石头一样，表面还有一层层的纹理，呈现出五彩颜色，非常特别，家人惊讶之余决定将它做成一只刀柄，并保留下来。几年后的一天，工人的儿子长大了，准备上山工作，心血来潮地带着这把刀一起上山除草，砍呀砍，就在砍到一株黑三棱的根部时，根皮擦过刀柄，坚硬的刀柄竟被刮出深深一道沟痕！他觉得很奇怪，但还是继续工作，后来刀柄逐渐软化，不一会儿工夫，整个刀柄竟化成一摊水！儿子好生奇怪，为什么会这样呢，工人的儿子就带了黑三棱回去给村里的医生瞧瞧，经过多方验证，黑三棱这种药草就是那工人顽疾的克星！

狼　　毒

学　　名：*Stellera chamaejasme* L.

别　　名：断肠草(内蒙古)、拔萝卜、燕子花(河北)、馒头花(青海)、火柴头花、狗蹄子花、瑞香狼毒。

采集地点：乌裕尔河中游草甸草原，北纬47°51′，东经124°52′，土壤主要为草甸沼泽土，其次是潜育草甸土和碳酸盐草甸土，气候为温带湿润大陆性季风气候。年平均降水量为427.4 mm，最少只有284 mm，降水最多的月份一般在7月，最少的月份一般在1月。年平均气温3.1 ℃，最低气温出现在1月，平均气温-19.2 ℃，极端最低气温-39.5 ℃。最高气温出现在7月，平均气温22.8 ℃，平均最高气温27.8 ℃，极端最高气温39.9 ℃。平均无霜期为130 d左右，降雪期为150 d左右。雪量平均20~30 cm，积雪日期为120 d左右，最大可出现50 cm以上积雪。冻土日期最短年份为182 d，最长年份为216 d。冻土深度，最大深度为1.8 m，最小深度为1.2 m，年平均深度为1.5 m。

植物学特征：

狼毒为被子植物门Angiospermae、双子叶植物纲 Dicotyledoneae、原始花被亚纲 Archichlamydeae、桃金娘目 Myrtiflorae、瑞香科Thymelaeaceae、狼毒属Stellera的多年生草本植物，具有以下植物学特征：

根茎：根茎木质，粗壮，圆柱形，不分枝或分枝，表面棕色，内面淡黄色。

茎：株高20~50 cm；茎直立，丛生，不分枝，纤细，绿色，有时带紫色，无毛，草质，基部木质化，有时具棕色鳞片。

叶：叶散生，稀对生或近轮生，薄纸质，披针形或长圆状披针形，稀长圆形，长12~28 mm，宽3~10 mm，先端渐尖或急尖，稀钝形，基部圆形至钝形或楔形，上面绿

狼毒——全株

狼毒——根

狼毒——叶

色,下面淡绿色至灰绿色,边缘全缘,不反卷或微反卷,中脉在上面扁平,下面隆起,侧脉4~6对,第2对直伸直达叶片的2/3,两面均明显;叶柄短,长约1.1 mm,基部具关节,上面扁平或微具浅沟。

花:花白色、黄色至带紫色,芳香,多花的头状花序,顶生,圆球形;具绿色叶状总苞片;无花梗;花萼筒细瘦,长9~11 mm,具明显纵脉,基部略膨大,无毛,裂片5,卵状长圆形,长2~4 mm,宽约2 mm,顶端圆形,稀截形,常具紫红色的网状脉纹;雄蕊10,2轮,下轮着生花萼筒的中部以上,上轮着生于花萼筒的喉部,花药微伸出,花丝极短,花药黄色,线状椭圆形,长约1.5 mm;花盘一侧发达,线形,长约1.8 mm,宽约0.2 mm,顶端微2裂;子房椭圆形,几无柄,长约2 mm,直径1.2 mm,上部被淡黄色丝状柔毛,花柱短,柱头头状,顶端微被黄色柔毛;花期4~6月。

果:果实圆锥形,长5 mm,直径约2 mm,上部或顶部有灰白色柔毛,为宿存的花萼筒所包围;种皮膜质,淡紫色;果期7~9月。

狼毒——花　　　　　　　　　　狼毒——花

生物学特征:

产于我国北方各省区及西南地区。生于海拔2 600~4 200 m的干燥而向阳的高山草坡、草坪或河滩台地。俄罗斯西伯利亚也有分布。

药用价值:

狼毒的毒性较大,可以杀虫;根入药,有祛痰、消积、止痛之功能,外敷可治疥癣。

经济价值:

根还可提取工业用酒精,根及茎皮可造纸。

细果野菱

学　　名：*Trapa maximowiczii* Korsh.
别　　名：四角马氏菱(《江西大学学报》)、小果菱(《云南植物志》)、菱角。
采集地点：乌裕尔河中游草甸草原，北纬47°51′，东经124°52′，土壤主要为草甸沼泽土，其次是潜育草甸土和碳酸盐草甸土，气候为温带湿润大陆性季风气候。年平均降水量为427.4 mm，最少只有284 mm，降水最多的月份一般在7月，最少的月份一般在1月。年平均气温3.1 ℃，最低气温出现在1月，平均气温-19.2 ℃，极端最低气温-39.5 ℃。最高气温出现在7月，平均气温22.8 ℃，平均最高气温27.8 ℃，极端最高气温39.9 ℃。平均无霜期为130 d左右，降雪期为150 d左右。雪量平均20~30 cm，积雪日期为120 d左右，最大可出现50 cm以上积雪。冻土日期最短年份为182 d，最长年份为216 d。冻土深度，最大深度为1.8 m，最小深度为1.2 m，年平均深度为1.5 m。

植物学特征：

细果野菱为被子植物门Angiospermae、双子叶植物纲 Dicotyledoneae、原始花被亚纲Archichlamydeae、桃金娘目 Myrtiflorae、菱科Trapaceae、菱属Trapa。细果野菱为一年生浮水水生草本植物，具有以下植物学特征：

根：根二型。着泥根，细铁丝状，生水底泥中；同化根，羽状细裂，裂片丝状，深灰绿色。

茎：茎细柔弱，分枝，长80~150 cm。

细果野菱——全株

叶：叶二型。浮水叶互生，聚生于主枝或分枝茎顶端，形成莲座状的菱盘，叶片三角状菱圆形，长1.9～2.5 cm，宽2～3 cm，表面深亮绿色，无毛或仅有少量短毛，叶背面绿色带紫，主侧脉稍明显，疏被少量的黄褐色短毛，脉间有茶褐色斑块，边缘中上部有不整齐的浅圆齿或牙齿，边缘中下部全缘，基部广楔形；沉水叶小，早落。

花：花小，单生于叶腋，花柄长1～2 cm，疏被淡褐色短毛；萼筒4深裂，裂片长约4 mm，基部密被短毛，其中1对萼筒沿脊被毛，其余无毛；花瓣4，白色，长约7 mm；花盘全缘；雄蕊4，花丝纤细，花药丁字形着生，内向；子房半下位，子房基部膨大，2室，每室具1倒生胚珠，仅1室胚珠发育，花柱钻状，柱头头状；花期6～7月。

果：果三角形，高1～1.2 cm，表面平滑，具4刺角，2肩角细刺状、斜向上，角间端宽2～2.5 cm，2腰角较细短，锐刺状，斜下伸；果喙尖头帽状或细圆锥状，果颈高约3 mm，无果顶冠；果柄长约2.5 cm，疏被褐色短毛。细果野菱的果实小，富含淀粉，果期8～9月。

细果野菱——根

细果野菱——单株

细果野菱——叶

细果野菱——叶

细果野菱——花　　　　　　　　　　细果野菱——果

生物学特征：

产于我国黑龙江、吉林、辽宁、河北、河南、湖北、江西。多生于边远湖沼中。俄罗斯、朝鲜、日本、越南、老挝、泰国也有分布。

食用价值：

果实富含淀粉，可生食，也可供制菱粉，配制冰淇淋等各种食品。

饲用价值：

菱和新鲜茎叶为猪及家禽喜食，各出产地常大批量地用作饲料。

药用价值：

果及全草可酿酒或入药，有消炎解毒、清暑解热的功效。始载于《新华本草纲要》，内服：煎汤，6～9 g。用于脘腹胀痛、积滞下消、嗳腐吞酸、暑湿症及湿温症初起的功效。

经济价值：

菱壳可制取活性炭。

无苞香蒲

学　　名：*Typha laxmannii* Lepech.
别　　名：宽叶香蒲、蒲草、短穗香蒲、拉氏香蒲、拉香蒲、缺苞香蒲。
采集地点：乌裕尔河中游草甸草原，北纬47°51′，东经124°52′，土壤主要为草甸沼泽土，其次是潜育草甸土和碳酸盐草甸土，气候为温带湿润大陆性季风气候。年平均降水量为427.4 mm，最少只有284 mm，降水最多的月份一般在7月，最少的月份一般在1月。年平均气温3.1 ℃，最低气温出现在1月，平均气温-19.2 ℃，极端最低气温-39.5 ℃。最高气温出现在7月，平均气温22.8 ℃，平均最高气温27.8 ℃，极端最高气温39.9 ℃。平均无霜期为130 d左右，降雪期为150 d左右。雪量平均20～30 cm，积雪日期为120 d左右，最大可出现50 cm以上积雪。冻土日期最短年份为182 d，最长年份为216 d。冻土深度，最大深度为1.8 m，最小深度为1.2 m，年平均深度为1.5 m。

植物学特征：

无苞香蒲为被子植物门Angiospermae、单子叶植物纲 Monocotyledoneae、露兜树目Pandanales、香蒲科Typhaceae、香蒲属 Typha、无苞组Sect. Typha。无苞香蒲为多年生沼生或水生草本植物，具有以下植物学特征：

根茎：根状茎乳黄色，或浅褐色，先端白色。

茎：地上茎直立，较细弱，高1～1.3 m。

叶：叶片窄条形，长50～90 cm，宽约2～4 mm，光滑无毛，下部背面隆起，横切面半圆形，细胞间隙较大，近叶鞘处明显海绵质；叶鞘抱茎较紧。

花：雌雄花序远离；雄性穗状花序长约6～14 cm，明显长于雌花序，花序轴具白色、灰白色、黄褐色柔毛，基部和中部具1～2枚纸质叶状苞片，花后脱落；雌花序长约4～6 cm，基部具1枚叶状苞片，通常比叶片宽，花后脱落；雄花由2～3枚雄蕊合生，花药长约1.5 mm，花丝很短；雌花无小苞片；孕性雌花柱头匙形，长约0.6～0.9 mm，

无苞香蒲——全株

无苞香蒲——根

褐色边缘不整齐，花柱长0.5～1 mm，子房针形，长约1～1.2 mm，子房柄纤细，长约2.5～3 mm；不孕雌花子房倒圆锥形，长米，先端平，不发育柱头很小，宿存；白色丝状毛与花柱近等长。

果： 果实椭圆米。

种子： 种子褐色，长约1 mm，具小凸起，花果期6～9月。

无苞香蒲——果　　无苞香蒲——花　　　　　无苞香蒲——茎

生物学特征：

产于我国黑龙江、吉林、辽宁、内蒙古、河北、河南、山西、山东、陕西、青海、甘肃、宁夏、新疆、江苏、四川等省区。生于湖泊、池塘、河流的浅滩，俄罗斯、巴基斯坦及亚洲北部、欧洲等地亦有分布。无苞香蒲是重要的水生经济植物之一。

食用价值：

幼叶基部和根状茎先端可作蔬菜。

药用价值：

花粉可入药称蒲黄。

园林价值：

叶片挺拔，花序粗壮，常用于花卉观赏。

经济价值：

叶片可用于编织、造纸等。雌花序可作枕芯和坐垫的填充物。

宽叶香蒲

学　　名：*Typha latifolia* L.

采集地点：乌裕尔河中游草甸草原，北纬47°51′，东经124°52′，土壤主要为草甸沼泽土，其次是潜育草甸土和碳酸盐草甸土，气候为温带湿润大陆性季风气候。年平均降水量为427.4 mm，最少只有284 mm，降水最多的月份一般在7月，最少的月份一般在1月。年平均气温3.1 ℃，最低气温出现在1月，平均气温-19.2 ℃，极端最低气温-39.5 ℃。最高气温出现在7月，平均气温22.8 ℃，平均最高气温27.8 ℃，极端最高气温39.9 ℃。平均无霜期为130 d左右，降雪期为150 d左右。雪量平均20～30 cm，积雪日期为120 d左右，最大可出现50 cm以上积雪。冻土日期最短年份为182 d，最长年份为216 d。冻土深度，最大深度为1.8 m，最小深度为1.2 m，年平均深度为1.5 m。

植物学特征：

宽叶香蒲为被子植物门Angiospermae、单子叶植物纲 Monocotyledoneae、露兜树目Pandanales、香蒲科Typhaceae、香蒲属 Typha、无苞组Sect. Typha。宽叶香蒲为多年生水生或沼生草本植物，具有以下植物学特征：

根：直根系，主根长而粗壮，呈圆柱形，黄褐色；根茎处有根须，呈白色。

茎：根状茎乳黄色，先端白色。地上茎粗壮，高1～2.5 m。

叶：叶条形，叶片长45～95 cm，宽0.5～1.5 cm，光滑无毛，上部扁平，背面中部以下逐渐隆起；下部横切面近新月形，细胞间隙较大，呈海绵状；叶鞘抱茎。

花：雌雄花序紧密相接；花期时雄花序长约3.5～12 cm，比雌花序粗壮，花序轴具灰白色弯曲柔毛，叶状苞片1～3枚，上部短小，花后脱落；雌花序长约5～22.6 cm，花

宽叶香蒲——全株

宽叶香蒲——根

后发育；雄花通常由2枚雄蕊组成，花药长约3 mm，长矩圆形，花粉粒正四合体，纹饰网状，花丝短于花药，基部合生成短柄；雌花无小苞片；孕性雌花柱头披针形，长1～1.2 mm，花柱长2.5～3 mm；子房披针形，长约1 mm，子房柄纤细，长约4 mm；不孕雌花子房倒圆锥形，长约0.6～1.2 mm，宿存，子房柄较粗壮，不等长；白色丝状毛明显短于花柱。

果： 小坚果披针形，长1～1.2 mm，褐色，果皮通常无斑点，花果期5～8月。

种子： 种子褐色，椭圆形，长不足1 mm。

宽叶香蒲——叶　　　宽叶香蒲——花　　　宽叶香蒲——花

生物学特征：

主要产于我国黑龙江、吉林、辽宁、内蒙古、河北、河南、陕西、甘肃、新疆、浙江、四川、贵州、西藏等省区。生于湖泊、池塘、沟渠、河流的缓流浅水带，亦见于湿地和沼泽。日本、俄罗斯、巴基斯坦、亚洲其他地区、欧洲、美洲、大洋洲均有分布。宽叶香蒲喜高温多湿气候，生长适温为15～30 ℃，当气温下降到10 ℃以下时，生长基本停止，越冬期间能耐零下30 ℃左右的低温，当气温升高到35 ℃以上时，植株生长缓慢。其最适水深20～60 cm，亦能耐70～80 cm的深水。长江流域6～7月抽薹开花。对土壤要求不严，在黏土和沙壤土上均能生长，但以有机质达2%以上、淤泥层深厚肥沃的壤土为宜。

药用价值：

花粉即蒲黄可以入药。宽叶香蒲的花粉具有凉血、止血、活血、消肿消瘀、通便利尿的功效，具有明显的防病治病、滋补强壮的功效。

食用价值:

富含人体所必需的多种氨基酸及维生素,所含的无机盐中以钾、磷的含量最高,粗蛋白的含量为3.16%,粗纤维为4.06%,碳水化合物为80%,粗脂肪为1%。象牙菜可制作成各种风味独特的菜肴;还可加工制成高级的罐头,远销东南亚及西欧各地,深受客商欢迎。

园林价值:

植株终年碧绿青翠,开花时怒放如焰,造型热烈火红,是室内外、园林喷泉、湿地的名贵花卉;作为绿色观赏草本植物,它还可用于生产鲜切花,深受欢迎。

经济价值:

宽叶香蒲经济价值较高,叶片用于编织、造纸等;雌花序可作枕芯和坐垫的填充物,是重要的水生经济植物之一。

植物文化:

相传南宋年间,宋度宗有一次携带爱妃,来到御花园,尽情游春赏花。时值春光明媚,百花吐艳。他们时而嬉戏打闹,时而开怀畅饮,好不乐哉。然而,乐极生悲,就在当天晚上,宋度宗突然舌肿满口,既不能言语,又不能进食。满朝文武百官焦急万分,急召集宫庭御医研究诊治方法,蔡御医道:"皇上的舌病用蒲黄和干姜各半研成细末,蘸之干擦舌头可愈。"度宗就按此方法治之,果见奇效。后来度宗问蔡御医:"蒲黄和干姜为何能治寡人的舌病?"蔡御医道:"启秉万岁,蒲黄有凉血活血作用。盖舌乃心之外候,而手厥阴相火乃心上臣使,得干姜是阴阳相济也。"据《本草纲目》载:蒲黄生用有破血消肿之功,炒用有补血止血之效。蒲黄粉外用可治舌胀满口、重舌生疮等。单味研末搽敷,可治小儿口舌生疮或舌肿大。宋度宗乃患舌肿充血之疾,系重舌、口疮之类,故用蒲黄和干姜研末干擦,乃其有效。

小 香 蒲

学　　名：*Typha minima* Funk

采集地点：乌裕尔河中游草甸草原,北纬47°51′,东经124°52′,土壤主要为草甸沼泽土,其次是潜育草甸土和碳酸盐草甸土,气候为温带湿润大陆性季风气候。年平均降水量为427.4 mm,最少只有284 mm,降水最多的月份一般在7月,最少的月份一般在1月。年平均气温3.1 ℃,最低气温出现在1月,平均气温–19.2 ℃,极端最低气温–39.5 ℃。最高气温出现在7月,平均气温22.8 ℃,平均最高气温27.8 ℃,极端最高气温39.9 ℃。平均无霜期为130 d左右,降雪期为150 d左右。雪量平均20～30 cm,积雪日期为120 d左右,最大可出现50 cm以上积雪。冻土日期最短年份为182 d,最长年份为216 d。冻土深度,最大深度为1.8 m,最小深度为1.2 m,年平均深度为1.5 m。

植物学特征：

小香蒲为被子植物门Angiospermae、单子叶植物纲 Monocotyledoneae、露兜树目 Pandanales、香蒲科Typhaceae、香蒲属 Typha、有苞组Sect. Bracteolatae的多年生沼生或水生草本植物,具有以下植物学特征:

根茎：根状茎姜黄色或黄褐色,先端乳白色。

茎：地上茎直立,细弱,矮小,高16～65 cm。

叶：叶通常基生,鞘状,无叶片,如叶片存在,长15～40 cm,宽约1～2 mm,短于花葶,叶鞘边缘膜质,叶耳向上伸展,长0.5～1 cm。

小香蒲——全株

小香蒲——根

小香蒲——花

花：雌雄花序远离，雄花序长3~8 cm，花序轴无毛，基部具1枚叶状苞片，长4~6 cm，宽4~6 mm，花后脱落；雌花序长1.6~4.5 cm，叶状苞片明显宽于叶片。雄花无被，雄蕊通常1枚单生，有时2~3枚合生，基部具短柄，长约0.5 mm，向下渐宽，花药长1.5 mm，花粉粒成四合体，纹饰颗粒状；雌花具小苞片；孕性雌花柱头条形，长约0.5 mm，花柱长约0.5 mm，子房长0.8~1 mm，纺锤形，子房柄长约4 mm，纤细；不孕雌花子房长1~1.3 mm，倒圆锥形；白色丝状毛先端膨大呈圆形，着生于子房柄基部，或向上延伸，与不孕雌花及小苞片近等长，均短于柱头。

果：小坚果椭圆形，纵裂，果皮膜质，花果期5~8月。

种子：种子黄褐色，椭圆形。

小香蒲——茎、叶

生物学特征：

产于我国黑龙江、吉林、辽宁、内蒙古、河北、河南、山东、山西、陕西、甘肃、新疆、湖北、四川等省区。生于池塘、水泡子、水沟边浅水处，亦常见于一些水体干枯后的湿地及低洼处。巴基斯坦、俄罗斯、亚洲北部、欧洲等均有分布。

饲用价值：

适口性较差，家畜很少采食，青鲜状态虽然茎叶柔软，但因有咸涩的味道，只有牛采食少许，其他牲畜均不采食。枯黄后骆驼少量乐食，一般在抽穗前刈割调制干草，和其他优良牧草混合饲喂，适口性可以提高。

园林价值：

香蒲叶绿穗奇常用于点缀园林水池、湖畔，构筑水景。宜做花境、水景背景材料。也可盆栽布置庭院。

经济价值：

小香蒲是一种纤维植物，富含较多的粗纤维，可用于造纸，叶称蒲草可用于编织。

植物文化：

古代诸侯祭祀时使用的坐席，底部便是用较粗的香蒲叶铺垫加厚，上面则用较细的莞草编织。寻常百姓家也常采收香蒲制作"蒲席"，《九怀尊嘉》中"抽蒲兮陈坐"，船中的坐席就是用香蒲编成。 从晋代开始，官员们常用生牛皮或熟牛皮制成皮鞭，惩戒过失之人。东汉刘宽，涵养深厚，为人有德量。汉恒帝时，征召他为尚书令，升南阳太守，典历三郡。刘宽理政，温仁多恕，属下官吏有了过失，只取香蒲叶制作的蒲鞭示罚，告诫而已。这样人们便以"蒲鞭示辱"来比喻以德从政。李白的"蒲鞭挂檐枝，示耻无扑挟"，苏轼的"顾我迂愚分竹使，与君笑谈用蒲鞭"，都将蒲鞭之典写进自己的诗中。香蒲和隋唐英雄李密还有一段渊源，据《唐书李密传》记载：因儿时家贫，李密以帮人放牛维生。有一次，隋炀帝无意间看到了他，觉得他顾盼的眼神很不一般，就给他机会让他读书。而李密读起书来也特别用心，他曾经用香蒲叶编成篮子挂在牛角上，将《汉书》装在篮内，骑在牛背上时就可以一面放牛一面读书。如此苦读后，果然成就不凡。

蛇床茴芹

学　　名：*Pimpinella cnidioides* Pearson ex Wolff

采集地点：乌裕尔河中游草甸草原，北纬47°51′，东经124°52′，土壤主要为草甸沼泽土，其次是潜育草甸土和碳酸盐草甸土，气候为温带湿润大陆性季风气候。年平均降水量为427.4 mm，最少只有284 mm，降水最多的月份一般在7月，最少的月份一般在1月。年平均气温3.1 ℃，最低气温出现在1月，平均气温-19.2 ℃，极端最低气温-39.5 ℃。最高气温出现在7月，平均气温22.8 ℃，平均最高气温27.8 ℃，极端最高气温39.9 ℃。平均无霜期为130 d左右，降雪期为150 d左右。雪量平均20～30 cm，积雪日期为120 d左右，最大可出现50 cm以上积雪。冻土日期最短年份为182 d，最长年份为216 d。冻土深度，最大深度为1.8 m，最小深度为1.2 m，年平均深度为1.5 m。

植物学特征：

蛇床茴芹为被子植物门Angiospermae、双子叶植物纲Dicotyledoneae、原始花被亚纲Archichlamydeae、伞形目 Umbelliflorae、伞形科Umbelliferae、芹亚科Apioideae、阿米芹族 Ammineae、葛缕子亚族Carinae、阿米芹族九棱类与真型类 Ammineae-Novenjugatae et Genuinae、茴芹属Pimpinella、光果组 Sect. Tragoselinum。蛇床茴芹为多年生草本植物，具有以下植物学特征：

根：直根系，长圆锥形，少量须根，较短，呈淡褐色。

蛇床茴芹——全株

蛇床茴芹——根

茎：茎直立，中空，外有细条纹，被疏柔毛。

叶：基生叶和茎下部叶有柄，与叶片近等长，一般长5～20 cm；叶片2回羽状分裂，1回羽片5～6对，下部的羽片有短柄，上部的羽片无柄，末回裂片线形，全缘，长5～15 mm，宽1～2 mm，有疏柔毛；茎上部叶较小，无柄，羽状分裂，裂片线形。

花：伞形花序有短梗；无总苞片；伞辐15～25，长2～4 cm；无小总苞片，小伞形花序有花15～20；无萼齿；花瓣倒卵形，白色，基部有短爪，顶端凹陷，小舌片内折，花柱基短圆锥形，花柱与果实近等长。

果：果实卵形，果棱不明显，每棱槽内油管3，合生面油管4，花果期6～9月。

蛇床茴芹——叶

蛇床茴芹——花

生物学特征：

蛇床茴芹呈野生状态分布，主要分布在我国东北、华北等地，生长于海拔500～1 000 m山地混杂的阔叶林下、灌木丛中、山坡草地、山沟湿地、山地溪流旁或腐殖质丰富的地方。

食用价值：

蛇床茴芹口味鲜美，营养丰富。鲜品中含有丰富的蛋白质，VC含量尤为突出，还含有一般蔬菜中没有的VE及多种氨基酸。蛇床茴芹中无机盐含量也极为丰富，尤其是微量元素含量较高，对人体健康十分有益。

蛇床茴芹的采集一般在4～5月采集其幼苗，去掉老叶及根部后炒食、凉拌、做馅或腌渍。除自食外，上市销售也很受欢迎，其价格远高于一般蔬菜。蛇床茴芹的加工多为腌渍，它同蕨菜一样可用两次腌渍法腌渍。菜盐比例为100∶35。一层盐、一层菜放入容器中，上、下各铺2 cm厚的盐，封口，用石头镇压。10 d左右当镇石不再下沉时，可捞出进行第2次腌渍。第2次用水渍法腌渍，菜盐比例为100∶15，同上次一样装好容器，灌入饱和盐水直到把菜淹没，封口，放入阴凉处存放，10～15 d即可腌好随时食用。

羊 红 膻

学　　名：*Pimpinella thellungiana* Wolff
别　　名：缺刻叶茴芹、羊洪膻、六月寒。
采集地点：乌裕尔河中游草甸草原,北纬47°51′,东经124°52′,土壤主要为草甸沼泽土,其次是潜育草甸土和碳酸盐草甸土,气候为温带湿润大陆性季风气候。年平均降水量为427.4 mm,最少只有284 mm,降水最多的月份一般在7月,最少的月份一般在1月。年平均气温3.1 ℃,最低气温出现在1月,平均气温-19.2 ℃,极端最低气温-39.5 ℃。最高气温出现在7月,平均气温22.8 ℃,平均最高气温27.8 ℃,极端最高气温39.9 ℃。平均无霜期为130 d左右,降雪期为150 d左右。雪量平均20~30 cm,积雪日期为120 d左右,最大可出现50 cm以上积雪。冻土日期最短年份为182 d,最长年份为216 d。冻土深度,最大深度为1.8 m,最小深度为1.2 m,年平均深度为1.5 m。

植物学特征：

羊红膻为被子植物门Angiospermae、双子叶植物纲Dicotyledoneae、原始花被亚纲Archichlamydeae、伞形目Umbelliflorae、伞形科Umbelliferae、芹亚科Apioideae、阿米芹族Ammineae、葛缕子亚族Carinae、阿米芹族九棱类与真型类Ammineae-Novenjugatae et Genuinae、茴芹属Pimpinella、光果组Sect.Tragoselinum。羊红膻为多年生草本植物,具有以下植物学特征:

根：直根系,根长圆锥形,不分枝,表面土黄色,有纵皱。质脆,易折断,断面黄白色。长5~15 cm,直径0.3~1 cm。

茎：株高30~80 cm。茎直立,有细条纹,密被短柔毛,基部有残留的叶鞘纤维束,上部有少数分枝。

叶：基生叶和茎下部叶有柄,长5~20 cm,被短柔毛;叶片轮廓卵状长圆形,长4~17 cm,宽2~6 cm,1回羽状分裂,小羽片3~5对,有短柄至近无柄,卵形或卵状披针形,长1~4(~7) cm,宽0.5~2(~4) cm,基部楔形或钝圆,边缘有缺刻状齿或近于

羊红膻——全株

羊红膻——根

羽状条裂,表面有稀疏的柔毛,背面和叶轴上密被柔毛;茎中部叶较基生叶小,叶柄稍短,叶片与基生叶相似,或为2回羽状分裂,末回裂片线形;茎上部叶较小,无柄,叶鞘长卵形或卵形,边缘膜质;叶片羽状分裂,羽片2～3对,或3裂,裂片线形。

花:无总苞片和小总苞片;伞辐10～20,长2～3(～4)cm,纤细,不等长;小伞形花序有花10～25;无萼齿;花瓣卵形或倒卵形,白色,基部楔形,顶端凹陷,有内折的小舌片;花柱基圆锥形,花柱长约为花柱基的2倍或更长。

果:果实长卵形,长约3 mm,宽约2 mm,果棱线形,无毛;每棱槽内油管3,合生面油管4～6;胚乳腹面平直。花果期6～9月。

羊红膻——茎　　　　羊红膻——叶　　　　羊红膻——花

生物学特征:

产于我国山西、陕西、山东、河北、内蒙古及东北各省区。生于海拔600～1 700 m的河边、林下、草坡和灌丛中。俄罗斯远东地区也有分布。

药用价值:

根或全草入药。具有温中散寒、健脾益气、养心安神、止咳祛痰之功效。常用于克山病、心悸、气短、咳嗽。夏、秋季采收,除去泥土,洗净,晒干。

毒　芹

学　　名：*Cicuta virosa* L.

别　　名：野芹菜、白头翁、毒人参、芹叶钩吻、斑毒芹。

采集地点：乌裕尔河中游草甸草原，北纬47°51′，东经124°52′，土壤主要为草甸沼泽土，其次是潜育草甸土和碳酸盐草甸土，气候为温带湿润大陆性季风气候。年平均降水量为427.4 mm，最少只有284 mm，降水最多的月份一般在7月，最少的月份一般在1月。年平均气温3.1 ℃，最低气温出现在1月，平均气温-19.2 ℃，极端最低气温-39.5 ℃。最高气温出现在7月，平均气温22.8 ℃，平均最高气温27.8 ℃，极端最高气温39.9 ℃。平均无霜期为130 d左右，降雪期为150 d左右。雪量平均20～30 cm，积雪日期为120 d左右，最大可出现50 cm以上积雪。冻土日期最短年份为182 d，最长年份为216 d。冻土深度，最大深度为1.8 m，最小深度为1.2 m，年平均深度为1.5 m。

植物学特征：

毒芹为被子植物门Angiospermae、双子叶植物纲Dicotyledoneae、原始花被亚纲Archichlamydeae、伞形目Umbelliflorae、伞形科Umbelliferae、芹亚科Apioideae、阿米芹族Ammineae、葛缕子亚族Carinae、阿米芹族九棱类与真型类Ammineae-Novenjugatae et Genuinae、毒芹属Cicuta。毒芹为多年生粗壮草本植物，具有以下植物学特征：

根：主根短缩，支根多数，肉质或纤维状，根状茎有节，内有横隔膜，褐色。

茎：株高70～100 cm。茎单生，直立，圆筒形，中空，有条纹，基部有时略带淡紫色，上部有分枝，枝条上升开展。

叶：基生叶柄长15～30 cm，叶鞘膜质，抱茎；叶片轮廓呈三角形或三角状披针形，长12～20 cm，2～3回羽状分裂；最下部的一对羽片有1～3.5 cm长的柄，羽片3裂至羽裂，裂片线状披针形或窄披针形，长1.5～6 cm，宽3～10 mm，表面绿色，背面淡绿色，边缘疏生钝或锐锯齿，两面无毛或脉上有糙毛，较上部的茎生叶有短柄，叶片的分裂形状如同基生叶；最上部的茎生叶1～2回羽状分裂，末回裂片狭披针形，长1～2 cm，

毒芹——全株

毒芹——花

宽2～5 mm，边缘疏生锯齿。

花： 复伞形花序顶生或腋生，花序梗长2.5～10 cm，无毛；总苞片通常无或有1线形的苞片；伞辐6～25，近等长，长2～3.5 cm；小总苞片多数，线状披针形，长3～5 mm，宽0.5～0.7 mm，顶端长尖，中脉1条。小伞形花序有花15～35，花柄长4～7 mm；萼齿明显，卵状三角形；花瓣白色，倒卵形或近圆形，长1.5～2 mm，宽1～1.5 mm，顶端有内折的小舌片，中脉1条；花丝长约2.5 mm，花药近卵圆形，长约0.7 mm，宽约0.5 mm；花柱基幼时扁压，光滑；花柱短，长约1 mm，向外反折。

果： 分生果近卵圆形，长、宽2～3 mm，合生面收缩，主棱阔，木栓质，每棱槽内油管1，合生面油管2；胚乳腹面微凹；花果期7～8月。

毒芹——根

毒芹——茎

毒芹——叶

生物学特征：

生于海拔400～2 900 m的杂木林下、湿地或水沟边。产自我国黑龙江、吉林、辽宁、内蒙古、河北、陕西、甘肃、四川、新疆等省区。分布于东北、华北及陕西等地；江苏兴化历史上有栽培。俄罗斯的远东地区、蒙古、朝鲜、日本也有分布。

其他：

毒芹的叶像芹菜叶，夏天开折花，全棵有恶臭，全棵有毒，根的毒性最大，吃后恶心、呕吐、手脚发冷、四肢麻痹，严重的可造成死亡。主要有毒成分为毒芹碱、甲基毒芹碱和毒芹毒素。毒芹碱的作用类似箭毒，能麻痹运动神经，抑制延髓中枢。人中毒量为30～60 mg，致死量为120～150 mg；加热与干燥可降低毒芹毒性。毒芹毒素主要让中枢神经系统兴奋。

毒芹的中毒表现：食后不久即感口腔、咽喉部烧灼刺痛，随即出现胸闷、头痛、恶心、呕吐，吐出物有鼠尿样特殊臭味，乏力、嗜睡；继则四肢无力，步履困难；四肢麻痹（先下肢再延及上肢），眼睑下垂，瞳孔散大，失声，常因呼吸肌麻痹窒息而死。致死期最短者数分钟，长者可达25小时。水毒芹的中毒表现则与印防己毒素中毒相似，中枢性兴奋及阵挛性惊厥为其显著特征。

防 风

学　　名: *Saposhnikovia divaricata* (Trucz.) Schischk.
别　　名: 北防风、关防风(东北)、哲里根呢(内蒙古)、铜芸、回草、百枝。
采集地点: 乌裕尔河中游草甸草原，北纬47°51′，东经124°52′，土壤主要为草甸沼泽土，其次是潜育草甸土和碳酸盐草甸土，气候为温带湿润大陆性季风气候。年平均降水量为427.4 mm，最少只有284 mm，降水最多的月份一般在7月，最少的月份一般在1月。年平均气温3.1 ℃，最低气温出现在1月，平均气温-19.2 ℃，极端最低气温-39.5 ℃。最高气温出现在7月，平均气温22.8 ℃，平均最高气温27.8 ℃，极端最高气温39.9 ℃。平均无霜期为130 d左右，降雪期为150 d左右。雪量平均20～30 cm，积雪日期为120 d左右，最大可出现50 cm以上积雪。冻土日期最短年份为182 d，最长年份为216 d。冻土深度，最大深度为1.8 m，最小深度为1.2 m，年平均深度为1.5 m。

植物学特征:

防风为被子植物门Angiospermae、双子叶植物纲Dicotyledoneae、原始花被亚纲Archichlamydeae、伞形目Umbelliflorae、伞形科Umbelliferae、芹亚科Apioideae、脂胶芹族LASERPITEAE、防风亚族SILERINAE、防风属Saposhnikovia。防风是多年生草本植物，具有以下植物学特征：

根: 直根系，根粗壮，细长圆柱形，少量分枝，淡黄棕色。根头处被有纤维状叶残基及明显的环纹。

茎: 茎单生，自基部分枝较多，斜上升，与主茎近于等长，有细棱，基生叶丛生，有扁长的叶柄，基部有宽叶鞘。

叶: 叶片卵形或长圆形，长14～35 cm，宽6～8(～18) cm，二回或近于三回羽状分裂，第一回裂片卵形或长圆形，有柄，长5～8 cm，第二回裂片下部具短柄，末回裂片狭楔形，长2.5～5 cm，宽1～2.5 cm。茎生叶与基生叶相似，但较小，顶生叶简化，有宽

防风——全株

防风——根

叶鞘。

花：复伞形花序多数，生于茎和分枝，顶端花序梗长2~5 cm；伞辐5~7，长3~5 cm，无毛；小伞形花序有花4~10；无总苞片；小总苞片4~6，线形或披针形，先端长，长约3 mm，萼齿短三角形；花瓣倒卵形，白色，长约1.5 mm，无毛，先端微凹，具内折小舌片；花期8~9月。

果：双悬果狭圆形或椭圆形，长4~5 mm，宽2~3 mm，幼时有疣状突起，成熟时渐平滑；每棱槽内通常有油管1，合生面油管2；胚乳腹面平坦；果期9~10月。

防风——茎　　　　　　　防风——花

防风——叶　　　　　　　防风——花

生物学特征：

喜凉爽气候，耐寒，耐干旱。宜选阳光充足，土层深厚、疏松肥沃、排水良好的沙质壤土栽培，不宜在酸性大、黏性重的土壤中种植。防风分布在我国黑龙江、吉林、辽宁、内蒙古、河北、宁夏、甘肃、陕西、山西、山东等省区。生长于草原、丘陵、多砾石山坡。

药用价值：

防风的根入药。有祛风解表、胜湿止痛、解痉、止痒等功效。对外感风寒、头痛身痛、风湿痹痛、骨节酸痛、腹痛泄泻、肠风下血、破伤风、风疹瘙痒、疮疡初起效果。一般于第2年的冬季收获，如选地不当或管理不善，则需3~4年收获。采挖后，去掉残茎、须根及泥土，晒至九成干时，按粗细长短分别扎成小捆，再晒或炕干。

植物文化：

出自《神农本草经》。

1. 《别录》：防风、生沙苑川泽及邯郸、琅琊、上蔡。二月、十月采根，暴干。

2. 陶弘景：郡县无名沙苑。今(防风)第一出彭城兰陵，即近琅琊者，郁州互市亦得之。次出襄阳、义阳县界，亦可用，即近上蔡者，惟实而脂润，头节坚如蚯蚓头者为好。

3. 《唐本草》：防风今出齐州，龙山最善，淄州、兖州、青州者亦佳。叶似牡蒿、附子苗等。《别录》云，叉头者令人发狂，叉尾者发痼疾，子似胡荽而大，调食用之香，而疗风更优也。沙苑在同州南，亦出防风，轻虚不如东道者，陶云无沙苑，误矣。襄阳、义阳、上蔡元无防风，陶乃妄注尔。

4. 《蜀本草》：《图经》云：防风叶似牡蒿，白花。八月、九月采根。

5. 《本草图经》：防风，今京东、淮、浙州郡皆有之。根土黄色，与蜀葵根相类；茎叶俱青绿色，茎深而叶淡，似青蒿而短小，初时嫩紫，作菜茹极爽口。五月开细白花，中心攒聚作大房，似莳萝花，实似胡荽而大，二月、十月采根暴干。关中生者，三月、六月采，然轻虚不及齐州者良。又有石防风，出河中府，根如蒿根而黄，叶青花白，五月开花，六月采根暴干，亦疗头风眩痛。又宋、亳间及江东出一种防风，其苗初春便生，嫩时红紫色，彼人以作菜茹，味甚佳，然云动风气。《本经》云：叶主中风热汗出，与此相反，恐别是一种耳。

红 柴 胡

学　　名：*Bupleurum scorzonerifolium* Willd.

别　　名：香柴胡(东北)、软柴胡(我国北部)、狭叶柴胡、软苗柴胡、南柴胡(《中药志》)。

采集地点：乌裕尔河中游草甸草原，北纬47°51′，东经124°52′，土壤主要为草甸沼泽土，其次是潜育草甸土和碳酸盐草甸土，气候为温带湿润大陆性季风气候。年平均降水量为427.4 mm，最少只有284 mm，降水最多的月份一般在7月，最少的月份一般在1月。年平均气温3.1 ℃，最低气温出现在1月，平均气温-19.2 ℃，极端最低气温-39.5 ℃。最高气温出现在7月，平均气温22.8 ℃，平均最高气温27.8 ℃，极端最高气温39.9 ℃。平均无霜期为130 d左右，降雪期为150 d左右。雪量平均20~30 cm，积雪日期为120 d左右，最大可出现50 cm以上积雪。冻土日期最短年份为182 d，最长年份为216 d。冻土深度，最大深度为1.8 m，最小深度为1.2 m，年平均深度为1.5 m。

植物学特征：

红柴胡为被子植物门Angiospermae、双子叶植物纲Dicotyledoneae、原始花被亚纲Archichlamydeae、伞形目Umbelliflorae、伞形科 Umbelliferae、芹亚科 Apioideae、阿米

红柴胡——全株

红柴胡——根

芹族 Ammineae、葛缕子亚族 Carinae、阿米芹族异型类 Ammineae–heteroclitae、柴胡属 Bupleurum。红柴胡为多年生草本植物，具有以下植物学特征：

根：主根发达，圆锥形，有支根，深红棕色，表面略皱缩，上端有横环纹，下部有纵纹，质疏松而脆。

茎：株高 30～60 cm。茎单一或 2～3，基部密覆叶柄残余纤维，细圆，有细纵槽纹，茎上部有多回分枝，略呈之字形弯曲，并成圆锥状。

叶：叶细线形，基生叶下部略收缩成叶柄，其他均无柄，叶长 6～16 cm，宽 2～7 mm，顶端长渐尖，基部稍变窄抱茎，质厚，稍硬挺，常对折或内卷，3～5 脉，向叶背凸出，两脉间有隐约平行的细脉，叶缘白色，骨质，上部叶小，同形。

花：伞形花序自叶腋间抽出，花序多，直径 1.2～4 cm，形成较疏松的圆锥花序；伞辐 (3) 4～6 (8)，长 1～2 cm，很细，弧形弯曲；总苞片 1～3，极细小，针形，长 1～5 mm，宽 0.5～1 mm，1～3 脉，有时紧贴伞辐，常早落；小伞形花序直径 4～6 mm，小总苞片 5，紧贴小伞，线状披针形，长 2.5～4 mm，宽 0.5～1 mm，细而尖锐，等于或略超过花时小伞形花序；小伞形花序有花 (6) 9～11 (15)，花柄长 1～1.5 mm；花瓣黄色，舌片几与花瓣的对半等长，顶端 2 浅裂；花柱基厚垫状，宽于子房，深黄色，柱头向两侧弯曲；子房主棱明显，表面常有白霜；花期 7～8 月。

果：果广椭圆形，长 2.5 mm，宽 2 mm，深褐色，棱浅褐色，粗钝凸出，油管每棱槽中 5～6，合生面 4～6，果期 8～9 月。

红柴胡——茎、叶

红柴胡——花

生物学特征：

广布于我国黑龙江、吉林、辽宁、河北、山东、山西、陕西、江苏、安徽、广西及内蒙古、甘肃诸省区。生于干燥的草原及向阳山坡上，灌木林边缘，海拔 160～2 250 m。分布于俄罗斯西伯利亚东部及西部、蒙古、朝鲜至日本。红柴胡喜暖和湿润气候，耐寒、耐旱怕涝，适宜在土层深厚、肥沃的沙质壤土中种植。红柴胡主要靠种子繁殖。柴胡栽后 2 年，于 9 月采集成熟种子晒干，脱粒，贮藏。

药用价值：

根入药，根赤色，似前胡而强，芦头有赤毛，如鼠尾，独窠长者好。红柴胡作为中药在中国已经使用2 000多年。红柴胡味苦、性辛，微寒，归肝、胆经；红柴胡功效为解表退热，疏肝解郁，升举阳气；主要用于外感表证发热，无论风寒、风热表证，皆可使用；肝郁气滞：治疗肝失疏泄，气机郁阻所致的胸胁或少腹胀痛、情志抑郁、妇女月经失调、痛经等症；用治中气不足，气虚下陷所致的脘腹坠胀，食少倦怠，久泻脱肛，子宫下垂、肾下垂等症；此外，有报道称红柴胡可用于治疗蛇咬伤。用法用量：水煎服，3～9 g。

植物文化：

关于柴胡名称的由来，有这样一个传说：唐代有个进士，家境殷实，富甲一方，请了许多长工。家中有个长工叫二慢，这年秋天得了瘟病，胡进士怕传染家人，就让他离开。二慢来到水塘边，在杂草丛里躺着，由于发热恶寒，头身疼痛，觉得又渴又饿，浑身无力，便挖了些草根吃。一连吃了7天，周围的草根吃完了，二慢试着站起来，觉得身上有劲了，便又回到胡进士家打工。从此，二慢的病再也没有犯过。过了些日子，胡进士的儿子也得了这种病，请了许多医生，吃了许多药也不见好转。胡进士忽然想起了二慢，把他找来询问后急忙命人挖这种草根洗净煎汤，给儿子一连喝了几天后，果然儿子的病也好了。胡进士非常高兴，想要给草药起个名字，那东西原来是当柴烧的，自己又姓胡，就叫它"柴胡"吧。从此，柴胡退热治瘟病便逐渐流传开来。

泽 芹

学　　名：*Sium suave* Walt.
别　　名：山藁本。
采集地点：乌裕尔河中游草甸草原，北纬47°51′，东经124°52′，土壤主要为草甸沼泽土，其次是潜育草甸土和碳酸盐草甸土，气候为温带湿润大陆性季风气候。年平均降水量为 427.4 mm，最少只有 284 mm，降水最多的月份一般在 7 月，最少的月份一般在 1 月。年平均气温 3.1 ℃，最低气温出现在 1 月，平均气温 –19.2 ℃，极端最低气温 –39.5 ℃。最高气温出现在 7 月，平均气温 22.8 ℃，平均最高气温 27.8 ℃，极端最高气温 39.9 ℃。平均无霜期为 130 d 左右，降雪期为 150 d 左右。雪量平均 20～30 cm，积雪日期为 120 d 左右，最大可出现 50 cm 以上积雪。冻土日期最短年份为 182 d，最长年份为 216 d。冻土深度，最大深度为 1.8 m，最小深度为 1.2 m，年平均深度为 1.5 m。

植物学特征：

泽芹为被子植物门 Angiospermae、双子叶植物纲 Dicotyledoneae、原始花被亚纲 Archichlamydeae、伞形目 Umbelliflorae、伞形科 Umbelliferae、芹亚科 Apioideae、阿米芹族 Ammineae、葛缕子亚族 Carinae、阿米芹族九棱类与真型类 Ammineae–Novenjugatae et Genuinae、泽芹属 Sium。泽芹为多年生草本植物，具有以下植物学特征：

根：有成束的纺锤状根和须根，通常在近基部的节上生根。

茎：茎高 60～120 cm，直立，粗大，有条纹，有少数分枝。

叶：叶片轮廓呈长圆形至卵形，长 6～25 cm，宽 7～10 cm，1 回羽状分裂，有羽片 3～9 对，羽片无柄，疏离，披针形至线形，长 1～4 cm，宽 3～15 mm，基部圆楔形，先端尖，边缘有细锯齿或粗锯齿；上部的茎生叶较小，有 3～5 对羽片，形状与基部叶相似。

花：复伞形花序顶生和侧生，花序梗粗壮，长 3～10 cm，总苞片 6～10，披针形或线形，长 3～15 mm，尖锐，全缘或有锯齿，反折；小总苞片线状披针形，长 1～3 mm，尖

泽芹——全株

泽芹——根

泽芹——茎

锐，全缘，伞辐10～20，细长，长1.5～3 cm，花白色，花柄长3～5 mm，萼齿细小；花柱基短圆锥形；花期8～9月。

果：分生果果实卵形，长2～3 mm，果棱肥厚，近翅状；每棱槽内油管1～3，合生面油管2～6；心皮柄的分枝贴近合生面；果期9～10月。

泽芹——叶

泽芹——花

生物学特征：

主产于我国东北、华北、华东各省，生于沼泽、湿草甸子、溪边、水边较潮湿处。生长于海拔140～1 100 m的地区，西伯利亚、亚洲东部和北美洲也有分布。

药用价值：

全草药用(《全国中草药汇编》)，散风寒，止头痛，降血压。主治感冒头痛、高血压。对多种常见致病性皮肤真菌有抑制作用。

园林价值：

泽芹是水景园中的造景材料。点缀水面，丰富景观，别具情趣。

其他：

泽芹的根有毒。

迷 果 芹

学　　　名：*Sphallerocarpus gracilis* (Bess.) K. -Pol.

别　　　名：小叶山红萝卜(河北宛平)、达扭(四川德格)。

采集地点：乌裕尔河中游草甸草原，北纬47°51′，东经124°52′，土壤主要为草甸沼泽土，其次是潜育草甸土和碳酸盐草甸土，气候为温带湿润大陆性季风气候。年平均降水量为427.4 mm，最少只有284 mm，降水最多的月份一般在7月，最少的月份一般在1月。年平均气温3.1 ℃，最低气温出现在1月，平均气温-19.2 ℃，极端最低气温-39.5 ℃。最高气温出现在7月，平均气温22.8 ℃，平均最高气温27.8 ℃，极端最高气温39.9 ℃。平均无霜期为130 d左右，降雪期为150 d左右。雪量平均20~30 cm，积雪日期为120 d左右，最大可出现50 cm以上积雪。冻土日期最短年份为182 d，最长年份为216 d。冻土深度，最大深度为1.8 m，最小深度为1.2 m，年平均深度为1.5 m。

植物学特征：

迷果芹为被子植物门Angiospermae、双子叶植物纲Dicotyledoneae、原始花被亚纲Archichlamydeae、伞形目Umbelliflorae、伞形科Umbelliferae、芹亚科Apioideae、针果芹族Scandicineae、迷果芹属Sphallerocarpus。迷果芹为多年生草本植物，具有以下植物学特征：

根：直根系，根块状或圆锥形，粗壮且长，呈淡红色，侧根稀少，呈白色。

茎：株高50~120 cm。茎圆形，多分枝，有细条纹，下部密被或疏生白毛，上部无毛或近无毛。

叶：基生叶早落或凋存；茎生叶2~3回羽状分裂，2回羽片卵形或卵状披针形，长1.5~2.5 cm，宽0.5~1 cm，顶端长尖，基部有短柄或近无柄；末回裂片边缘羽状缺刻

迷果芹——全株

迷果芹——根

迷果芹——茎

或齿裂,通常表面绿色,背面淡绿色,无毛或疏生柔毛;叶柄长1~7 cm,基部有阔叶鞘,鞘棕褐色,边缘膜质,被白色柔毛,脉7~11条;序托叶的柄呈鞘状,裂片细小。

花:复伞形花序顶生和侧生;伞辐6~13,不等长,有毛或无;小总苞片通常5,长卵形以至广披针形,长1.5~2.5 mm,宽1~2 mm,常向下反曲,边缘膜质,有毛;小伞形花序有花15~25;花柄不等长;萼齿细小;花瓣倒卵形,长约1.2 mm,宽约1 mm,顶端有内折的小舌片;花丝与花瓣同长或稍超出,花药卵圆形,长约0.5 mm。

果:果实椭圆状长圆形,长4~7 mm,宽1.5~2 mm,两侧微扁,背部有5条突起的棱,棱略呈波状,棱槽内油管2~3,合生面4~6;胚乳腹面内凹;花果期7~10月。

迷果芹——叶

迷果芹——花

生物学特征:

产于我国黑龙江、吉林、辽宁、河北、山西、内蒙古、甘肃、新疆、青海等地。生长在山坡路旁、村庄附近、菜园地以及荒草地上,海拔580~2 800 m。分布于蒙古和俄罗斯西伯利亚东部、远东地区。

食用价值:

迷果芹是自然界没有污染的野生植物,含有胡萝卜中所含的营养物质,其主要成分β-胡萝卜素是胡萝卜的2~3倍,蛋白质是胡萝卜的1~2倍,并富含铁、钙等多种有效矿物质、多种维生素、氨基酸及植物多糖,可用于制作饮品,营养价值高,具有天然风味,有一定的保健性能,无毒,无副作用。

药用价值:

迷果芹以根及根茎入药。味辛、苦而甘,性温、重。具有祛肾寒、敛黄水功效。

狭叶荨麻

学　　名：*Urtica angustifolia* Fisch. ex Hornem
别　　名：螫麻子、小荨麻、哈拉海。
采集地点：乌裕尔河中游草甸草原,北纬47°51′,东经124°52′,土壤主要为草甸沼泽土,其次是潜育草甸土和碳酸盐草甸土,气候为温带湿润大陆性季风气候。年平均降水量为427.4 mm,最少只有284 mm,降水最多的月份一般在7月,最少的月份一般在1月。年平均气温3.1 ℃,最低气温出现在1月,平均气温-19.2 ℃,极端最低气温-39.5 ℃。最高气温出现在7月,平均气温22.8 ℃,平均最高气温27.8 ℃,极端最高气温39.9 ℃。平均无霜期为130 d左右,降雪期为150 d左右。雪量平均20～30 cm,积雪日期为120 d左右,最大可出现50 cm以上积雪。冻土日期最短年份为182 d,最长年份为216 d。冻土深度,最大深度为1.8 m,最小深度为1.2 m,年平均深度为1.5 m。

植物学特征：

狭叶荨麻为被子植物门Angiospermae、双子叶植物纲 Dicotyledoneae、原始花被亚纲Archichlamydeae、荨麻目 Urticales、荨麻科Urticaceae、荨麻族Trib. Urticeae、荨麻属Urtica、荨麻组Sect. Urtica、荨麻系Ser. Dioicae。狭叶荨麻为多年生草本植物,具有以下植物学特征:

狭叶荨麻——全株

狭叶荨麻——根

根：主根细长，呈白色，须根多而长。

茎：有木质化根状茎。茎高40～150 cm，下部粗达8 mm，四棱形，疏生刺毛和稀疏的细糙毛，分枝或不分枝。

叶：叶披针形至披针状条形，稀狭卵形，长4～15 cm，宽1～3.5（～5.5）cm，先端长渐尖或锐尖，基部圆形，稀浅心形，边缘有粗牙齿或锯齿，9～19枚，齿尖常前倾或稍内弯，上面粗糙，生细糙伏毛和具粗而密的缘毛，下面沿脉疏生细糙毛，基出脉3条，其侧生的一对近直伸达上部齿尖或与侧脉网结，侧脉2～3对；叶柄短，长0.5～2 cm，疏生刺毛和糙毛；托叶每节4枚，离生，条形，长6～12 mm。

花：雌雄异株，花序圆锥状，有时分枝短而少近穗状，长2～8 cm，序轴纤细；雄花近无梗，在芽时直径约0.2 mm，开放后直径约2.5 mm；花被片4，在近中部合生，裂片卵形，外面上部疏生小刺毛和细糙毛；退化雌蕊碗状，长约0.2 mm；雌花小，近无梗，花期6～8月。

果：瘦果卵形或宽卵形，双凸透镜状，长0.8～1 mm，近光滑或有不明显的细疣点；宿存花被片4，在下部合生，外面被稀疏的微糙毛或近无毛，内面两枚椭圆状卵形，长稍盖过果，外面两枚狭倒卵形，较内面的短约3倍，伸达内面花被片的中部稀中上部；果期8～9月。

狭叶荨麻——茎　　　　　狭叶荨麻——叶　　　　　狭叶荨麻——花

生物学特征：

主产于我国黑龙江、吉林、辽宁、内蒙古、山东、河北和山西。生于海拔800～2 200 m山地、河谷、溪边或台地潮湿处。俄罗斯西伯利亚东部、蒙古、朝鲜、日本也有分布。喜阴植物，生命旺盛，生长迅速，对土壤要求不严，喜温喜湿，生于山地林缘、灌丛或沟旁。播种繁殖，种子细小而坚硬，一般春季播种，夏播亦可，种子适宜发芽温度一般在23 ℃以上。播种前，土壤要深耕、整细、整平并施足基肥，然后将种子拌以细土，进行撒播，可不覆土。出苗时间，以温度、湿度及深度的不同而异。

食用价值：

狭叶荨麻是传统的可药可食的野生植物。该菜富含蛋白质、脂肪、氨基酸及无机元素，其中谷氨酸、天门冬氨酸含量更为突出，是营养价值、保健价值极高的山野菜，可调节人们的食物结构，又有一定的药用价值，可鲜食、炒食、凉拌、酱菜、烹调等。

饲用价值：

狭叶荨麻营养丰富，枯死经霜或经人工处理后为优质饲料。

药用价值：

狭叶荨麻的茎、叶可入药，能祛风、化痞、解毒、温胃。祛风定惊，消食通便。用于风湿关节痛、产后抽风、小儿惊风、小儿麻痹后遗症、高血压、消化不良、大便不通；外用治荨麻疹初起、蛇咬伤。

经济价值：

狭叶荨麻的茎皮纤维可用于纺织或造纸。

其他：

狭叶荨麻适合作庭院、机关、企业、学校及果园、鱼塘的防盗设施。将鲜株或干品放在粮仓或苗床周围，老鼠碰到就立即逃之夭夭，故有"植物猫"之称。

过敏治疗：触碰轻者，难受数分钟后可自行消失；重者，将患处对着明火烤热，并作伸缩动作，也可用温开水洗患部，约经半小时可解除痛苦。

败 酱

学　　名：*Patrinia scabiosaefolia* Fisch. ex Trev.

别　　名：黄花龙牙(《植物名实图考》),黄花苦菜(浙江西天目山),苦菜(江西、湖北),山芝麻(山东蒙山),麻鸡婆(江西新建),将军草(江苏云台山),野黄花、野芹(黑龙江)。

采集地点：乌裕尔河中游草甸草原,北纬47°51′,东经124°52′,土壤主要为草甸沼泽土,其次是潜育草甸土和碳酸盐草甸土,气候为温带湿润大陆性季风气候。年平均降水量为427.4 mm,最少只有284 mm,降水最多的月份一般在7月,最少的月份一般在1月。年平均气温3.1 ℃,最低气温出现在1月,平均气温-19.2 ℃,极端最低气温-39.5 ℃。最高气温出现在7月,平均气温22.8 ℃,平均最高气温27.8 ℃,极端最高气温39.9 ℃。平均无霜期为130 d左右,降雪期为150 d左右。雪量平均20~30 cm,积雪日期为120 d左右,最大可出现50 cm以上积雪。冻土日期最短年份为182 d,最长年份为216 d。冻土深度,最大深度为1.8 m,最小深度为1.2 m,年平均深度为1.5 m。

植物学特征：

败酱为被子植物门Angiospermae、双子叶植物纲Dicotyledoneae、合瓣花亚纲Sympetalae、茜草目Rubiales、败酱科Valerianaceae、败酱属Patrinia。败酱为多年生草本植物,具有以下植物学特征：

根：直根系,略有分枝,根状茎横卧或斜生,节处生多数细根。

茎：高30~100(~200)cm,败酱的茎直立,黄绿色至黄棕色,有时带淡紫色,下部常被脱落性倒生白色粗毛或几无毛,上部常近无毛或被倒生稍弯糙毛,或疏被2列纵向短糙毛。

叶：基生叶丛生,花时枯落,卵形、椭圆形或椭圆状披针形,长(1.8~)3~10.5 cm,

败酱——全株

败酱——根

宽1.2～3 cm，不分裂或羽状分裂或全裂，顶端钝或尖，基部楔形，边缘具粗锯齿，上面暗绿色，背面淡绿色，两面被糙伏毛或几无毛，具缘毛；叶柄长3～12 cm；茎生叶对生，宽卵形至披针形，长5～15 cm，常羽状深裂或全裂具2～3（～5）对侧裂片，顶生裂片卵形、椭圆形或椭圆状披针形，先端渐尖，具粗锯齿，两面密被或疏被白色糙毛，或几无毛，上部叶渐变窄小，无柄。

花：花序为聚伞花序组成的大型伞房花序，顶生，具5～6（7）级分枝；花序梗上方一侧被开展白色粗糙毛；总苞线形，甚小；苞片小；花小，萼齿不明显；花冠钟形，黄色，冠筒长1.5 mm，上部宽1.5 mm，基部一侧囊肿不明显，内具白色长柔毛，花冠裂片卵形，长1.5 mm，宽1～1.3 mm；雄蕊4，稍超出或几不超出花冠，花丝不等长，近蜜囊的2枚长3.5 mm，下部被柔毛，另2枚长2.7 mm，无毛，花药长圆形，长约1 mm；子房椭圆状长圆形，长约1.5 mm，花柱长2.5 mm，柱头盾状或截头状，直径0.5～0.6 mm；花期7～9月。

果：瘦果长圆形，长3～4 mm，具3棱，2不育子室中央稍隆起成上粗下细的棒槌状，能育子室略扁平，向两侧延展成窄边状，内含1椭圆形、扁平种子。

败酱——叶

败酱——花

生物学特征：

分布很广，除宁夏、青海、新疆、西藏和海南的海南岛外，全国各地均有分布。常生于海拔（50～）400～2 100（～2 600）m的山坡林下、林缘和灌丛中以及路边、田埂边的草丛中。分布于俄罗斯、蒙古、朝鲜和日本。

食用价值：

山东、江西等省民间采摘幼苗嫩叶食用。

药用价值：

全草和根茎及根入药，能清热解毒、消肿排脓、活血祛瘀，治慢性阑尾炎，疗效显著。

早开堇菜

学　　名：*Viola prionantha* Bunge
别　　名：光瓣堇菜、泰山堇菜、毛花早开堇菜。
采集地点：乌裕尔河中游草甸草原,北纬47°51′,东经124°52′,土壤主要为草甸沼泽土,其次是潜育草甸土和碳酸盐草甸土,气候为温带湿润大陆性季风气候。年平均降水量为427.4 mm,最少只有284 mm,降水最多的月份一般在7月,最少的月份一般在1月。年平均气温3.1 ℃,最低气温出现在1月,平均气温-19.2 ℃,极端最低气温-39.5 ℃。最高气温出现在7月,平均气温22.8 ℃,平均最高气温27.8 ℃,极端最高气温39.9 ℃。平均无霜期为130 d左右,降雪期为150 d左右。雪量平均20～30 cm,积雪日期为120 d左右,最大可出现50 cm以上积雪。冻土日期最短年份为182 d,最长年份为216 d。冻土深度,最大深度为1.8 m,最小深度为1.2 m,年平均深度为1.5 m。

植物学特征：

早开堇菜为被子植物门Angiospermae、双子叶植物纲 Dicotyledoneae、原始花被亚纲Archichlamydeae、侧膜胎座目 Parietales、山茶亚目Theineae、堇菜科Violaceae、堇菜属Viola、堇菜亚属Subgen. Viola、合生托叶组Sect. Adnatae。早开堇菜为多年生草本植物,具有以下植物学特征：

根茎：无地上茎,花期高3～10 cm,果期高可达20 cm。根状茎垂直,短而较粗壮,长4～20 mm,粗可达9 mm,上端常有去年残叶围绕。根数条,带灰白色,粗而长,通

早开堇菜——全株

早开堇菜——根

常皆由根状茎的下端发出，向下直伸，或有时近横生。

叶：叶多数，均基生；叶片在花期呈长圆状卵形、卵状披针形或狭卵形，长1～4.5 cm，宽6～20 mm，先端稍尖或钝，基部微心形、截形或宽楔形，稍下延，幼叶两侧通常向内卷折，边缘密生细圆齿，两面无毛，或被细毛，有时仅沿中脉有毛；果期叶片显著增大，长可达10 cm，宽可达4 cm，三角状卵形，最宽处靠近中部，基部通常宽心形；叶柄较粗壮，花期长1～5 cm，果期长达13 cm，上部有狭翅，无毛或被细柔毛；托叶苍白色或淡绿色，干后呈膜质，2/3与叶柄合生，下部者宽7～9 mm，离生部分线状披针形，长7～13 mm，边缘疏生细齿。

花：花大，紫堇色或淡紫色，喉部色淡并有紫色条纹，直径1.2～1.6 cm，无香味；花梗较粗壮，具棱，超出于叶，在近中部处有2枚线形小苞片；萼片披针形或卵状披针形，长6～8 mm，先端尖，具白色狭膜质边缘，基部附属物长1～2 mm，末端具不整齐牙齿或近全缘，无毛或具纤毛；上方花瓣倒卵形，长8～11 mm，向上方反曲，侧方花瓣长圆状倒卵形，长8～12 mm，里面基部通常有须毛或近于无毛，下方花瓣连距长14～21 mm，距长5～9 mm，粗1.5～2.5 mm，末端钝圆且微向上弯；药隔顶端附属物长约1.5 mm，花药长1.5～2 mm，下方2枚雄蕊背方的距长约4.5 mm，末端尖；子房长椭圆形，无毛，花柱棍棒状，基部明显膝曲，上部增粗，柱头顶部平或微凹，两侧及后方浑圆或具狭缘边，前方具不明显短喙，喙端具较狭的柱头孔。

果：蒴果长椭圆形，长5～12 mm，无毛，顶端钝常具宿存的花柱。

种子：种子多数，卵球形，长约2 mm，直径约1.5 mm，深褐色常有棕色斑点。花果期4月上中旬至9月。

早开堇菜——叶

早开堇菜——花

生物学特征：
产于我国黑龙江、吉林、辽宁、内蒙古、河北、山西、陕西、宁夏、甘肃、山东、江苏、河南、湖北、云南。生于山坡草地、沟边、宅旁等向阳处。朝鲜、俄罗斯远东地区也有分布。

早开堇菜——花蕾

药用价值:

全草供药用,清热解毒,除脓消炎;捣烂外敷可排脓、消炎、生肌。

园林价值:

早开堇菜花形较大,色艳丽,早春4月上旬开始开花,中旬进入盛花期,是一种美丽的早春观赏植物。

早开堇菜和紫花地丁的区别:

早开堇菜和紫花地丁是两种常见的堇菜,两者的区别是早开堇菜花开得要早于紫花地丁,大致早开堇菜花败,紫花地丁才开;早开堇菜的花色浅,紫花地丁的花色深;早开堇菜的萼片附属物形状带齿,紫花地丁的萼片附属物圆滑或截形;早开堇菜的叶片较宽,紫花地丁的叶片较狭。

Violaceae 堇菜科

紫花地丁

学　　名：*Viola philippica* Cav.

别　　名：辽堇菜、野堇菜、光瓣堇菜、光萼堇菜。

采集地点：乌裕尔河中游草甸草原，北纬47°51′，东经124°52′，土壤主要为草甸沼泽土，其次是潜育草甸土和碳酸盐草甸土，气候为温带湿润大陆性季风气候。年平均降水量为427.4 mm，最少只有284 mm，降水最多的月份一般在7月，最少的月份一般在1月。年平均气温3.1 ℃，最低气温出现在1月，平均气温-19.2 ℃，极端最低气温-39.5 ℃。最高气温出现在7月，平均气温22.8 ℃，平均最高气温27.8 ℃，极端最高气温39.9 ℃。平均无霜期为130 d左右，降雪期为150 d左右。雪量平均20~30 cm，积雪日期为120 d左右，最大可出现50 cm以上积雪。冻土日期最短年份为182 d，最长年份为216 d。冻土深度，最大深度为1.8 m，最小深度为1.2 m，年平均深度为1.5 m。

植物学特征：

紫花地丁为被子植物门Angiospermae、双子叶植物纲Dicotyledoneae、原始花被亚纲Archichlamydeae、侧膜胎座目Parietales、山茶亚目Theineae、堇菜科Violaceae、堇菜属Viola、堇菜亚属Subgen. Viola、合生托叶组Sect. Adnatae。紫花地丁为多年生草本植物，具有以下植物学特征：

根茎：无地上茎，高4~14 cm，果期高可达20 cm余。根状茎短，垂直，淡褐色，长4~13 mm，粗2~7 mm，节密生，有数条淡褐色或近白色的细根。

叶：叶多数，基生，莲座状；叶片下部者通常较小，呈三角状卵形或狭卵形，上部者较长，呈长圆形、狭卵状披针形或长圆状卵形，长1.5~4 cm，宽0.5~1 cm，先端圆钝，基部截形或楔形，稀微心形，边缘具较平的圆齿，两面无毛或被细短毛，有时仅下面

紫花地丁——全株

紫花地丁——叶

沿叶脉被短毛，果期叶片增大，长可达10 cm余，宽可达4 cm；叶柄在花期通常长于叶片1～2倍，上部具极狭的翅，果期长可达10 cm余，上部具较宽之翅，无毛或被细短毛；托叶膜质，苍白色或淡绿色，长1.5～2.5 cm，2/3～4/5与叶柄合生，离生部分线状披针形，边缘疏生具腺体的流苏状细齿或近全缘。

花： 花中等大，紫堇色或淡紫色，稀呈白色，喉部色较淡并带有紫色条纹；花梗通常多数，细弱，与叶片等长或高出于叶片，无毛或有短毛，中部附近有2枚线形小苞片；萼片卵状披针形或披针形，长5～7 mm，先端渐尖，基部附属物短，长1～1.5 mm，末端圆或截形，边缘具膜质白边，无毛或有短毛；花瓣倒卵形或长圆状倒卵形，侧方花瓣长1～1.2 cm，里面无毛或有须毛，下方花瓣连距长1.3～2 cm，里面有紫色脉纹；距细管状，长4～8 mm，末端圆；花药长约2 mm，药隔顶部的附属物长约1.5 mm，下方2枚雄蕊背部的距细管状，长4～6 mm，末端稍细；子房卵形，无毛，花柱棍棒状，比子房稍长，基部稍膝曲，柱头三角形，两侧及后方稍增厚成微隆起的缘边，顶部略平，前方具短喙。

果： 蒴果长圆形，长5～12 mm，无毛；种子卵球形，长1.8 mm，淡黄色；花果期4月中下旬至9月。

紫花地丁——根

紫花地丁——花

生物学特征：

产于我国黑龙江、吉林、辽宁、内蒙古、河北、山西、陕西、甘肃、山东、江苏、安徽、浙江、江西、福建、台湾、河南、湖北、湖南、广西、四川、贵州、云南。生于田间、荒地、山坡草丛、林缘或灌丛中。在庭园较湿润处常形成小群落。朝鲜、日本、俄罗斯远东地区也有分布。紫花地丁性喜光，喜湿润的环境，耐阴也耐寒，不择土壤，适应性极强，繁殖容易，能直播，一般3月上旬萌动，花期3月中旬至5月中旬，盛花期25 d左右，单花开花持续6 d，开花至种子成熟30 d，4月至5月中旬有大量的闭锁花可形成大量的种子,9月下旬又有少量的花出现。

食用价值:

紫花地丁每100 g干物质中含有蛋白质29.27 g、可溶性糖2.38 g、氨基酸33.95 mg及多种维生素。每1 g干紫花地丁中含铁354.8 μg、锰30.3 μg、铜22.2 μg、锌55.8 μg、钡11.3 μg、锶87.3 μg、铬69.0 μg、钼60.0 μg、钴9.7 μg、钙3.9 μg。将紫花地丁的幼苗或嫩茎采下,用沸水焯一下,换清水浸泡3～5 min炒食、做汤、和面蒸食或煮菜粥均可。

园林价值:

紫花地丁花期早且集中;植株低矮,生长整齐,株丛紧密,便于经常更换和移栽布置,所以适合用于花坛或早春模纹花坛的构图。紫花地丁返青早、观赏性高、适应性强可以用种子进行繁殖,作为有适度自播能力的地被植物,可大面积群植。紫花地丁适合作为花境或与其他早春花卉构成花丛。在盆栽成株经过一定时间的冬眠后,可注意控制其开花日期,开出满盆娇嫩的花朵,用于窗台、书桌、台架等室内布置,也可制作成盆景。

药用价值:

全草供药用,能清热解毒,凉血消肿。5～6月间果实成熟时采收全草,洗净,晒干,除去杂质,切段,干燥。贮干燥容器内,置阴凉干燥处,防潮。紫花地丁味苦、微辛,性寒,归心、肝经。

植物文化:

奥林匹克山的三月,火神的紫色地丁花冠俘虏了维纳斯的芳心。拿破仑倾心于紫色地丁,他的追随者便以紫花地丁作为党派徽记,拿破仑被流放到厄尔巴岛时,发誓要在紫花地丁花开时返回巴黎。1815年3月,女人们身着堇色华服,把紫花地丁花撒向皇帝的必经之路。今日法国的图卢兹,每年在2月举办"紫花地丁节"。

裂叶堇菜

学　　名：*Viola dissecta* Ledeb.
别　　名：疗毒草、深裂叶堇菜、奥尼图-尼勒-其其格(蒙名)。
采集地点：乌裕尔河中游草甸草原，北纬47°51′，东经124°52′，土壤主要为草甸沼泽土，其次是潜育草甸土和碳酸盐草甸土，气候为温带湿润大陆性季风气候。年平均降水量为427.4 mm，最少只有284 mm，降水最多的月份一般在7月，最少的月份一般在1月。年平均气温3.1 ℃，最低气温出现在1月，平均气温-19.2 ℃，极端最低气温-39.5 ℃。最高气温出现在7月，平均气温22.8 ℃，平均最高气温27.8 ℃，极端最高气温39.9 ℃。平均无霜期为130 d左右，降雪期为150 d左右。雪量平均20～30 cm，积雪日期为120 d左右，最大可出现50 cm以上积雪。冻土日期最短年份为182 d，最长年份为216 d。冻土深度，最大深度为1.8 m，最小深度为1.2 m，年平均深度为1.5 m。

植物学特征：

裂叶堇菜为被子植物门Angiospermae、双子叶植物纲 Dicotyledoneae、原始花被亚纲Archichlamydeae、侧膜胎座目 Parietales、山茶亚目Theineae、堇菜科Violaceae、堇菜属Viola、堇菜亚属Subgen. Viola、裂叶堇菜组Sect. Pinnatae。裂叶堇菜为多年生草本植物，具有以下植物学特征：

根茎：无地上茎，植株高度变化大，花期高3～17 cm，果期高4～34 cm。根状茎垂直，缩短，长约5～12 mm，粗3～8 mm，节密，常自下部发出数条较肥厚的淡黄色根茎。

叶：基生叶，叶片轮廓呈圆形、肾形或宽卵形，长1.2～9 cm，宽1.5～10 cm，通常3

裂叶堇菜——全株

裂叶堇菜——根

深裂，稀5全裂，两侧裂片具短柄，常2深裂，中裂片3深裂，裂片线形、长圆形或狭卵状披针形，宽0.2~3 cm，边缘全缘或疏生不整齐缺刻状钝齿，亦或近羽状浅裂，最终裂片全缘，通常有细缘毛，幼叶两面被白色短柔毛，后变无毛或仅上面疏生短柔毛，下面叶脉明显隆起并被短柔毛或无毛；叶柄长度、毛被物等常因植株个体不同变化较大，长1.5~24 cm，幼叶之柄常被短柔毛，后变秃净无毛；托叶近膜质，苍白色至淡绿色，约2/3以上与叶柄合生，离生部分狭披针形，先端渐尖，边缘疏生细齿。

花：花较大，淡紫色至紫堇色；花梗通常与叶等长或稍超出于叶，果期通常比叶短，有毛或无毛；在花梗中部以下有2枚线形小苞片；萼片卵形，长圆状卵形或披针形，长4~7 mm，先端稍尖，边缘狭膜质，具3脉，基部附属物短，长约1~1.5 mm，末端截形，全缘或具1~2个细齿；上方花瓣长倒卵形，长8~13 mm，宽6~9 mm，上部微向上反曲，侧方花瓣长圆状倒卵形，长7~10 mm，宽约6 mm，里面基部有长须毛或疏生须毛，下方花瓣连距长1.4~2.2 cm；距明显，圆筒形，长4~8 mm，粗2~3 mm，末端钝而稍膨胀；花药长1.5~2 mm，药隔顶端附属物长1.5~2 mm，下方雄蕊之距细长，长3~5 mm，粗0.5~0.7 mm；子房卵球形，长约1.8 mm，无毛，花柱棍棒状，长2~2.5 mm，基部稍细并微向前方膝曲，柱头两侧及后方具稍增厚而直展的缘边，前方具短喙，喙端具明显的柱头孔；花期较长，自4月至9月。

果：蒴果长圆形或椭圆形，长7~18 mm，先端尖，果皮坚、硬，无毛，果期5~10月。

生物学特征：

产于我国黑龙江、吉林、辽宁、内蒙古、河北、山西、陕西、甘肃、山东、浙江、四川、西藏。生于山坡草地、杂木林缘、灌丛下及田边、路旁等地。朝鲜、蒙古、俄罗斯远东地区、西伯利亚及中亚地区有分布。生长在低海拔地区林缘或林下较肥沃而湿润土壤

裂叶堇菜——茎、叶

裂叶堇菜——花

上的裂叶堇菜植株较高大,叶的裂片较宽,花大;在海拔1 500～2 200 m的山地草原生长的植株通常较低矮,叶的裂片狭而细,花亦小。裂叶堇菜花色变化多样,有紫红色、紫色、淡粉色等,裂叶堇菜以播种繁殖为主,耐寒性好。

药用价值:

全草可入药,具有解毒消肿之效。春、夏、秋均可采集,晒干备用或鲜用。性味微苦,凉。内服,煎汤,15～30 g(鲜者加倍);外用,捣敷或敷膏摊贴。

东北堇菜

学　　名：*Viola mandshurica* W. Beck.
别　　名：紫花地丁(《东北师范大学科学研究通报》《台湾植物志》)、白花东北堇菜。
采集地点：乌裕尔河中游草甸草原,北纬47°51′,东经124°52′,土壤主要为草甸沼泽土,其次是潜育草甸土和碳酸盐草甸土,气候为温带湿润大陆性季风气候。年平均降水量为427.4 mm,最少只有284 mm,降水最多的月份一般在7月,最少的月份一般在1月。年平均气温3.1 ℃,最低气温出现在1月,平均气温–19.2 ℃,极端最低气温–39.5 ℃。最高气温出现在7月,平均气温22.8 ℃,平均最高气温27.8 ℃,极端最高气温39.9 ℃。平均无霜期为130 d左右,降雪期为150 d左右。雪量平均20~30 cm,积雪日期为120 d左右,最大可出现50 cm以上积雪。冻土日期最短年份为182 d,最长年份为216 d。冻土深度,最大深度为1.8 m,最小深度为1.2 m,年平均深度为1.5 m。

植物学特征：

东北堇菜为被子植物门Angiospermae、双子叶植物纲 Dicotyledoneae、原始花被亚纲Archichlamydeae、侧膜胎座目 Parietales、山茶亚目Theineae、堇菜科Violaceae、堇菜属Viola、堇菜亚属Subgen. Viola、合生托叶组Sect. Adnatae的多年生草本植物,无地上茎,高6~18 cm,具有以下植物学特征:

根：根状茎缩短,垂直,长5~12 mm,节密生,呈暗褐色,常自一处发出数条较粗壮的褐色长根,根通常平滑,向下斜伸或有时稍横生。

东北堇菜——全株

东北堇菜——根

叶：叶3或5片以至多数，皆基生；叶片长圆形、舌形、卵状披针形，下部者通常较小呈狭卵形，长2～6 cm，宽0.5～1.5 cm，花期后叶片渐增大，呈长三角形、椭圆状披针形，稍呈戟形，长可达10 cm余，宽达5 cm，最宽处位于叶的最下部，先端钝或圆，基部截形或宽楔形，下延于叶柄，边缘具疏生波状浅圆齿，有时下部近全缘，两面无毛或被疏柔毛，下面有明显隆起的中脉；叶柄较长，长2.5～8 cm，上部具狭翅，花期后翅显著增宽，被短毛或无毛；托叶膜质，下部者呈鳞片状，褐色，上部者淡褐色、淡紫色或苍白色，约2/3以上与叶柄合生，离生部分线状披针形，先端渐尖，边缘疏生细齿或近全缘。

花：花紫堇色或淡紫色，较大，直径约2 cm；花梗细长，通常超出于叶，无毛或被短毛，通常在中部以下或近中部处具2枚线形苞片；萼片卵状披针形或披针形，长5～7 mm，先端渐尖，基部的附属物短（长1.5～2 mm）而较宽，末端圆或截形，通常无齿，具狭膜质边缘，具3脉；上方花瓣倒卵形，长11～13 mm，宽约5～8 mm，侧方花瓣长圆状倒卵形，长11～15 mm，宽约4～6 mm，里面基部有长须毛，下方花瓣连距长15～23 mm，距圆筒形，粗而长，长5～10 mm，末端圆，向上弯或直；雄蕊的药隔顶端附属物长约1.5 mm，花药长约2 mm，下方2枚雄蕊的距长约4～6 mm；子房卵球形，长约2.5 mm，无毛，花柱棍棒状，基部细而向前方膝曲，上部较粗，柱头两侧及后方稍增厚成薄而直立的缘部，前方具明显向上斜升的短喙，喙端具较粗的柱头孔。

果：蒴果长圆形，长1～1.5 cm，无毛，先端尖，花果期4月下旬至9月。

种子：种子多数，卵球形，长1.5 mm，无毛，淡棕红色。

生物学特征：

产于我国黑龙江、吉林、辽宁、内蒙古、河北、山西、陕西、甘肃、山东、台湾。生于

东北堇菜——叶

东北堇菜——花

草地、草坡、灌丛、林缘、疏林下、田野荒地及河岸沙地等处。朝鲜、日本、俄罗斯远东地区也有分布。

药用价值：

全草供药用。味苦，性寒，归肝经。能清热解毒，外敷可排脓消炎。主治痈疽疔毒、目赤肿痛、咽喉肿痛、乳痈、黄疸、各种脓肿、淋巴结核、泄泻、痢疾。内服：煎汤、15～30 g；外用：适量，鲜品捣敷。

白花地丁

学　　名：*Viola patrinii* DC. ex Ging.

别　　名：白花堇菜（《东北师范大学科学研究通报》）、铧头草、箭头草、犁头尖、青地黄瓜。

采集地点：乌裕尔河中游草甸草原，北纬47°51′，东经124°52′，土壤主要为草甸沼泽土，其次是潜育草甸土和碳酸盐草甸土，气候为温带湿润大陆性季风气候。年平均降水量为427.4 mm，最少只有284 mm，降水最多的月份一般在7月，最少的月份一般在1月。年平均气温3.1 ℃，最低气温出现在1月，平均气温-19.2 ℃，极端最低气温-39.5 ℃。最高气温出现在7月，平均气温22.8 ℃，平均最高气温27.8 ℃，极端最高气温39.9 ℃。平均无霜期为130 d左右，降雪期为150 d左右。雪量平均20～30 cm，积雪日期为120 d左右，最大可出现50 cm以上积雪。冻土日期最短年份为182 d，最长年份为216 d。冻土深度，最大深度为1.8 m，最小深度为1.2 m，年平均深度为1.5 m。

植物学特征：

白花地丁为被子植物门Angiospermae、双子叶植物纲Dicotyledoneae、原始花被亚纲Archichlamydeae、侧膜胎座目Parietales、山茶亚目Theineae、堇菜科Violaceae、堇菜属Viola、堇菜亚属Subgen. Viola、合生托叶组Sect. Adnatae的多年生草本植物，通常无基生叶，具有以下植物学特征：

根茎：无地上茎，高7～20 cm。根状茎短而稍粗，垂直，长4～10 mm，深褐色或带黑色。根长而较粗，带黑色或深褐色，通常向下直伸或稍横生，常由根状茎的一处发出。

叶：叶通常3～5枚或较多，均基生；叶片较薄，长圆形、椭圆形、狭卵形或长圆状披针形，长1.5～6 cm，宽0.6～2 cm，先端圆钝，基部截形、微心形或宽楔形，下延于叶柄，边缘两侧近平行，疏生波状浅圆齿或有时近全缘，两面无毛，或沿叶脉上有细短毛；叶柄细长，通常比叶片长2～3倍，长2～12 cm，通常无毛或疏生细短毛，上部具明显

白花地丁——全株

白花地丁——根

的或狭或稍宽的翅；托叶绿色，约2/3与叶柄合生，离生部分线状披针形，先端渐尖，边缘疏生细齿或全缘。

花：花中等大，白色，带淡紫色脉纹；花梗细弱，通常高出叶，或与叶近等长，无毛或疏生细短毛，在中部以下有2枚线形小苞片；萼片卵状披针形或披针形，先端稍尖或微钝，基部具短而钝的附属物（长约1 mm）；上方花瓣倒卵形，长约12 mm，基部变狭，侧方花瓣长圆状倒卵形，长约12 mm，里面有细须毛，下方花瓣连距长约13 cm；距短而粗，浅囊状，长与粗均约3 mm或稍短，末端圆；花药长约2 mm，药隔顶部附属物长约1.5 mm，下方2枚雄蕊背部的距短而粗，长约2 mm，粗约0.6 mm；子房狭卵形，无毛，花柱较细，棍棒状，基部稍膝曲，上部略增粗，柱头顶部平坦呈三角形，两侧具较狭的缘边，前方具斜升而明显的短喙，喙端具较细柱头孔。

果：蒴果长约1 cm，无毛，花果期5～9月。

种子：种子卵球形，黄褐色至暗褐色。

白花地丁——叶

白花地丁——花

生物学特征：

产于我国黑龙江、吉林、辽宁、内蒙古、河北。生于沼泽化草甸、草甸、河岸湿地、灌丛及林缘较阴湿地带。朝鲜、日本、俄罗斯远东地区也有分布。

药用价值：

全草供药用，能清热解毒，消肿去瘀，外敷能治节疮痛肿。

观赏价值：

白花地丁株型低矮、整齐，花色洁白、鲜艳，属美丽的观叶、观花地被植物，也适宜做微型盆栽。

蒺 藜

学　　名：*Tribulus terrestris* Linnaeus

别　　名：白蒺藜、蒺藜狗、名茨、旁通、屈人、止行、休羽、升推。

采集地点：乌裕尔河中游草甸草原，北纬47°51′，东经124°52′，土壤主要为草甸沼泽土，其次是潜育草甸土和碳酸盐草甸土，气候为温带湿润大陆性季风气候。年平均降水量为427.4 mm，最少只有284 mm，降水最多的月份一般在7月，最少的月份一般在1月。年平均气温3.1 ℃，最低气温出现在1月，平均气温−19.2 ℃，极端最低气温−39.5 ℃。最高气温出现在7月，平均气温22.8 ℃，平均最高气温27.8 ℃，极端最高气温39.9 ℃。平均无霜期为130 d左右，降雪期为150 d左右。雪量平均20～30 cm，积雪日期为120 d左右，最大可出现50 cm以上积雪。冻土日期最短年份为182 d，最长年份为216 d。冻土深度，最大深度为1.8 m，最小深度为1.2 m，年平均深度为1.5 m。

植物学特征：

蒺藜为被子植物门Angiospermae、双子叶植物纲Dicotyledoneae、原始花被亚纲Archichlamydeae、牻牛儿苗目Geraniales、蒺藜科Zygophyllaceae、蒺藜属Tribulus的一年生草本植物，具有以下植物学特征：

根：主根垂直粗壮，有少量侧根，呈红褐色。

茎：茎平卧，无毛，被长柔毛或长硬毛，枝长20～60 cm。

叶：偶数羽状复叶，长1.5～5 cm；小叶对生，3～8对，矩圆形或斜短圆形，长5～10 mm，宽2～5 mm，先端锐尖或钝，基部稍偏斜，被柔毛，全缘。

花：花腋生，花梗短于叶，花黄色；萼片5，宿存；花瓣5；雄蕊10，生于花盘基部，基部有鳞片状腺体；子房5棱，柱头5裂，每室3～4胚珠；花期5～8月。

果：果有分果瓣5，硬，长4～6 mm，无毛或被毛，中部边缘有锐刺2枚，下部常有小锐刺2枚，其余部位常有小瘤体，果期6～9月。

蒺藜——全株

蒺藜——根　　蒺藜——茎　　蒺藜——花

蒺藜——叶　　蒺藜——果

生物学特征：

　　生于沙地、荒地、山坡、居民点附近。全球温带都有。主产于我国河南、河北、山东、安徽、江苏、四川、山西、陕西。

饲用价值：

　　青鲜时可作饲料。果刺易黏附家畜毛间，有损皮毛质量，为草场有害植物。

药用价值：

　　性味：辛、苦、微温，有小毒。归肝经。功能主治：平肝解郁、活血祛风、明目、止痒。用于头痛眩晕、胸胁胀痛、乳闭乳痈、目赤翳障、风疹瘙痒。

问　　荆

学　　名：*Equisetum arvense* L.

别　　名：接续草、公母草、搂接草、空心草、马蜂草、猪鬃草、黄蚂草、节节草、接骨草。

采集地点：乌裕尔河中游草甸草原，北纬47°51′，东经124°52′，土壤主要为草甸沼泽土，其次是潜育草甸土和碳酸盐草甸土，气候为温带湿润大陆性季风气候。年平均降水量为427.4 mm，最少只有284 mm，降水最多的月份一般在7月，最少的月份一般在1月。年平均气温3.1 ℃，最低气温出现在1月，平均气温-19.2 ℃，极端最低气温-39.5 ℃。最高气温出现在7月，平均气温22.8 ℃，平均最高气温27.8 ℃，极端最高气温39.9 ℃。平均无霜期为130 d左右，降雪期为150 d左右。雪量平均20～30 cm，积雪日期为120 d左右，最大可出现50 cm以上积雪。冻土日期最短年份为182 d，最长年份为216 d。冻土深度，最大深度为1.8 m，最小深度为1.2 m，年平均深度为1.5 m。

植物学特征：

问荆为蕨类植物门Pteridophyta、木贼纲Equisetopsida、木贼目Sphenopsida、木贼科Equisetaceae、木贼属Equisetum、问荆亚属Subgen. Equisetum。问荆为多年生草本植物，具有以下植物学特征：

根茎：根茎斜升，直立和横走，黑棕色，节和根密生黄棕色长毛或光滑无毛。

地上枝：地上枝当年枯萎，枝两型。能育枝春季先萌发，高5～35 cm，中部直径3～5 mm，节间长2～6 cm，黄棕色，无轮茎分枝，脊不明显，要密纵沟；鞘筒栗棕色或

问荆——能育枝全株

问荆——能育枝鞘筒

问荆——孢子囊穗

淡黄色,长约0.8 cm,鞘齿9～12枚,栗棕色,长4～7 mm,狭三角形,鞘背仅上部有一浅纵沟,孢子散后能育枝枯萎。不育枝后萌发,高达40 cm,主枝中部直径1.5～3.0 mm,节间长2～3 cm,绿色,轮生分枝多,主枝中部以下有分枝;脊的背部弧形,无棱,有横纹,无小瘤;鞘筒狭长,绿色,鞘齿三角形,5～6枚,中间黑棕色,边缘膜质,淡棕色,宿存。侧枝柔软纤细,扁平状,有3～4条狭而高的脊,脊的背部有横纹;鞘齿3～5个,披针形,绿色,边缘膜质,宿存。

花果：问荆的孢子囊穗圆柱形,长1.8～4.0 cm,直径0.9～1.0 cm,顶端钝,成熟时柄伸长,柄长3～6 cm。

问荆——根茎

问荆——不育枝

问荆——鞘筒、鞘齿

生物学特征：

产于我国黑龙江、吉林、辽宁、内蒙古、北京、天津、河北、山西、陕西、宁夏、甘肃、青海、新疆、山东、江苏、上海、安徽、浙江、江西、福建、河南、湖北、四川、重庆、贵州、云南、西藏。日本、朝鲜半岛、喜马拉雅、俄罗斯、欧洲、北美洲有分布。生于溪边或阴谷,海拔0～3 700 m。常见于河道沟渠旁、疏林、荒野和路边、潮湿的草地、沙土地、耕地、山坡及草甸等处。对气候、土壤有较强的适应性。喜湿润而光线充足的环境,生长适温白天为18～24 ℃,夜间7～13 ℃,要求中性土壤。

药用价值：

味苦、性凉。主治：清热、凉血、止咳、利尿。治鼻衄、吐血、咯血、便血、崩漏、外伤出血、咳嗽气喘、淋病、目赤肿痛、退目翳。全草入药,6～9月割取全草,通风处阴干或鲜用。

食用价值：

问荆茶是用无锡太湖绿茶和问荆等中药材配伍精制而成。

经济价值：

俄罗斯的科学家发现问荆的水提取物可以抑制30多种杂草种子的萌发,可以用来开发既环保又无污染的植物源除草剂。

槐 叶 苹

学　　名：*Salvinia natans* (L.) All.
别　　名：蜈蚣漂、大浮萍、蜈蚣萍。
采集地点：乌裕尔河中游草甸草原，北纬47°51′，东经124°52′，土壤主要为草甸沼泽土，其次是潜育草甸土和碳酸盐草甸土，气候为温带湿润大陆性季风气候。年平均降水量为427.4 mm，最少只有284 mm，降水最多的月份一般在7月，最少的月份一般在1月。年平均气温3.1 ℃，最低气温出现在1月，平均气温-19.2 ℃，极端最低气温-39.5 ℃。最高气温出现在7月，平均气温22.8 ℃，平均最高气温27.8 ℃，极端最高气温39.9 ℃。平均无霜期为130 d左右，降雪期为150 d左右。雪量平均20～30 cm，积雪日期为120 d左右，最大可出现50 cm以上积雪。冻土日期最短年份为182 d，最长年份为216 d。冻土深度，最大深度为1.8 m，最小深度为1.2 m，年平均深度为1.5 m。

植物学特征：

槐叶苹为蕨类植物门Pteridophyta、蕨纲Filicopsida、薄囊蕨亚纲Leptosporangiatidae、槐叶苹目Salviniales、槐叶苹科Salviniaceae、槐叶苹属Salvinia的小型漂浮植物，具有以下植物学特征：

茎：茎细长而横走，被褐色节状毛。

叶：三叶轮生，上面两叶漂浮水面，形如槐叶，长圆形或椭圆形，长0.8～1.4 cm，宽5～8 mm，顶端钝圆，基部圆形或稍呈心形，全缘；叶柄长1 mm或近无柄；叶脉斜出，在主脉两侧有小脉15～20对，每条小脉上面有5～8束白色刚毛；叶草质，上面深绿色，下面密被棕色茸毛。下面一叶悬垂水中，细裂成线状，被细毛，形如须根，起着根的作用。

槐叶苹——全株

槐叶苹——叶

果：孢子果4~8个簇生于沉水叶的基部，表面疏生成束的短毛，小孢子果表面淡黄色，大孢子果表面淡棕色。

生物学特征：

广布于长江流域和华北、东北以及远到新疆的水田中，沟塘和静水溪河内，喜温暖、光照充足的环境。日本、越南和印度及欧洲均有分布。

药用价值：

全草入药，全年可采，鲜用或晒干。性味：辛，寒。具有清热解毒、活血止痛的功效。用于痈肿疔毒、瘀血肿痛、烧烫伤。用法：外用适量，捣烂敷，或焙干研粉调敷患处。

饲用价值：

可作饲料。

参考文献

[1] 中国植物志编辑委员会. 中国植物志[M]. 北京:科学出版社, 2004.
[2] 李杨汉. 中国杂草志[M]. 北京:中国农业出版社, 1999.
[3] 张泽博, 伸田广七. 中国杂草原色图鉴[M]. 笹德印刷株式会社, 2000.
[4] 王辰, 王英伟. 中国湿地植物图鉴[M]. 重庆:重庆大学出版社, 2011.